本书属于国家社科基金项目“第一代农民工可持续生计研究”(17BSH137)最终结项成果

第一代农民工可持续生计研究

The Research on the Sustainable Livehood of
the First-Cohort Migrant Workers

仇凤仙 著

目　　录

前　言 …………………………………………………………………… 001

第一章　导　论 …………………………………………………………… 001

第一节　选题背景及现实意义………………………………………… 001

一、中国近现代人口流动与社会转型 ……………………………… 001

二、近代中国流民与当下农民工社会流动比较 …………………… 003

三、中国农民社会地位转换与中国现代化过程 …………………… 007

四、第一代农民工的暮年关注 ……………………………………… 009

五、研究创新和学术价值……………………………………………… 013

第二节　中国农民工类型划分………………………………………… 015

一、何为农民工 ……………………………………………………… 015

二、农民工群体研究的代际类型划分 ……………………………… 017

第三节　研究方法和思路解释………………………………………… 020

一、研究总体设计……………………………………………………… 020

二、研究方法介绍……………………………………………………… 024

三、研究逻辑与研究内容 …………………………………………… 026

四、若干说明 …… 029

第二章 文献回顾与理论基础 …… 031

第一节 农民工研究国内外文献回顾 …… 031

一、国外移民相关研究 …… 031

二、国内农民工研究视角厘清 …… 036

三、第一代农民工研究回顾 …… 040

第二节 可持续生计中国实践研究回顾 …… 051

一、可持续生计下的农户生计研究 …… 051

二、可持续视角下失地农民研究 …… 056

三、可持续生计视角下农民工研究 …… 058

第三节 福利多元主义文献回顾 …… 061

一、社会福利理论及其多元化发展 …… 061

二、老人福利供给的多元类型 …… 063

三、中国农村老人福利供给的实践探索 …… 066

第四节 本研究的理论基础 …… 070

一、社会排斥理论 …… 070

二、弱势累积理论 …… 072

三、可持续生计理论 …… 073

第五节 研究评价与反思 …… 076

一、现有研究评述 …… 076

二、研究反思 …… 078

第三章 第一代农民工可持续生计中的政策背景 …… 080

第一节 第一代农民工的社会养老保险政策 …… 080

一、中国农村社会养老保障的政策厘清 …… 080

二、中国农民工社会养老保险政策探索 …………………… 084
三、第一代农民工社会养老保险现状分析 ………………… 088
第二节　第一代农民工医疗健康政策 ………………………… 091
一、中国医疗保险政策厘清 …………………………………… 091
二、中国农民工医疗保险政策回顾 …………………………… 093
三、第一代农民工医疗服务及健康现状分析 ……………… 094
第三节　第一代农民工劳动权益保障情况 …………………… 098
一、农民工工伤保险社会政策回顾 …………………………… 098
二、第一代农民工工资保护政策回顾 ……………………… 101
三、第一代农民工劳动权益现状 …………………………… 103
第四节　小结 ……………………………………………………… 106

第四章　第一代农民工可持续生计理论建构 ………………… 108
第一节　第一代农民工走向承认中的社会边缘 ……………… 108
一、第一代农民工及其家庭生计方式转换 ………………… 108
二、第一代农民工走向承认的制度过程 …………………… 111
三、第一代农民工无力脱离的社会边缘位置 ……………… 113
第二节　第一代农民工可持续生计视角引入 ………………… 117
一、第一代农民工生计系统特性 …………………………… 117
二、第一代农民工可持续生计研究框架的恰适性 ……… 119
三、第一代农民工持续生计研究框架建构 ………………… 123
第三节　第一代农民工可持续生计研究指标与权重设计 ……… 124
第四节　小结 ……………………………………………………… 127

第五章　第一代农民工可持续生计资本分析 ………………… 129
第一节　第一代农民工生计资本描述性分析 ………………… 129

一、生计资本介绍 …… 129
二、第一代农民生计资本统计描述 …… 131
第二节 第一代农民工生计资本构成与权重描述性统计 …… 141
一、生计资本研究的指标建构 …… 141
二、其他控制变量指标描述 …… 143
第三节 第一代农民工生计资本与生计预期计量分析 …… 147
一、第一代农民工生计资本与生活预期相关性分析 …… 147
二、第一代农民工生计资本与未来养老方式相关性分析 …… 152
第四节 本章小结 …… 162
第六章 第一代农民工可持续生计策略解析 …… 163
第一节 第一代农民工生计策略及其阐释 …… 163
一、生计策略及其溯源阐释 …… 163
二、第一代农民工家庭生计策略变迁 …… 167
三、第一代农民工生计策略形成 …… 170
四、第一代农民工生计策略维度阐释 …… 172
第二节 第一代农民工生计策略指标描述性分析 …… 174
一、第一代农民工生计策略指标与分布 …… 174
二、第一代农民工生计策略描述性分析 …… 176
第三节 第一代农民工生计策略、生计资本及生计预期计量分析 …… 182
一、第一代农民工生计资本与生计策略相关性分析 …… 182
二、第一代农民工生计策略与未来生计预期相关系分析 …… 186
三、第一代农民工生计策略与未来养老安排相关性分析 …… 190
第四节 本章小结 …… 194

第七章　第一代农民工可持续生计能力分析 …… 196
第一节　第一代农民工可持续生计能力阐释 …… 196
一、可持续生计能力的阐释 …… 196
二、可持续生计能力的阐释维度 …… 198
第二节　第一代农民工可持续生计能力向度阐释 …… 200
一、第一代农民工可持续生计风险控制能力 …… 200
二、第一代农民工社会环境适应能力 …… 209
三、第一代农民工个体发展能力 …… 211
第三节　第一代农民工可持续生计能力计量分析 …… 213
一、可持续生计能力的指标解析 …… 214
二、第一代农民工生计资本与生计能力相关性分析 …… 216
三、类别化视角下第一代农民工生计能力相关性分析 …… 218
第四节　本章小结 …… 219

第八章　第一代农民工社会脆弱性与生活理性二元性 …… 221
第一节　第一代农民工社会脆弱性阐释 …… 221
一、脆弱性概念的厘清 …… 221
二、社会脆弱性概念学术演进 …… 224
三、第一代农民工生计系统中的社会脆弱性结论 …… 226
四、第一代农民工社会—生计脆弱性分析框架 …… 233
第二节　第一代农民工生活理性的二元属性 …… 238
一、生活理性文本阐释 …… 238
二、第一代农民工从生存理性到生活理性选择 …… 242
三、第一代农民工生计策略建构中的生活理性维度阐释 …… 247
第三节　本章小结 …… 258

第九章　冲出藩篱:第一代农民工可持续生计建构 …………… 261
第一节　第一代农民工可持续生计建构机制和原则 ………… 261
一、第一代农民工可持续生计系统动力机制 ………………… 261
二、第一代农民工可持续生计建构原则 ……………………… 263
第二节　第一代农民工多元福利供给体系建构 ……………… 265
一、福利多元主义视角下的生计需要阐释 …………………… 265
二、补偿性社会福利政策取向 ………………………………… 267
三、社会养老政策年龄差异化选择 …………………………… 270
四、医疗保障制度衔接与完善 ………………………………… 271
五、权益保护法律体系建设 …………………………………… 273
第三节　第一代农民工生计机会再造 ………………………… 274
一、再造乡村生计机会,第一代农民工可持续生计构建核心 …… 275
二、城市就业市场再拓展,第一代农民工劳有所得 ………… 281
三、探索专项建设项目,多维保障其可持续生计 …………… 282
第四节　本章小结 ……………………………………………… 284

第十章　结论与探讨 …………………………………………… 286
第一节　研究结论 ……………………………………………… 286
一、第一代农民工生计能力低下 ……………………………… 286
二、第一代农民工"生活理性"的二元属性 …………………… 287
三、社会脆弱性是第一代农民工生计脆弱核心要素 ……… 288
四、构建第一代农民工的生计核心在于多元福利传递和
生计机会再造 ……………………………………………… 290
第二节　未来研究展望 ………………………………………… 291
一、第一代农民工可持续生计研究的进一步深入推进 …… 291
二、第一代农民工社会化养老支持进一步拓展 …………… 291

三、第一代农民工补偿性社会支持政策进一步优化 …………… 292

参考文献 ………………………………………………………… 293
附录一：中国改革开放以来的农民工社会政策主题及内容 …… 322
后　记 …………………………………………………………… 324

前　　言

在世界文明标准日益工业化、信息化单极思维模式下，肇自西方 17 世纪的工业化及理性化的发展模式也呈现出线性发展逻辑。同时，学术界针对以工业文明发展范式为蓝本的发展逻辑的反思也从未停止，这些反思和思考实质也是对支撑人类生存和发展两种截然不同的文明形态载体走向的反思。从人类已有的发展历程来看，人类发展过程是从农业走向工业的过程，从感性迈进理性的历史。在此背景下，农业逐步弱势，呈现线性下降趋势，依附于农业生产的人口其生存和发展前景显然不容乐观。这种变迁对传统上以农立国、以农耕文明为载体的中国社会转型的影响尤为显著。理查德·H.托尼 1931 年在其《中国的土地与劳动》著作中感慨万千地表达了他的忧思——“在中国的某些地方，农村人口的状况就像一个长期站在水中只有头还露在水面上的人一样，只要稍微过来一阵细浪，就足以把他淹死”①。查德·H.托尼关于农村人口生存困境的这一比喻生动、贴切地描绘了 20 世纪初经济落后国家——不仅仅是中国农民的生存困境。同时，黄宗智先生在研究中国农业“过密化”困境的《长江三角洲的小农家庭与乡村发展》著作中，两次提及这一比喻，孟德拉斯在《农民的终结》的跋中写道乡村社会的悄然复兴让人们深思——农

① 理查德·H.托尼：《中国的土地和劳动》，安佳译，北京：商务印书馆，2014 年，第 79 页。

民的终结到底是否是“20亿农民站在工业文明的入口处”这一世纪之问的唯一答案？斯科特在《道义经济学——东南亚的农民反叛与生存》一书中也反复提及托尼的这一论断用以论证当下在农业发展落后区域农民生存之艰难。在中国社会转型呈现加速度前进的背景下，社会的非均衡发展状态被放大，其中尤以城乡非均衡发展最为显著。农村社会的衰落虽然是世界性问题，但是在中国却有更为深远的意义，因为农业人口和农村社会在中国社会经济发展中的位置和作用不容小觑，粮食安天下、农业稳社稷是中国社会不可放松的弦。当下中国农村社会流动加速，生计驱动下的流动已成为农村人口流动的关键因素，农村人口流动问题已经成为新的宏大的时代命题。故而，在当下我们面对更为现实的挑战则是农民的可持续生计在现代化、工业化浪潮下何以为继的问题。作为社会主体和行动者，农民既是中国社会的基础组成部分，也是“三农”问题的能动主体。本研究是在中国社会转型，农村社会人口流动加速，流动乡土和流动的中国现实背景下，对第一代农村流动人口及其生计问题的探析。农村流动人口源源不断进入城市寻求生计机会或是发展机会，在不同时代背景下，不同代际的农民进入城市的动机、所面临机会以及愿景亦有不同，同时，他们的生计能力和生计资本也有较大的差异。本研究主要聚焦于第一代农民工进入城市的过程及其未来可持续生计的探索上。学术界对农民工研究的视角非常多元，农民工研究成果可谓汗牛充栋，成果丰硕，亦取得较大的社会效果和社会效益。但在已有的研究成果中对于农民工群体的研究多基于整体性视角，鲜少关注代际划分后的第一代农民工生计问题。第一代农民工是指出生于20世纪70年代之前，在80—90年代外出务工的农民工群体，外出务工已经成为他们人生的重要生命历程，而今他们大部分人已经步入老年，年龄多在50岁以上，部分群体已经60岁以上，这部分群体在外出务工的生命历程中，他们的老年生计何以为继？或者是他们未来的生计如何维持，都是他们当下必须面对的问题。在媒体报道中，第一代农民工靠吃肉补充体力，靠染黑头发获得工作机会，而今，建筑部门又取缔60岁以上农民工群体的建筑工地务工机会，关于第一代农民工的关注呈现出媒体热而学术温的现实反差。本研究正是立足于这一现实，有幸在国家社科基金的支持下，对这一群体的可持续生计问题开展研究，以期了解他们未来的可持续生计资本、生计预期、生计策略以及生计能力等。在研究过程中笔者综合采用定性与定量研究的多元视角考察第一代农民工的可持续生计及其存在问题，在研究中运用社会脆弱性—可持续生计二元视角，发现第一代农民工生计困境核心因素在于社会脆弱性，进而引致可持续生计能力弱化，在此情境下他们的生计策略对于其未来可持续生计的建构能力尤为关键，但是其作用却是寥寥。换句话说，当下第一代农民工的生计资本与生计策略的选择没有显著提高其未来的生计能力，故而，第一代农民工未来的可持续生计仅仅依靠其自身是无法获得满足。第一代农民工所面临的困境不仅仅限于其自身生计能力低下，他们更同时身处社会结构和文化结构的变迁过程中，社会结构变迁已然发生并深度影响个体的生活，而相对于社会结构变迁的快速和深度而言，文化变迁则稍显滞后，这种滞后在第一代农民工身上影响尤其明显。他们在文化传承上依然继承传统社会中的孝慈文化，既要完成对于父代的赡养责任，同时也要完成对于子代的哺育及其发展性支持的代际责任，但是他们自己则面临着文化赡养滞后窘境。由于社会结构变化和社会流动速度加快，第一代农民工子代脱离农村生产生活场景已成为常态，同时子代的发展性诉求凸显，在时空区隔下，子代的代际赡养支持显然已经弱化，家庭赡养功能也日渐没落。与此同时，农村养老的社会性支持体系还处于建构阶段，第一代农民工的未来生计窘境不仅是经济困境，还有文化—社会结构非均衡性变迁而导致的社会文化困境，故而建构第一代农民工可持续生计体系应是全方位多维度的，其中福利多元化的体系建构以及生活机会再造是保障第一代农民工可持续生计得以维持的核心举措。

第一章　导　论

第一节　选题背景及现实意义

一、中国近现代人口流动与社会转型

在一个社会中，人口流动无论是有序还是无序，都被视为对稳定的威胁和对既定生活方式的挑战。在中国乃至世界各地，人口流动并不仅仅是一种现代社会中才出现的现象。例如，沃勒将殖民主义出现之前的东非描述为——一个社会流动性强、适应性强、能够轻易吸收外来人口的偏远地区。他认为，劳动力是稀缺资源而非土地。为了调动开垦这片土地所必需的社会和政治资源，人口从一个小规模单位流动到另一个小规模单位几乎没有障碍，身份的定义往往是包容性的，而不是排他性的①。南亚的发展历史也同样表明移民绝不是一种新现象，在孟加拉国，复杂的劳动力迁移模式已经存在了几个世纪，包括双重迁移策略，即许多家庭既在国内雇佣劳动力，同时又在向外迁移。随着时间的推移，在孟加拉国，这种流动似乎减少了，因为移徙的风险增加了，这

① Waller,"Ecology,migration and expansion in East Africa",*African Affairs*,Vol.84,1985,pp. 347-370.

是由于劳动力过剩的增加①。在中国历史上，人口流动呈现出一种既定的模式，流动既是一种生存和生计的策略，又与身份密不可分。在中国历史发展中，人口流动也是常态，只不过彼时的人口流动被冠以流民称号，在史学研究中对于流民给出了较为清晰的界定，《明史》谓之“流民年饥或避兵他迁者曰流民”②。王家范先生认为，“流民是脱离社会整合，丧失其原有职业角色，游离于法定的户籍管理之外的人口。”③池子华主张对流民含义或者来源的解读应包括四个层次：因各种原因失去土地基本生计资料的、因天灾人祸离开故土的农民而到处乞讨的、因现代化西风东进过程导致乡村城市的推力和拉力流入城市谋生的人群。池子华依据上述解读和分析认为历史上的流民称谓与近现代惯用词汇所描述的农民离村在某种程度上具有同质性④。

在传统社会中流民是让统治阶级谈之色变的群体，流民往往被认为是社会动乱的源头，在中国农村安土重迁的文化理念中，流民恰恰是离经叛道的群体，也极易聚啸山林，成为颠覆历代封建王朝的重要力量，故而流民问题在传统社会中就是统治阶级极为重视的社会问题。在近代，流民问题成为中国社会最重要的问题之一，近代中国由于战乱和农村经济凋敝，广大农民生计无以维持，流民问题演变为严重的社会问题。据池子华先生考证，流民具体数量无从考证，但“离村率”是衡量流民数据的重要指标。河北定县作为乡村建设的重要试验地，资源优越，政策支持力度大，其在 1914—1933 年中，农民的离村率高达 82%。池子华先生据此判断，定县作为全国的模范实验县，流民问题尚且如此严重，遑论其他贫瘠之县了⑤。在探讨流民问题产生的机制上，诸多学者认为近代历史中的流民问题是多方合力的作用使然。首先是社会转型的

---

① van Schendel, W. and Aminul Haque Faraizi, “*Rural Labourers in Bengal*, 1880 *to* 1980”, *CASP* 12, Rotterdam, 1984.

② 《明史·食货一》。

③ 王家范：《中国古代的流民问题》，《探索与争鸣》1994 年第 5 期。

④ 池子华：《流民问题与近代社会》，合肥工业大学出版社 2013 年版。

⑤ 池子华：《流民问题与近代社会》，合肥工业大学出版社 2013 年版，第 9—13 页。

伴生现象，即中国小农经济在外来商品经济的冲击下破产失业，农民失去生存基础。中国农民具有安土重迁的天然属性，恰如费孝通先生所言，直接靠农业谋生的人是黏在土地上的，长在土里的庄稼行动不得，侍候庄稼的老农也因之像是半身插在了土里，土是不能流动的，故而农民也是不能流动的，在传统社会中，固守是常态，流动是变态①。但是在西方资本主义经济生产方式推进下，中国传统中内部结构坚固的自然经济结构日趋解体，土地无法再予以农民基本的生存保障，自给自足的生活方式和生产结构难以为继，农民破产失业，原有生活秩序被打乱，农民不得不背弃祖辈赖以为生的土地和生活方式，背井离乡，沦为流民。其次是外部市场的拉力，农民的价值观念也在社会转型中发生变迁，这种变迁体现在多方面，经济理性在这个时期开始逐步浸入农村居民的价值体系中，部分头脑灵活、有能力的农民开始主动成为流民，流入城市试图寻求更高的生活报酬。在祖荫下，林耀华先生就生动地描述了林家通过主动走出农村社会，融入经济活动中而逐渐成为金翼之家，这是典型的生存价值变迁过程。同时，在黄宗智先生笔下的农民内卷化就是在外在生存机会不多的情况下，为了解决人多地少的情况，农民主动内卷，当农民内卷到一定程度之后，内卷已经达到最高层次，再也无法提供足够的生计支持，农民便开始流动。故而，我们透过近代中国流民产生的社会机制及其问题，可以勾连到现代中国农民工的社会流动问题，获取生存机会，秉持经济理性，可能是近现代中国农民始终都要直面的问题，现代中国的农民工社会流动如果用离村率来表示，可能这个比例会更高，当然当下中国的农民工流动与近代中国的流民问题不可同日而语，其解决思路亦是迥然不同。

二、近代中国流民与当下农民工社会流动比较

乡村对中国人而言是什么？乡村是中国人安身立命的根本，是他们祖祖

① 费孝通：《乡土中国，生育制度》，北京大学出版社1999年版，第7页。

辈辈的生活场地,同时也是个体生活的延续和溯源,是人们记忆中的乡愁和家园,他们也是中国农村生活的基本单位。费孝通认为,"无论出于什么原因,中国乡土社区的单位是村落",村落的形成在中国有其特殊的历史和生活因素。费老同时认为,"中国农民聚村而居的原因大致说来有下列几点:一是每家所耕的地面积小,所谓小农经营,就是聚在一起住,住宅和农场不会距离得过分远;二是需要水利的地方,他们有合作的需要,在一起住,合作起来比较方便;三是为了安全,人多了容易保卫;四是在土地平等继承的原则下,兄弟分家继承祖上的遗业,使人口在一个地方一代一代地累积起来,成为相当大的村落"①。费老的这个论断是基于传统农村社会的生产力低下,是人与自然的互动中默契形成的,是生存的基本单位。这也是传统社会中的村落的基本形态,在现代化的推动下,村落的生活形态开始变迁。历史上中国社会是以农业为本,生产力相对低下,一遇天灾人祸,农民个体抵御风险的能力极其脆弱,农民只有聚集在一起才可以抵抗风险,但是如果社会风险过大,依靠农民集体或是个体依然无法抵御,而此时如果官方也未能组织起有效的救灾防灾活动,那么农民的集体防御破产,官方保护失灵,流民则成为社会生活中的常态。中国由于区域广阔,横跨亚热带和温带,气候差异大,是自然灾害高发区域。流民也会伴随自然灾害的频发而成为社会常态化现象,官方关注点在于如何加强对因灾而引致的流民进行有效救济,减少其打破社会秩序的动力。

在传统农业社会发展中农民依附性特征和农业过密化现象较为明显。中国农民的角色始终是一个依附的角色,几乎从没有作为一个独立的主体而出现,因为生计机会稀缺,农民生存高度依附于土地,而传统社会中土地作为财产象征自然也会为统治阶级所觊觎,土地兼并以及各种苛捐杂税屡禁不绝,而且在王朝末期都达到高潮,被剥夺了土地的农民大部分变成了居无所处、无以为生的流民。可以说,中国封建地主土地所有制是导致中国历代流民问题的

① 费孝通:《乡土中国生育制度》,北京大学出版社 1999 年版,第 9 页。

核心因素。同时在另一个层次上而言,农民生计来源具有单一性,导致了对土地的过度依赖,风险累积程度过高。在人口不断增长的压力下,而耕地面积则增长有限,土地资源匮乏,人地比率失衡。为了满足生计诉求,农民只能在农业内卷化和过密化方向寻求生计资源。而一旦失去土地,他们生存难以为继,故而,在这种社会生产格局下,流民遵循的是生存动机,而非发展动机。

而当下中国社会中的流动人口问题与传统社会的流民问题在诱因上有着本质的不同,传统社会流民核心因素是因为战乱丧失生存资源而至流动,是求生存动机而外出流动,其核心诉求在于土地问题,即人口与土地的矛盾问题。当下中国农民工流动中的土地问题不再是流动的核心因素,即农民土地诉求问题已经解决,国家以土地承包权形式解决了农民的土地生存依赖问题,事实上,农民生存问题得到了保障。在改革开放初期,改革的红利都留在了农村,农村也获得了巨大的发展,农民也获得了较为丰厚的经济收入,有学者从时间概念上考察认为,中国农民收入增速有三个较为明显的递增区间,即从1978—1985年的第一波快速增长期,从1991—1997年开始的第二轮增长,从2004年开始及至现在的第三轮增长阶段,这些增长区间在全国范围内具有较大的同质性。在实行家庭联产承包责任制后,土地的生产经营方式由过去的集体经营改变为农户承包经营,农民成为土地生产产品剩余直接拥有者,这极大地激发了农民的生产积极性,农村经济在这一阶段呈现井喷式增长。据统计,在农村经济改革开始后第一阶段(1978—1984年),农民收入增长迅速,农村居民人均纯收入由133.6元增高到355.3元,年平均增长率达到17.3%①。这一阶段在农民收入增长快速递增的情况下,农村居民收入水平和收入结构具有较大的同质性,农村居民收入差异性较小,即收入主要来源都是被激活的土地生产力。故而,当下中国的民工潮和农民的大流动实质是现代化浪潮所推动下的城市拉力所致,是工农产业二元化视角下的农民发展性诉求的体现。

① 关浩杰:《收入结构视角下我国农民收入问题研究》,首都经济贸易大学经济学博士论文,2013年。

学术界虽然也在谈第一代农民工外出务工逻辑是生存型逻辑,第二代农民工外出务工是发展性逻辑,这种外出务工的逻辑划分是相较于农民工的代际比较研究视角而言,如果把同样的人口流动放在不同的世纪比较,就可以发现即使学术界冠之为生存型视角下的第一代农民工外出务工其实具有主动性、策略性和发展性特征,而传统社会中的农民人口流动则是真正意义上的生存型流动,且具有被动性和无选择性特征。

中国的现代化源自西方,是在西方社会的强制压迫下,以武力的形式开启了中国现代化的历程。在向度上是自外而内地对中国社会发展历程产生影响。在当下史学界对于乡土中国的变迁具体应从何时开始算起,依然存有较大的争议。孔飞力认为中国传统社会的基层秩序至迟到清末仍然稳定,故而现代化的开启则可以溯源至清末变革①。杜赞奇在 1900—1942 年对华北农村进行了实地调查后,他认为在 20 世纪的前半期,中国乡村社会发生了两个巨大变迁:其一是因西方社会强行介入而被严重破坏的小农经济;其二是政府对于基层社会生活的深度介入,国家威权触角深入农村社会。改革开放以后乡村社会的变迁经历了一个从外在到内生的过程,在外在力量的携裹中,乡村社会内部的主体已经日渐成为现代乡村社会变迁的推动者②。

在现代化的滚滚车轮与经济大潮的洗礼下,那些曾经作为一个村庄的标签已经逐步开始淡化,村庄正消失在其意义的系统中,实体性的村庄日渐成为一种记忆和怀念,村庄逐步成为一个指称,具体的区隔已经慢慢在消融。村庄内部的熟人社会已经开始向半熟人社会过渡,熟人社会生存的基础已经解构。村庄人员的流动成为生活的常态,分离与区隔成为农村家庭成员日常生活主要形式,家庭成员在空间距离上的延伸和时间跨度上的缺位在某种程度上肢解了家庭日常生活的意义系统,家庭的生活系统和生产功能被常年的分离取

① [美]孔飞力:《中国现代化国家的起源》,陈兼、陈之宏译,三联书店 2013 年版。

② [美]杜赞奇:《文化、权力与国家:1900—1942 年的华北农村》,江苏人民出版社 2018 年版。

代，家庭成员社会角色发生了移位，老婆孩子热炕头已经成为没有出息的代名词，标签化的生活已经慢慢地渗入乡村日常生活的各个角落。

改革开放以来，中国市场经济大潮兴起，农民高度参与其中，农民工既是这伟大历史过程的产物，又在这一历史进程中得以历练，并且作为最早参与中国现代化进程的群体，他们是改革开放后社会发展红利的最早获得者。可以说他们比中国历史上任何时期的农民都更加自主，但是作为工人，他们难免存在不少困惑。他们是官方媒体口中的新市民，同时也是务工区域城市居民话语中的农村人，实质上，他们的实际生存状况与官方媒体的话语体系仍有差距。

三、中国农民社会地位转换与中国现代化过程

中国社会经历了几千年的农业文明发展过程，在这个发展过程中一直存在两个维度，即城市与农村的地域区隔，在这个地域区隔之上，也衍生了两种社会身份，市民与农民，这两种身份在中国一直延续到现在。在传统社会中，市民与农民的区隔仅限于士与乡的地理空间区隔，在实质上并无明显的地理分界与政策设计下的身份区隔。农民不仅仅是一个阶级，在传统社会的农耕文明体系中，农民恰恰是社会中的上层阶级，在传统社会的分层体系中士农工商，农民的阶层地位仅次于士，远远高于其他阶层。虽然农民与士的阶层差异明显，但是其转换通道却非常通顺，且在日常生活中融为一体。《训子语》中说："耕与读又不可偏废，读而废耕，饥寒交至；耕而废读，礼义遂亡。"故而在传统社会中，中国传统的文明本质上是"耕读"文明，即通过"耕"来满足物质需求，通过"读"来满足精神的提升。在耕读文化发展过程中，"耕"和"读"的内涵也越来越丰富。"耕"不仅是一种生产生活方式，"读"也不只是为了读书应举。耕与读成为生活的常态，植根于耕读的农与士自然也成为天然的盟友。士与农的关系还要嵌入一个绅的身份。由农而士之后，退仕之后再回到乡村成为乡村社会中的乡绅，与农民生活在同一个区域和空间内，他们的身份是农

民,但其阶层则是士。

从这里来看,中国的农民在传统社会中其社会地位就没有衰落过,一直维持着流动可能性。什么时候农民开始成为一个特有的代名词和落后的称谓?这可能源于1840年之后的中国农村全面衰落之后农民与士绅之间的联系彻底断裂。鸦片战争之后,清帝国国力衰退,在以农业为主的中国,国力衰退则意味着农村社会生产的衰退,在西方工业文明的浸入下,农村日渐凋零,农民与士的分野也越来越大,商人社会地位则直线上升,商人与士的阶层差异缩小,商人与士的转换通道通过捐官等特殊机制得以实现。自此,农民向上流动的通道日渐狭窄、稀缺,农村与农民社会地位日益衰落,农民日渐沦为贫困群体、土的代名词。

农民真正被赋予特殊地理和户口标准的是新中国成立后的户籍身份体制。政务院1958年1月通过《中华人民共和国户口登记条例》,基于社会控制视角下对人口进行了明确的城乡区分,依据人口居住地类型划分为"农业户口"和"非农业户口"两种不同户籍,农民被限制在乡村区域,不能自由流动。从此户籍身份成为中国城乡管理、市民、农民管理的唯一尺度,中国的经济体制和福利制度都按照城乡户籍实行两套独立的运行系统,城乡之间的流动陷入停滞,农民的身份具有了更加强烈的社会属性。在学术界,学者普遍认为中国的现代化过程就是伴随着城乡分野过程而开展的,或者说中国现代化的过程是以城市为中心开展的现代化,农村、农民作为一个区域和一个群体是现代化过程的资源供给和劳动力资源的提供者,农村、农民参与中国现代化的过程是单向度的参与,单向付出,没有从现代化的过程中获取相关资源和应有的发展红利。改革开放之后,农民的社会身份属性虽然弱化,但是在户籍制度和依附于户籍制度上的社会福利分割下,农民作为现代化的核心劳动力供给者为城市发展提供了源源不断的劳动力支持,从而形成了有中国特色的城乡人口流动规律和农民工群体性称谓,这种情况一直延续到现在。作为游走于城乡之间的农民工群体,在城乡之间生活日渐成为他们日常生活的常态。

在中国社会步入经济社会发展新常态下,增强民众获得感成为民生建设主要着力点,尤其是党的二十大报告中在完善分配制度、实施就业优先战略、健全社会保障体系和推进健康中国建设等方面都进行了战略布局,作为中国社会建设主要力量的农民工群体无疑是这些战略布局重点关注的对象。

四、第一代农民工的暮年关注

作为社会学的理论聚焦,底层生活世界是底层民众日常实践的场域。古哈认为底层是指“在南亚社会中处于从属地位下层人群的总称,排除了阶级、种姓、年龄、性别和职位影响”①。底层社会的日常生活实践不仅镶嵌于宏大的制度实践之中,也是掺杂着个体成员生活认知中的琐碎和生命进程的渐进。故而,对个体成员日常生活实践逻辑的解释和释义,必然要以“本体论”的视角来面向日常生活实践,来追踪底层社会事件的连续性、事件过程的象征性和日常实践的策略性。社会学“与其说是为人们提供客观而普遍的真理,还不如说是为人们展示面对日常生活和社会现实的种种可能性及其限制,提醒我们注意潜在的社会危险,告诉我们可能的补救方法和社会进步的前景”。②故而,关注底层的学术价值在于如何有效实现将底层民众的日常生活作为学术知识生产和再生产的基础性资源。毫无疑问,作为社会底层的第一代农民工在面对日渐变迁的社会和其自身日渐失去的生计资源的现实情境下,他们的未来生计问题理应被全社会所关注并获得相应的支持。

对农业劳动力的非农化转移现象,20 世纪 70 年代称为“外流劳动力”,80 年代则称为“盲流”,90 年代以后则固定为“农民工”③。自 80 年代以来,农民工在户籍限制和福利分割现实情境下,农村人口的生活呈现出典型的二元分

---

① Amalendu Guha, “The Indian National Question: AConceptual Frame”, *Economic and Political Weekly*, Vol.17, No.31, 1982, pp.2-12.

② [美]史蒂文·塞德曼:《有争议的知识——后现代时代的社会理论》,刘北成等译,中国人民大学出版社 2002 年版,“导论”第 4 页。

③ 宋林飞:《“民工潮”的形成、趋势与对策》,《中国社会科学》1995 年第 4 期。

离状态。最早的农民工外迁引起社会和政府关注的当肇自 80 年代中后期的“民工潮”，原新华社记者王志刚认为“民工潮”从 1988 年 1 月开始，到 1990 年春震撼了整个中国。① 他在 1988 年新闻报道中描述的“百万移民下珠江”的场景震撼了当时的中国。应该说从 1988 年之后中国农民工开始大规模地流动，这就是第一批农村居民外流，也是本研究的核心对象即第一代农民工外出务工生命历程的时间起点。

农民工日常生活场域主要在城市，他们仅在节假日或者农忙时间返回家乡，成为城乡生活的两栖者。农民工社会流动成为中国乡村生活的常态，有学者称之为流动的乡土，这样两栖生活的方式是农村社会人口流动与社会管理脱域的典型表现，农村人口的流动呈现出多点和自由流动特征，但是在社会管理和人口管理上依然呈现出条块化和属地化管理，农村居民依然在户口的束缚下，呈现出劳动力流动个体化与家庭流动的属地化的矛盾。故而，流动的个体劳动力最终还是被家庭属地化管理方式拖回农村社会，从而无法实现农村社会的真正流动，他们流动的仅仅是自己的劳动力而非自由的流动。农村家庭生活面临最大的问题不再是经济的窘迫而是在城乡区隔下的家庭成员生活的城乡区隔，缺乏劳动力的部分农村人口不得不留在农村，比如老人孩子以及部分残疾群体，而拥有劳动力的群体则流入城市寻求更多的生存机会与经济报酬，家庭日常生活呈现出区隔化和时空差异，农村社会也就呈现出独特的空巢化与稀疏化特征。事实上，无论从中国的近代史，还是当下去考察农村人口的流动，其后果在某些程度是高度雷同的，都造成了中国农村社会的空心化与空巢化，以及农村社会的疏离和凋敝，中国农村与城市在近代的发展中藩篱日渐厚重，也渐行渐远。但是毕竟时代不同，流民的社会流动带有更多时代的悲剧与悲壮的色彩，是无奈的生存挣扎，甚而是人伦惨剧，而当下中国农村居民的社会流动，农民工的城市移动则是农民的主观选择，是一种在经济理性的刺

① 王志刚：《百万“移民”下珠江》，《南风窗》1988 年第 5 期。

激下,农民主动寻求更多的利益和生活机会的选择,因为农民工的社会流动更多带有现代社会真正意义上的工业化与现代化的痕迹。中国农村人口流动具有自己独有的特征,即人口流动呈现出单向性,向城市流动,流动人口的人口学特征是劳动力人口流动,而非西方社会的举家移民,没有劳动力的人口被留在农村,农民工群体在城市的目标仅仅是获取更多的经济资源,改善家庭生活状况,故而其流动体现在劳动力的价值交换上。同时从中国农民工年龄结构来看,农民工的年龄结构也呈现出高龄化特征。

表 1-1 分行业农民工月均收入及增速① (单位:元、%)

行业	2019 年	2020 年	增速
合计	3962	4071	2. 8
制造业	3958	4096	3. 5
建筑业	4567	4699	2. 9
批发和零售业	3472	3532	1. 7
交通运输仓储邮政业务	4667	4814	3. 1
住宿餐饮	3289	3358	2. 1
居民服务修理和其他行业	3337	3387	1. 5

据国家农民工监测报告 2020 年统计数据显示,农民工的平均年龄已经达到 41. 4 岁。从农民工的现有年龄结构看,40 岁及以下农民工占比为 49. 4%,50 岁以上的农民工占比为 26. 4%。从调查的农民工务工所在地看,在家乡附近务工的农民工平均年龄在 46. 1 岁,其中在本地务工的农民工中年龄在 50 岁以上比重为 38. 1%;相比之下,外出务工的农民工平均年龄相对略低,他们平均年龄为 36. 6 岁。在外出农民工中,农民工跨省流动人数为 7052 万人,与上年相比,跨省务工人数比上年减少 456 万人,下降 6. 1%。据统计,在户籍所

① 数据来源:国家统计局:《2021 年农民工监测调查报告》,国家统计局信息公开(stats.gov.cn)。

在地的省内就业农民工占外出农民工的比重为 58. 4%，比上年提高 1. 5 个百分点。在全部农民工中，男性占 65. 2%，女性占 34. 8%。女性占比比上年下降 0. 3 个百分点。其中，外出农民工中女性占 30. 1%，比上年下降 0. 6 个百分点；本地农民工中女性占 39. 2%，下降 0. 2 个百分点。50 岁以上所占比重为 14. 2%。

表 1-2　2021 年农民工年龄构成①　（单位：年、%）

年龄组	2018 年	2019 年	2020 年	2021 年
16—20 岁	2. 4	2. 0	1. 6	1. 6
21—30 岁	25. 2	23. 1	21. 1	19. 6
31—40 岁	24. 5	25. 5	26. 7	27. 0
41—50 岁	25. 5	24. 8	24. 2	24. 5
50 岁以上	22. 4	24. 6	26. 4	27. 3

当第一代农民工群体丧失劳动力以后，他们也只能返回农村，返回自己的家乡，在离家生活 20 多年后，他们如何适应已经变迁了的乡村生活？其子代也不再是他们曾经的模样，子代也在流动中参与了社会竞争，无法为他们提供足够的赡养支持。尤其是在第一代即 20 世纪 80 年代以前出生，80、90 年代初外出务工的农民工已经面临暮年，暮年中的他们如何度过自己的晚年，暮年的他们生计如何获得足够的保障，这些都是我们值得探讨和关注的问题，也是社会的重要议题，在幸福中国的建设中，不落下任何一个群体一个区域，也是当下中国特色社会主义现代化建设的应有之义。在党的二十大报告中，

① 数据来源：《国家统计局：2021 年农民工监测调查报告》，国家统计局信息公开（stats. gov. cn）。

习近平总书记指出：我们要实现好、维护好、发展好最广大人民的根本利益，紧紧抓住人民最关心最直接最现实的利益问题，坚持尽力而为、量力而行，深入群众、深入基层，采取更多惠民生、暖民心举措，着力解决好人民群众急难愁盼问题，健全基本公共服务体系，提高公共服务水平，增强均衡性和可及性，扎实推进共同富裕。

五、研究创新和学术价值

（一）研究视角创新

本研究基于定性与定量研究方法上，运用常人方法学和个体生活史研究视角，在生计策略部分采用生活史和日常生活实践研究视角详细收集访谈对象生活历程，勾连个体的生命历程和社会制度宏观背景，并嵌入其日常生活实践过程，深度解析第一代农民工生计策略形成过程及对其生计体系的支撑作用。

杨善华认为，作为社会学理论流派之一的常人日常生活研究一直是社会学研究的重要视角，关注常人的日常生活世界和日常实践的场域是研究社会结构和社会行为的起点。日常生活中我们习以为常的熟人、他者恰恰都是个体自我的社会映像。故而探究社会某一局部位置或场景，并将特定社会成员的活动作为“场景性”和“局部性的实践”是研究常人核心的视角。① 常人日常生活的权宜性和实践性恰恰是理解宏大社会变迁的逻辑起点，因为常人的日常实践并不仅仅是与普通民众琐碎的生活认知和漫长的生命历程杂糅在一起，同时也是镶嵌于宏大的制度实践之中。因而，对常人日常实践逻辑进行解释性理解和因果性说明，必须转向日常生活层面的实践性“本体论”关怀，追踪常人生活事件的连续性、事件过程的象征性和日常实践的策略性。社会学“与其说是为人们提供客观而普遍的真理，还不如说是为人们展示面对日常

① 杨善华：《当代西方社会学理论》，北京大学出版社 1999 年版，第 53—56 页。

生活和社会现实的种种可能性及其限制,提醒我们注意潜在的社会危险,告诉我们可能的补救方法和社会进步的前景”①。故而我们关注常人研究更重要的学术价值是如何将普通民众的日常生活作为学术知识生产和再生产的基础性资源。第一代农民工作为社会日常生活体系中的集体印记,自然成为社会生活中的重要的群体。作为第一代外出务工的前行者,他们是社会生活经验的集大成者,也是连接农村与城市的第一批吃螃蟹的人,尽管他们对于未来一无所知,但是他们还是义无反顾地离开熟悉的乡村,走入陌生的城市去务工与生活,他们是那个时代农村社会变革的引领者,也是历史和现实的对接者。作为第一代外出务工的人,他们的日常行动和日常生活充满了太多的时代印记,他们日常行动中的意义建构是如何镶嵌于他们的生活实践中?他们务工生活中的重复性、经验性和实用性构成了他们城市务工生活空间和农村家庭生活中的日常事件、社会关系、实践策略、话语系统等。因此,对日常生活中的第一代农民工群体研究要致力于在他们看似琐碎的日常生活表述背后努力去探究隐藏其后的深层变量,诸如制度安排、生存场域、关系网络等。对于他们的解析不但应有理论关怀,更应进行深度描写,把他们饱经风霜的个人经验、情感的一些事项放入特定的时代背景生活领域中来呈现,“亦即在行动者的日常系统中完成对行动者的‘投入的理解’和‘同感的解释’”②。

(二)学术研究理论提炼

其一,在学术视角上,提炼出“生活理性”本土性学术概念,“生活理性”是指行动者在日常生活中形成并作用以实践为取向、追求合乎情理行动的意愿和能力,对兼具受动性与能动性、处于不同生活场景和生命阶段的个体的行动

① [美]史蒂文·塞德曼:《有争议的知识——后现代时代的社会理论》,刘北成等译,中国人民大学出版社 2002 年版,“导论”第 4 页。

② 刘威:《“朝向底层”与“深度在场”》,《福建论坛(人文社科版)》2011 年第 3 期。

逻辑所作出的解读。

本研究结合第一代农民工务工生命历程及其生计策略的选择提炼的“生活理性”是在对第一代农民工生计策略的选择过程分析，在常人研究视角的基础上凝练而成。在学理性上，是对斯科特笔下东南亚农民秉持的“生存理性”的理论做进一步深入拓展和实践探讨。

其二，学术思想上，本研究在深度分析第一代农民工生计系统及其未来预期生计基础上，形成了可持续生计—社会脆弱性—社会排斥三维分析框架，提炼了第一代农民工生计系统中的社会脆弱性特质，创新了对农民工群体研究的分析视角。本研究综合运用社会排斥理论、可持续生计视角并结合现有的社会政策视角分析了第一代农民工生计困境核心因素所在。本研究进一步扩展了可持续生计研究框架学理内涵，并试图构建第一代农民工可持续生计动态模型，加强其理论解释力。

其三，在现实价值上，本研究为第一代农民工可持续生计问题提出针对性解决策略，系统梳理出第一代农民工面临的生计问题，唤起政府和社会对第一代农民工关注，增加第一代农民工的福利供给，改善第一代农民工的生存状态。

第二节 中国农民工类型划分

一、何为农民工

关于农民工的研究起始于20世纪80年代初，诸多学者开始探讨农村人口外出流动对城市和农村带来的影响。在国家政策中最早提及该群体的文件是在1982年12月10日五届全国人大五次会议批准的《中华人民共和国国际经济和社会发展第六个五年规划（1981—1985）》第三十章第一节：“城镇劳动就业要全部清退，关停企业，停缓建单位，人员超编和生产任务不足的计划外用工当中，生产任务饱满单位的计划外使用的农民工也要清退。”①在此历史阶段，学术界和政策话语体系中是把农村社会流动人口等同于农民工概念，在关于农村流动人口的认知方面，张展新认为“流动人口成为一种中国式的迁移人口，即改变了居住地但户口登记地没有相应变更的迁移人口”②，即从农村流入城市流入地的人口流动过程中，那些具有农村户籍后进入城市且未完成户籍变更的迁移人口。

在学术界，中国社会科学院张雨林教授于 1984 年首次提出农工概念，张雨林教授用“农工兼业”概念指称了当时外出务工的农村劳动力流动人口，他提出的农工也就是我们今天所言的农民工概念③，按照学术界的共识，农民工是我国改革开放之后，随着我社会经济体制和社会发展双重转型过程中出现的一个特殊群体，是在中国二元社会户籍和身份管理制度下的农村劳动力转移，也是刘易斯所言的二元经济结构的必然产物。故而农民工这一称呼混合了由户籍制作为基础，以社会身份登记划分，又契合了劳动分工所确定的职业身份，一言以蔽之，农民工是户籍制度、身份登记和劳动职业身份三者混合的一个特殊的群体。从广义上而言，农民工应该包括两个部分，其一是脱离农村土地，在家乡附近工作的，其二是离土又离乡的跨区域转移进入非农生产领域的非农劳动者④。在学界，对于农民工含义的使用多以后者为主，也称为狭义农民工，如 2006 年 3 月中国国务院研究室发布的《中国农民工调研报告》对于农民工的界定也是以离土又离乡的农民工为主。郑功成也是以进入城市的跨区域人口作为界定农民工的主要依据。他认为应该从四个方面去认识和界定农民工：其一是职业方面，农民工工作职业的非农化，衡量指标是劳动时间

① 劳动和社会保障部、中共中央文献研究室：《新时期劳动和社会保障重要文献选编》，中国劳动和社会保障出版社、中共中央出版社 2002 年版，第 1—8 页。

② 张展新：《劳动力市场的产业分割与劳动人口流动》，《中国人口科学》2004 年第 2 期。

③ 张雨林：《农业剩余劳动力转移的层次和城乡结构——江苏省吴江县四个行政村的调查》，《农业经济丛刊》1984 年第 2 期。

④ 王春光：《农民工：一个正在崛起的新工人阶层》，《学习与探索》2005 年第 1 期。

非农化和主要收入来源的非农化;其二是制度和身份方面,虽然职业是非农化职业,但从户籍属性看还是农业户口与农民身份;其三是劳动关系方面,农民工是特指作为被雇用者的群体,被雇佣从事非农活动的,那些作为雇主雇用别人从事非农劳动的农民不是农民工;其四是地域方面,在城市从事非农生产的个体或群体是来自农村地区。故而,农民工是指被雇用去从事非农活动、属于农业户口的农村人口①。

二、农民工群体研究的代际类型划分

伴随着时代发展,农民工群体的类型划分已经成为农民工研究的重要视角,诚如郑功成指出,农民工群体在生活和工作形式上可以划分三种类型,其一是已经完成城市化的农民工,他们虽然在户籍上还是农民户籍,但是在城市里面已经有了稳定的住所、稳定的就业岗位和相对固定的劳动关系,并且具备了在城市生活的经济能力和生活能力,这部分农民工最终归属在城市;其二是只有农闲季节才外出的农民工,他们的依附依然是土地,这部分农民工未来的归属是乡村;其三是流转状态的农民工,他们处于不确定状态,而这种不确定状态他们自己无法把握,只能在现有社会政策下摇摆,进入城市或者回归农村都存在很大可能。②

同时在农民工的流向和未来发展存在分化的现实情况下,农民工的代际分化日益明晰,且具有极强的现实价值,故而学术界提出农民工代际分化概念,王春光认为农村流动人口已经出现代际间的变化,他们在流动动机上呈现出显著的代际差异,同时社会特征和社会属性上也有了代际分化,王春光对比了两代农民的代际差异,并第一次提出了新生代农民工的概念,正式对农民工的群体进行了划分。

---

① 郑功成、黄黎若莲:《中国农民工问题与生活保护》,人民出版社2007年版。
② 郑功成、黄黎若莲:《中国农民工问题与生活保护》,人民出版社2007年版。

表 1-3　两代农民工群体差异①

群体特征	第一代	新生代
外出时平均年龄	30.86 岁	22.99 岁
外出时候婚姻	81.86%已婚	24%已婚
平均受教育程度	2.91 年	3.28 年
外出前务农经历比例	54.5%	39.2%

刘传江认为，与之相对应的第一代农民也日渐成为农民工研究约定成俗的学术话语。由于中国正处在快速变化的时代，不同时代背景下成长起来的农民工，其个人社会特征有显著的差异，改革开放以后出生的农民工和计划经济时代成长起来的农民工在社会价值观以及家庭环境等方面都有根本性的区别，两代农民工具有较大的异质性。

第一代农民工是在 20 世纪 80 年代中期到 90 年代中期从农业和农村社会中流出并进入非农产业就业的农民工，即第一代农民工是传统意义上的农民，他们具备农民的基本特征，有完整的农业生产经验，经历过完整的农业生产过程。学术界开始逐渐聚焦于两代农民工的对比研究，并在社会政策、个体特征、代际差异等方面展开了相关讨论。基本形成了"生存预设"视角下的第一代农民工外出务工的逻辑解释，第二代农民工"发展预设"视角下的外出务工逻辑分析。基于社会发展的视角，学界对于新生代农民工给予了较多的关注，而对于第一代农民工的关注则稍显薄弱，在关注点上呈现出媒体热、学术冷的现实特征，对于第一代农民工的生存状况和未来取向目前还没有一个系

① 王春光:《新生代农村流动人口的社会认同与城乡融合的关系》,《社会学研究》2001 年第 3 期。

统的研究和成熟的解释框架。媒体和学术界也用高龄农民工来指代第一代农民工。故而在学界，对于第一代农民工的界定和解释基本是以70年代以前出生，并在改革开放初期就外出务工的农民为主。事实上，农民工群体的代际划分研究既有学术研究必要，也是进入新时代中国社会发展和社会建设的必然要求，农民工群体的代际差异实质上体现了中国社会发展不同历史阶段的社会需求。第一代农民工进城务工的历史时段是中国刚刚开始改革开放，社会建设和经济建设都处在刚刚起步阶段，社会的核心矛盾是落后的物质生产与人民日益增长的物质文化需求的矛盾，从这个矛盾的论述中，我们可以知道此时中国社会的核心思路在于促进经济发展，发展生产力，增加物质财富的供给，故而，解决生存和增加物质财富积累既是时代的需求，也是每一个个体的人生诉求。第一代农民工外出务工的逻辑是生存性外出务工，其诉求也仅仅是增加经济收入，改善生活条件，这既是时代的特色，也是第一代农民工的突出特征。但伴随着中国进入21世纪之后，中国的社会经济状况发生了巨大的变化，社会发展以及人民的诉求都发生了变化，尤其是新一代的人口与60年代出生的人口在教育水平、思想文化等方面都有了较大的差异，第一代农民工外出务工之后，其子代的成长环境也与父辈的成长环境有了巨大的变化，其面临的社会压力和社会评价体系也更加多元。故而，新生代农民工所处的环境及其价值追求已经完全不同于父辈的诉求。在政策设置上，也无法把第一代农民工与新生代农民工放在一起衡量，尤其是新生代农民工，其身上有着更为突出的时代特性。物质诉求不再是他们唯一的愿望，自我发展、脱离和改变原有的生活方式成为他们外出务工的关键因素，故而其身上体现了鲜明的时代特征，融入城市，积极参与社会建设，成为务工所在地社会的一份子是他们的主动追求。他们在价值观念上更加注重平等和公平，故而在社会政策的设计上也以促进他们个体发展，加大社会融入成为农民工社会政策的主要方向。

第三节 研究方法和思路解释

一、研究总体设计

农民工流动是在二元化城乡管理差异化体系下进行，尤其是第一代农民工的流动过程和生命历程又具有独特的时代性和社会性，他们是中国社会发展变化的亲身经历者，也是中国社会的建设者，正是无数个第一代农民工个体的生命历程和务工历程交织成了中国波澜壮阔的现代化历程。有学者坦言，中国第一代农民工不仅仅是中国现代化过程中一砖一瓦的建设者，他们同时也是支撑第二代农民工城市务工的核心力量，没有第一代农民工外出务工过程中的经验以及他们年老之后退守家庭中的付出，就不可能有中国农村源源不断的劳动力供给，中国社会的现代化过程也未必能如今天这样波澜壮阔。当下伴随着第一代农民工或进入中老年，或退守家庭，他们的劳动能力逐渐流失，其生计也面临危机。第一代农民工的生计危机不仅仅局限于其失去劳动力后的就业问题，其面临更深层次的危机是农村社会家庭养老的代际断裂危机。作为在城市工作了半辈子的第一代农民工已经进入暮年，他们的未来在哪里？城市留不下，农村回不去，他们之于城市终究是过客，农村虽然是根土所在，但在拔根的农村社会中，他们依然无法安养老年。

故而，本研究的核心在于探讨第一代农民工的可持续生计问题。

本研究在思路上遵循科学研究的逻辑顺序开展：第一，进行文献资料收集，并结合社会现实问题，凝练出研究问题；第二，选择与主题非常贴近的可持续生计理论视角和研究框架，通过实证调查，收集并分析资料，并结合社会现实和社会政策解析第一代农民工生计脆弱性背景；第三，运用深度访谈和问卷调研等方法量化其资本存量；第四，在分析资本存量基础上，利用生活史等研究方法分析其生计策略选择和生计实践过程；第五，进行多元福利供给改善其生计结果,并进行理论总结和反思。

(一)基本思路

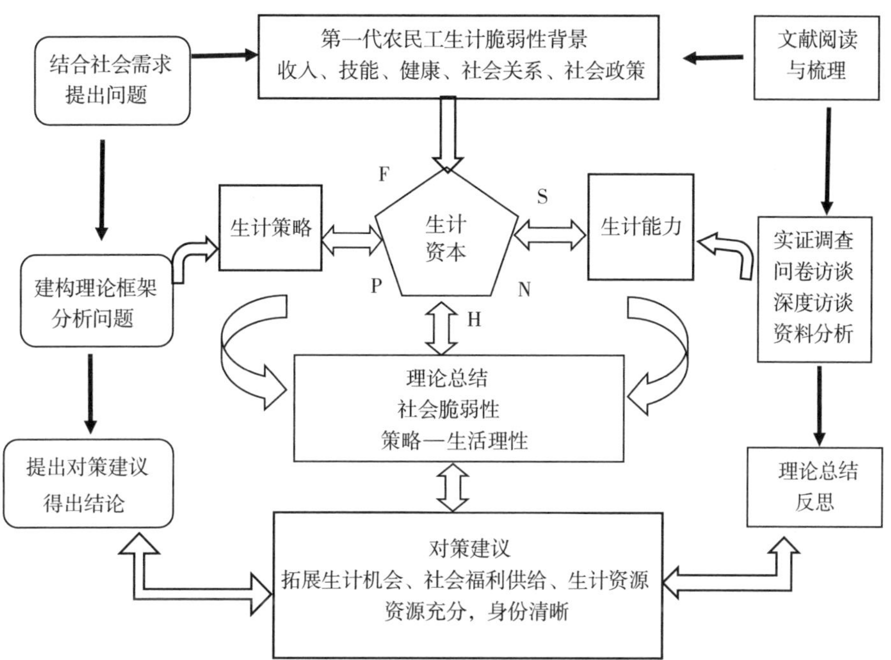

图 1-1　第一代农民工可持续生计研究思路图

本研究运用了可持续生计研究框架(DFID,2000),在实地调研和问卷访谈的基础上,探讨第一代农民工可持续生计的各项元素,并分析了第一代农民工的生计资本、生计策略和生计能力及其相互关系,并在此基础上结合中国农民工社会政策发展历程讨论了第一代农民工生计过程中外在社会机制形成过程,从而得出其社会脆弱性特征,并在考察第一代农民工生计策略的过程中提炼出生活理性的概念。以期解释第一代农民工务工过程中的生计选择特征和生计的主动性。

（二）研究样本及其选择

本研究来源于国家社科基金项目，研究团队从 2018 年开始重点在安徽、四川、山东和河南四个农民工外出务工大省开展相关调查，同时也在东部和西部进行了相关调查。在研究对象选取上，依据靳小怡等（2018）对高龄农民工 45 岁以上由于年龄层次差异在就业、医疗和收入等方面受到挤压等特征①，依据该年龄界定，同时结合农民工实际情况，本研究确定受访者为年龄 45 岁以上的农民工，共收集了 2500 份问卷，在样本选择上，本研究按照东中西三个区域分别选取一定数量的调查对象②，来自东部区域的访谈对象为 698 人，占比为 30. 26%，来自中部区域的调查对象为 1196 人，占比为 51. 84%，来自西部区域的访谈对象为 413 人，占比为 17. 9%。可以看出第一代农民工的调查对象中，中部占比最高，人数也最多。男性 73. 8%，女性 26. 2%。在剔除了无效问卷和与本研究无关的无效变量后，本研究最终选取样本量为 2308 份。在关于第一代农民工的职业界定上，本研究也参照了学术界现有的研究分类，同时也结合第一代农民工就业实际情况，把第一代农民工的就业类型界定为自雇、建筑工地工人、餐厅服务员、工厂工人、社区商场保安保洁人员、商场销售人员及其他几类人员。从其职业分布来看，建筑工地人员占比最高，占总数 43. 3%，其次是工厂务工人员，占比为 18. 9%，自雇用人员占比为 16. 3%。问卷访谈第一代农民工的总体概述见表 1-4 至表 1-7。

---

① 靳小怡、胡钊源、顾东东：《谁是“高龄”农民工——基于流动人口监测调查的数据分析》，《管理评论》2018 年第 7 期。

② 按照通行界定，东部地区包括北京、天津、河北、辽宁、上海、江苏、浙江、福建、山东、广东和海南 11 个省（市）；中部地区包括山西、内蒙古、吉林、黑龙江、安徽、江西、河南、湖北、湖南、广西 10 个省（区）；西部地区包括四川、重庆、贵州、云南、西藏、陕西、甘肃、青海、宁夏、新疆 10 个省（区市）。

表 1-4 访谈对象的年龄结构

	年龄	频率	百分比	有效百分比	累积百分比
有效	45	213	9. 2	9. 3	9. 3
	46—50	994	43. 1	43. 2	52. 4
	51—55	593	25. 7	25. 8	78. 2
	56—59	240	10. 4	10. 4	88. 6
	60—65	166	7. 2	7. 2	95. 8
	66—69	77	3. 3	3. 3	99. 2
	70 岁以上	19	0. 8	0. 8	100. 0
	总计	2302	99. 7	100. 0	
缺失	系统	6	0. 3		
总计		2308	100. 0		

表 1-5 访谈对象的区域结构

区域	频率	百分比	累计百分比
东部地区	698	30. 26	30. 26
中部地区	1196	51. 84	82. 1
西部地区	413	17. 9	100

表 1-6 访谈对象的性别结构

性别		频率	百分比	有效百分比	累积百分比
有效	男	1710	74. 1	74. 3	74. 3
	女	592	25. 6	25. 7	100. 0
	总计	2302	99. 7	100. 0	
缺失	系统	6	0. 3		
总计		2308	100. 0		

表 1-7　访谈对象的职业类型

职业类型		频率	百分比	有效百分比	累积百分比
有效	自雇佣	375	16.3	16.3	16.3
	建筑工地工人	1000	43.3	43.4	59.7
	餐厅服务员	242	10.5	10.5	70.2
	工厂工人	436	18.9	18.9	89.1
	社区商场保安保洁人员	149	6.5	6.5	95.6
	商场销售人员	37	1.6	1.6	97.2
	其他	66	2.8	2.8	100.0
	总计	2305	99.9	100.0	
缺失	系统	3	0.1		
总计		2308	100.0		

在收集问卷数据的同时，研究团队也实地访谈了200位第一代农民工，整理了近20万字的访谈内容。以对定量数据补充和进一步开展深度研究，并且通过第一代农民工的务工生命历程深入探讨了社会政策和现有的社会结构性安排是如何影响第一代农民工的务工选择及其可持续生计的建构过程，定性数据可以非常好地解释第一代农民工生计策略选择及其家庭生计选择过程，对定量数据无法触及的部分予以深度解读。由于第一代农民工的务工生命历程与中国社会结构转型、社会主义市场经济发展都深度同构，几乎都在一个时代内同步发生，故而，从第一代农民工的生命历程中也可以找寻到中国社会结构转型过程是如何影响普通人的日常生活，这也是本研究基于常人研究视角去理解镶嵌于宏大社会变迁过程中的普通人生计转变过程。

二、研究方法介绍

在前期文献研究基础上本研究采取质性与量化相结合分析方法。运用生活史、深度访谈、观察法和问卷调查等研究方法深入探析第一代农民工生计资本、生计能力和生计策略选择及其困境，具体研究方法如下：

生活史研究方法，社会生活史已经成为跨学科研究的重要研究方法，其中对于个人生活史的关注更能体现研究的主体性特征。个人生活史是底层民众的日常生活史，是普通社会个体日常生活中的价值取向和生活态度与宏大的社会制度勾连。常建华教授认为社会生活史研究的最大价值是建立以人为中心的历史学，使历史更加丰富和完整，便于对人类总体进行综合研究①。在本研究中，关于个人生活史资料主要运用于生计策略研究部分。对访谈对象生活经历进行详细了解并记录，最后对访谈对象的个体生活历程进行归纳和整理，形成完整的生命历程过程，以典型个案作为分析和研究对象，以此展现第一代农民工生计状况及生计逻辑选择过程与社会性因素的相互交织过程。

历史实然主义分析法是运用发展、变化的观点分析客观事物和社会现象的方法，通过把事物发展的不同阶段加以联系比较，以求在不同的历史阶段中寻求对比，并弄清事情的本质。实然分析法更是一种研究态度，以朴素经验主义者的身份不带个人先入为主的判断和价值预期进入研究场所，诚如贺雪峰先生所言“呼啸着走入田野”②。第一代农民工生计问题显现在当下，但是问题成因却在社会发展进程中，而与之相关的户籍、身份、劳动力市场分割、福利待遇则是中国社会变迁经济体制转轨的产物。事实上，中国农民工的乡城流动过程也与中国近现代工业化过程密切相关，而非当下社会造就。故而，笔者采取历史实然分析法通过对中国社会福利供给政策历史回顾并据此作为了解和分析第一代农民工的生计困境的时代背景。

深度访谈法，主要用于生计能力和生计策略研究，以个案深度访谈形式开展，一方面运用非结构式访谈以理解他们的行动逻辑和价值选择；另一方面选择若干雇主和当地人社局等政府部门人员进行深度访谈，解析影响第一代农

① 明海英：《拓展社会生活史研究空间》，《中国社会科学报》2020 年 7 月 20 日。

② 贺雪峰：《呼啸着走向田野》，http://www.snzg.cn/article/2015/0202/article_40488.html。

民工可持续生计的外部因素。在资料分析上，则运用“内容分析技术”分析深度访谈获得质性资料。

问卷法，主要用于以量化第一代农民工生计资本和生计能力为主要目标。本次调查在东中西三大调研区域发放2500份问卷，回收有效问卷2308份。样本描述及抽样方法，样本描述以性别、年龄、职业、教育程度、外出务工时间和个人经济水平等作为主要分类指标。在抽样方法上以方便抽样为主。资料分析方法，利用SPSS26.0软件进行统计分析，在频数分析基础上利用相关分析以进一步了解第一代农民工生计资本、生计能力与生计策略选择相关性，采取线性比例变换法，使正向与逆向变量值转化成统一的正向数值，完成无量纲化设计。

三、研究逻辑与研究内容

（一）本研究的逻辑推进过程介绍

本研究遵循从文献到实证的研究过程，全文分为三个大的主体部分，第一部分主要是包括导论、现有研究文献回顾和农民工社会政策等背景分析和梳理三章内容，以期从宏观上了解第一代农民工所处的时代背景；第二部分主要包括可持续生计思路引入及可持续生计三个部分的具体内容分析，进一步详细解析第一代农民工的生计资本、生计策略及生计能力及其相关关系。通过定量与定性分析阐释第一代农民工的生计运作过程及其核心要素。第三部分核心内容通过前面的分析得出结论并进一步提升，即第一代农民工生计困境核心在于社会脆弱性问题，同时第一代农民工在生计策略中践行生活理性原则，运用生活理性原则来指导自己的务工行为，试图提炼第一代农民工的外出务工原则。在前面各部分内容基础上，对于构建第一代农民工的可持续生计给出了相关建议，即建立完善的福利传递体系，弱化其社会脆弱性，同时再造生计机会与生计资源以提升第一代农民工的生计能力。第四部分则是对本研究给予系统性总结和对未来开展相关研究的展望。

（二）本研究的具体内容安排

第一章“导论”，介绍本研究的时代背景、研究对象的历史发展脉络及开展本研究的思路。

第二章“相关研究的文献综述”，本部分主要针对农民工的相关研究做学术史的动态回顾，并针对相关理论进行系统梳理，本研究主要运用了生命历程理论、福利多元理论以及弱势累积理论。

第三章“第一代农民工生计脆弱性背景分析”，本部分主要讨论三个内容。其一，生计脆弱的政策因素，回顾中国农民工社会政策实践、政策文本变迁策略，解析农民工社会政策调整过程中政策执行的滞后性、惰性、政策偏好和被动性等“发展的困境”；其二，分析农民工现有的社会福利供给状况，主要分析农民工的社会保障情况，聚焦在农民工的养老、医疗两个核心福利供给方面。

第四章“第一代农民工可持续生计研究思路的引入”，本部分内容首先厘清了第一代农民工由边缘逐步走向承认的过程，讨论了第一代农民工的社会边缘位置，并且论证了社会可持续生计研究框架与第一代农民工的恰适性，引入了可持续生计分析框架，并构建了可持续生计研究框架的分析思路和主要指标的构成。

第五章“第一代农民工可持续生计资本存量分析”，本部分重点探讨第一代农民工可持续生计资本存量，并进行量化分析。生计资本包括人力资本、自然资本、物质资本、社会资本和环境资本。其一，可持续生计资本概念并操作化，把每个一级概念操作到二级或三级指标；其二，厘清其物质资本和自然资本状况，包括其现有收入及其来源、支出情况、住房和承包地等；其三，探讨其社会资本存量，分析第一代农民工人际关系资本和社会资本及家庭代际资本；其四，分析其人力资本现状，个体的人力资本主要包括教育水平、健康水平、劳动能力、职业技能以及其他各种个体能动性要素。

第六章“解析第一代农民工可持续生计策略”，本部分重点分析第一代农民工可持续生计策略，拟建构“生活理性”核心概念，解析第一代农民工在“生活理性”原则指导下，如何进行可持续生计实践。主要分为两个部分，其一，“生活理性”溯源，文军在斯科特“生存理性”的基础上用“社会理性”对其进行了进一步应用和研究，本研究在此基础上结合第一代农民工日常生活实践提炼出“生活理性”核心内涵；其二，操作化可持续生计策略向度，拟操作化为获取经济资源的经济理性策略、社会政策认知下的政策应对策略和社会关系中的关系建构策略，具体解析其在“生活理性”原则指导下，如何来构建自己的生计场域。

第七章“第一代农民工可持续生计能力阐释”，本部分主要讨论第一代农民工可持续生计能力。生计能力即贫困者摆脱生存的脆弱性、根除贫困以及生活自我持续改善的能力。其一，风险控制能力，第一代农民工由于知识、技能限制，其对风险认知和控制能力直接影响其未来生计可持续的效度。其二，社会环境适应能力，第一代农民工在社会转型新常态下，他们如何适应变迁的经济结构和社会环境；本部分主要分析第一代农民工迁移过程的环境适应能力，以及返乡后的适应。其三，个体发展能力，对于第一代高龄回流农民工而言，如何实现个体再发展对于其可持续生计意义重大，第一代农民工获得各种生计机会能力高低直接影响其可持续生计效益。

第八章“第一代农民工可持续生计脆弱性与生活理性分析”，在以上各章分析的基础上，本部分针对第一代农民工可持续生计的现状进行了相关理论提升，第一代农民工可持续生计践行中存在社会脆弱性的特征，且社会脆弱性是影响第一代农民工可持续生计的关键因素。同时在第一代农民工生计策略的选择中，第一代农民工的生计策略选择存在生活理性特征，其生活理性的生计策略与其社会脆弱性的存在高度关联性。

第九章“第一代农民工可持续生计的多元建构”，本部分从国家、社会、家庭、个体四个维度构建第一代农民工可持续生计保障动态支持系统，其一，可持续发展政策的建构，坚持“身份—政治”政策转向，给予第一代农民工公平的政策待遇，解决因历史遗留问题而导致其各项社会保障“空白区”问题；其二，建立并整合补偿性社会政策，以老年福利形式为第一代农民工提供福利支持，尤其是涉及风险管控方面，降低第一代农民工面临的风险；其三，重点输送生计服务，将第一代农民工作为国家提供资源的重要对象，加强对第一代农民工职业转型配套措施落实和提供技术支持，加强其自身生计能力，优化生计策略，提升生计实践效果。

第十章“结论与展望”，本研究的相关结论以及本研究的展望与继续深入的方向。

四、若干说明

其一，在本研究中，关于第一代农民工的界定问题，本研究在概念界定上完全采取了学术界的明确划分，在具体对象的选取上，依据年龄段作为研究对象的年龄规定，45 周岁以上的群体。

其二，在研究思维的拓展和章节安排方面，本研究中提炼的社会脆弱性与生活理性内容，从普通意义上说社会脆弱性也可以作为影响第一代农民工生计可持续社会因素，但是由于本研究在对第一代农民工的生计资本、生计策略和生计能力分析之后得出的第一代农民工的社会脆弱性的结论在某种程度上更具有逻辑性，故而本研究把社会脆弱性作为本研究的结论之一。

其三，在关于第一代农民工调查对象的选择上，本研究既包括已经返乡的第一代农民工，也包括仍在继续务工的第一代农民工，在定量分析部分，本研究的访谈对象多为继续务工的农民工，即使返乡后，他们依然选择在家乡附近务工，故而在本研究中没有把二者做出截然区分而进行类别化划分，在研究中把二者视为一个统一的主体进行分析，但是在定性资料访谈返乡农民工与在外务工的农民工的区分可以看到返乡农民工的实际生活状态和诉求。同时在农民工的性别分析上也没有单独做出分析,原因在于第一代农民工外出务工主体以男性为主,部分女性已经返回家中承担照顾孙代的家庭代际责任,作者认为作为一个统一的整体,进行性别划分在本研究中意义不大。

第二章　文献回顾与理论基础

第一节　农民工研究国内外文献回顾

一、国外移民相关研究

（一）国外移民概念厘清

农民工作为一种移民现象是中国所特有的现象和称谓，国际上多用“移民”、“移民工”、“劳工”等含义指称流动人口，类似的研究具有一定的参考意义。在国际研究中，移民最早指称是国际的人口流动，用词为 immigrant，牛津字典解释为：“从非母国以永久居住为目的迁徙到一个国家的人”。与之相对应的是在描述国内人口流动则用 migrant，但该词特指工作移民。在《元照英美法词典》中将 immigrant 解释离开自己的母国永久移居外国的人①。虽然在工业化之前，移民更多地被认为是在国家之间的迁移，但在工业化逐步发展，城乡生活方式和生产方式差距日渐明显的背景下，在一国内部也出现了基于生计和报酬原因，很多群体从乡村向城市迁移、从落后区域向发展区域迁移的

① 《元照英美法词典》，北京大学出版社 2017 年版，第 622 页。转引自原新利：《城市移民社会权保障研究》，东南大学博士论文，2020 年。

过程,在此情境下“移民”也逐渐成为国内迁移人口的称谓。在国际上,移民的含义已经获得相对一致的学术认可,是指个体或者群体跨越象征性或政治性的边界,进入到新的居住区域或政治共同体的永久性迁移运动。多年来,随着国际移民情形日益复杂,学界对于移民的概念难以进行精准的界定和衡量。迁移通常要么过于模糊,要么过于严格,无法捕获各种“中间”类型的流动性。因此,一些短期的、循环的或不完整的移民形式并没有被研究和研究所捕获。葛剑雄认为“移民是具有一定数量、一定距离,在迁入地居住了一段时间的迁移人口”。①

(二)国外关于移民迁移的解释

在移民的迁移动因方面,除去战争和灾荒因素等被动迁移之外,移民迁移的核心因素在于经济动力的驱使。其中二元劳动力市场分割理论从劳动力需求角度解释了工作移民以及国际移民的核心动力所在。科尔·多格林和皮奥雷提出“二元劳动力市场模型”为第一代市场分割理论的代表,伴随该理论的进一步发展,有学者把二元劳动力市场与内部劳动力市场相结合进行研究,认为现代化程度较高的国家其劳动力市场被具体细化为一级劳动力市场和二级劳动力市场,②作为低报酬、高风险、高强度体力劳动和弱保障为特征的二级劳动力市场被本区域内劳动力排斥,但是由于二元经济模型存在,即使是较低报酬的二级劳动力市场对于经济落后区域的农业人口依然具有较强的吸引力。③ 长期以来,个人因农村地区收入来源的不可获得性、城市高薪酬等原因

---

① 葛剑雄:《简明中国移民史》,福建人民出版社 1994 年版,第 61 页。

② Doeringer, Peter B.& Michael J.Piore, *Internal Labor Markets and Manpower Analysis*.Lexington, Mass.:D.C.Health, 1971.

③ Piore Micharel, “The dual Labor Market:Theory and Application”. in R.barringer and S.H. Beer(eds) *The State and the Poor*, Cambridge, Mass, Winthrop, 1970.

寻找经济发展的机会。[1] 同时刘易斯的二元经济发展模型也解释了移民的迁移动机其核心概念提出劳动力无限供给条件下的二元经济转化模型[2]，对于发展中国家而言，由于存在工农的比较利益，农村传统农业部门劳动力会源源不断地转移到城市现代化工业部门，从而造成人口迁移和流动。[3]

（三）国外移民研究社会融入和排斥视角下的福利主义取向

在国际移民研究中，社会排斥与融合是研究移民的关键视角，迁移过程本身就是一个差异性逐步显现的过程。故而移民与本地民众的文化差异、福利差异以及工作机会差异等都被视为社会排斥的表现，也是社会区隔的关键要素。理解和正视已有的差异及其事实存在的社会区隔，从而探讨引致的因素和机制是国际学者讨论移民问题的主要视角。很多学者认为移民实质是一种“同化”的过程，即作为移民的外来人口在移入地生活中被本地文化、生活方式同化和接纳的过程，这些移民最终在文化和观念等方面完全接受移入地，并进而产生归属感，从而产生了身份上的认同[4]。可见“同化”是具有强烈的主观性特征，对于移民而言，是一个完全被动的接受过程，是被动接受和适应的过程，在此过程中其主观能动性几乎无法保持，故而同化是一个单程，被认为是移民的正常社会融入表现。同化的研究范式前提是文化中心主义视角和自我中心主义视角，一切以移民移入地作为衡量标准，消解了移民自身的主观能动性和自身特质，被学术界所批判。[5] 此后，“社会融入”作为研究移民社会认

---

① Adenike Adeseye，“Migrant Remittance and Household Expenditure Pattern in Nigeria”，*Open Journal of Political Science*，Vol.11，No.1，January2021，pp.73-98.

② Lewis W.A.，“Economic Development with Unlimited Supplies of Labour”，*The Manchester School*，Vol.22，No.2，1954，pp.139-191.

③ Ranis G.，Fei J.C.，“A Theory of Economic Development”，*American Economic Review*，Vol. 51，No.4，1961，pp.533-565.

④ Glazer.N，*We are all Multiculturalists Now*，Harvard University Press，1997，pp.37-39.

⑤ William S.Bernard，“The Integration of Immigrants in the United States”，*International Migration Review*，Vol.13，No.2，1967，pp.23-33.

同的主要范式，社会融入过程也是社会适应的过程，该理论强调移民与居住地之间的双向互动过程，是一种互相适应、相互整合的过程①。

在移民劳工进入劳动市场后，市场机构被赋予多重角色，核心角色在于保障生产的效率性，而对移民的融入和社会保护则缺乏相应的机制安排。② 同时，政府设置移民政策主要以城市安全为中心、以城镇化为基本框架，以维护移入地的社会秩序作为核心价值取向。③④ 大多数接收移民工人的国家明显缺失移民劳工法，即便存在相关法律也没有相应的机制确保它们得到执行，雇主可能会做出少付工资、取消法定假期、工作状态不规律、食物不足、没有适当的住宿等公然违反劳工法的做法，这种"非法性"对当地政府是有利的，官方政策并未认识到移民工人所经历的痛苦和苦难。⑤⑥ 在此过程中，移民的社会福利缺失严重，社会保护形同虚设。移民工人经常为国家社会保障体系做出贡献——无论是在他们的祖国还是在他们的就业国，尽管如此，却由于他们的地位可能无法获得最基本的福利。⑦ 来自发展中国家的移民工人在为自己和家人谋求更好生活的过程中，因受教育程度、相关权利认识的限制，他们往

---

① Josine Junger-Tas，"Ethnic mi-norities，social integration and crime"，*European Journal on criminal policy and research*，Vol.87，No.4，2001，p.98.

② Lee H，Cho S，Kim Y K，etal.，"Is There Disparity in Cardiovascular Health Between Migrant Workers and Native Workers?"，*Workplace Health & Safety*，Vol.64，No.8，July 2016，pp.350-358.

③ Semprebon M，Marzorati R，Garrapa A M."Governing agricultural migrant workers as an 'e-mergency'：converging approaches in Northern and Southern Italian rural towns"，*International Migration*，Vol.55，No.6，Dec2017，pp.200-215.

④ Hedberg C，Entwined ruralities："Seasonality，simultaneity and precarity among transnational migrant workers in the wild berry industry"，*Journal of Rural Studies*，Vol. 88，December 2021，pp. 510-517.

⑤ Ladegaard H J.，"Codeswitching and emotional alignment：Talking about abuse in domestic migrant-worker returnee narratives"，*Language in Society*，Vol.47，No.5，2018，pp.1-22.

⑥ Choi H M，Kim W G，Mcginley S."The extension of the theory of person-organization fit toward hospitality migrant worker"，*International Journal of Hospitality Management*，Vol. 62，April 2017，pp.53-66.

⑦ Clark G L，Mcgill S，Juncal Cuñado."Migrant workers，self - reliance，and the propensity to hold income protection insurance by country of residence"，*Geographical Research*，Vol.56，No.2，May 2018，pp.139-153.

往受到欺骗性招聘且容易受到剥削和操纵。①

在强调社会融合的移民研究范式下，同时在马歇尔公民权理论影响下，针对移民社会福利缺失状况，从20世纪80年代到本世纪初，从反社会排斥视角出发，增加移民的社会福利，增强其社会权利成为国际移民研究的主要价值取向，关于移民福利社会权利的拓展研究也不断丰富。尤其在欧洲主要发达国家，移民已经成为生活的常态，在欧洲共同体一体化的视角下，保障移民获得合法的公民权成为欧洲学术界研究移民问题的重要特征，并认为给予移民以慷慨的社会经济权利待遇也是公民权的充分体现。②。

自2008年爆发金融危机以来，欧洲出现了整体性的经济不景气，民众福利水平下降，由于被欧洲高福利吸引而至的部分移民对当地经济社会发展贡献偏低，但却享受较高的社会福利待遇，这种贡献与福利差异引起了本土欧洲居民的不满，政府在社会压力下进行了相应的移民福利改革，移民社会权利的保障也受到了不同程度的影响。同时在有限的就业机会中，高学历、高技能的移民群体在欧洲劳动力市场上的竞争力也高于本地居民，他们往往在一级市场中占据优势地位，从而引发当地居民的不满。故而，在福利分配上如何平衡本国劳动者和外来移民之间的福利水平成为欧洲国家福利改革重要方向，在此背景下，移民的福利水平和权利平等性不可避免地受到波及③。

国外学者在探究移民问题的同时也关注了中国农民工的相关问题。自1950年以来，中国实行不同地区出生的人被标为不同性质的"户口"类型的户籍制度，农村户口持有者若搬到城市其生存会变得困难，在改革开放政策的鼓

① Christ K L, Helliar C V. "Blockchain technology and modern slavery: Reducing deceptive recruitment in migrant worker populations", *Journal of Business Research*, Vol.131, 2021, pp.112-120.

② 杨菊花：《分异与融通：欧美移民融合理论及对中国的启示》，《江苏行政学院学报》2017年第5期。

③ 伍慧萍、郑朗：《欧洲各国移民融入政策之比较》，《上海商学院学报》2011年第12期。

励下，此部分人群由于满足了城市劳动力市场中对非技术劳动力的需求而使得农民工逐渐成为城市劳动力市场的无价之宝。① 伴随着城市化的加速，越来越多的农民工需要并期待公共服务，但城市会通过提供形式服务、拒绝提供实质服务或转移注意力等方式应对农民工所需要或期待的公共服务，因此便会出现虚拟服务，这是户籍制度（户口）本地化的结果，也是新的不平等轴和二等公民等级出现的标志。② 城乡经济差距、教育和社会不平等以及长期存在的性别不平等模式已经转变为城市地区就业差距的现代结构。③

二、国内农民工研究视角厘清

（一）国内关于农民工研究历程追溯

学术界对农民工问题的关注最早可以追溯到20世纪80年代，彼时的农村人口流动被称为民工潮，当时民工潮是作为问题而被政府和学术界所关注。由于80年代中后期到90年代初农村人口城市流动是当时社会人口流动计划之外，自发形成的人口跨区域、以乡土人际关系为基础、高频率的劳动力市场形成作为主要特征。而此阶段的农村人口流动目的地均以广州作为核心目的地。故而，广州是第一个感受到人口流动带来巨大变迁的城市。伴随着农民工大举进城，城市人口激增，城市的公共服务、生活资源及其生活空间都面临着严峻的压力，同时外地人与本地人的矛盾和冲突也时有发生，这些都给城市管理带来了巨大压力，作为对这一问题的回应，政府率先以地方性法规形式加强对民工潮问题的管理作为政策应对措施，其思路是设置政策规范和社会分

---

① VoHung,“Urbanization and Migrant Workers' Citizenship: The Case of Vietnam”, *The Singapore Economic Review*, Vol.65, No.suup01, 2020, pp.211-232.

② Chan A T, KJ O'Brien,“Phantom Services: Deflecting Migrant Workers in China”, *The China Journal*, Vol.81, Journal, 2019, pp.103-122.

③ Seeberg, V., & Luo, S.,“Young women rural migrant workers in china's west: Benefits of schooling?”, *Frontiers of Education in China*, Vol.12, No.3, 2017, p.332.

割化管理方式,即把市场管理和社会管理区隔开来,以劳动力市场作为核心管理目标,缺位于农民工的社会性关怀。正是由于重市场轻社会的管理思维造就了当下农民工诸多管理方面的滞后及价值关怀的缺位。学术界从80年代的民工潮问题的思考到今天农民工社会性思考,事实上,关于农民工的研究已经走过了40年的历程。农民工研究的成果可谓汗牛充栋,视角多元,学术界基于学术自觉的价值使命对于农民工研究已经做出了诸多回顾和梳理。本研究基于学术研究的完整性仅就现有研究回顾中没有给予足够视角部分进行相关梳理和回顾,不再面面俱到全景式地梳理农民工研究的相关视角。在关于农民工的研究视角中,比较研究一直是农民工研究的重要视角,其中最为最重要的参照群体,城乡比较是理解农民工的重要视角。

(二)农民工生计资本的论述

在学术界讨论农民工的生存与发展两种务工逻辑中,其中作为农民工后期发展的重要措施的农民工城市生活融入问题是学术界关注的重点。

全国流动人口动态监测数据(2010年)显示影响农民工融入务工所在地城市的意愿有三方面因素:其一是农民工个体的家庭,现有的社会政策制度对农民工融入城市的意愿;其二是农民工的职业流动方向影响其城市融入,水平方向的流动起负向作用,而垂直方向上的流动具有正向影响;其三是农民工最后一份职业对其城市融入产生影响,如在该职业上获取的地位和声望,地位和声望与其社会融入成正比例。[①] 农民工的生计资本拥有状况直接影响到农民工的生活融入情况,人力资本、社会资本、心理资本、经济收入等个体性因素和制度资本等宏观性因素对农民工融入城市都有一定的影响和制约。[②] 具体而

① 石智雷、吕琼琼、易成栋:《职业水平流动和垂直流动对农民工城市融入的影响》,《中南财经政法大学学报》2016年第6期。

② 梅亦、龙立荣:《中国农民工城市融入的问题研究》,《江西财经大学学报》2013年第5期。

言，收入较高以及教育、职业培训程度高的农民工在城市的经济资本和人力资本较高，因此可以获得较好的生活并对融入城市有积极意愿。农民工人力资本的积累受教育程度的影响，导致农民工多维贫困使得他们更加难以融入城市①。社会网络的不同层面对农民工融入务工所在地城市的意愿是对立的，以地缘、血缘为核心的初级社会网络具有消极作用，而在务工城市以业缘为核心的新型社会网络则具有积极作用②③。在沪外来农民工调查（2009 年）也同样印证了人力资本和新型异质社会资本对农民工融入城市的积极作用。以同乡群体为代表具有同质性的“乡土性”社会资本阻碍农民工融入城市，反之，农民工在城市通过与居民进行经常性互动建立起的异质性的社会网络积极影响农民工融入城市④。同时，农民工拥有的社会支持体系也对于农民工的社会融入产生影响。上海调查总队（2009 年）对农民工生存与就业状况的实地调查的数据表明新型农村合作医疗在农民工城市融入方面有重要的影响，且其负向影响农民工的城市融入意愿⑤。同样，国家卫计委研究数据（2010 年）表明医疗保险和养老保险对农民工融入城市的综合影响呈对立态势，医疗保险因农民工在城市务工社会保障的加强，对农民工融入城市具有类似福利的效用，养老保险尤其是城镇职工社会养老保险对于农民工而言，其高门槛影响了农民工对于城市的认同和融入意愿⑥。据农民工动态监测数据（2013 年）表明子女随迁对农民工融入城市具有积极的影响，“家庭迁移”模式下的农民

① 王春超、叶琴：《中国农民工多维贫困的演进——基于收入与教育维度的考察》，《经济研究》2014 年第 49 卷第 12 期。

② 秦立建、王震：《农民工城镇户籍转换意愿的影响因素分析》，《中国人口科学》2014 年第 5 期。

③ 卢海阳、郑逸芳、钱文荣：《农民工融入城市行为分析——基于 1632 个农民工的调查数据》，《农业技术经济》2016 年第 1 期。

④ 童雪敏、晋洪涛、史清华：《农民工城市融入：人力资本和社会资本视角的实证研究》，《经济经纬》2012 年第 5 期。

⑤ 程名望、黄俊逸、潘烜、王逸凝：《新农合对农民工城市融入的影响分析——以上海 1446 个样本为例》，《广西大学学报（哲学社会科学版）》2018 年第 40 卷第 1 期。

⑥ 秦立建、陈波：《医疗保险对农民工城市融入的影响分析》，《管理世界》2014 年第 10 期。

工对融入城市具有更高的意愿相较于个体迁移者。① 江浙沪三地流动人口数据(2012 年)和 7 城市流动人口调查(2013 年)数据显示不同类型城市之间农民工的城市融入存在较大差异,即农民工定居城市的意愿随城市规模的不同依次降低。这是因为大城市或者省会城市相较于中小城市在个体发展空间、子女教育机会、医疗等公共服务方面都具有较强的优势。② 整体而言,多数进入城市务工的农民工在务工历程期间依然持有"农村人"的身份认同,在户籍制度导致的二元分割下,农民工的社会保障程度低、子女受教育机会依然被限,农民工并不愿意以农村土地交换作为定居城市的筹码。③

当下,我国农民工城市融入程度依然不高,体现在如累积性、分层性与空间差异性,流动趋向上从个人流动到举家迁移、从"流动"转向"定居"、从"新生代农民工"到"移民的第二代"等方面,这其中的原因之一在于发达地区农民工和欠发达地区农民工之间的禀赋差异所引起的。④⑤ 对于涌入城市务工的农民工,无论在公共管理等硬件上还是社会排斥以及农民工社会融入能力等方面上都表明农民工融入城市的存在困境。在增强农民工城市融入方面可以借鉴苏南"内源式"城镇化破解农民工城市融入困境的实践:建立社会保障制度、开拓就业市场、提升人力资本能力、提供义务教育保障、建立农民工居住的"集宿"模式。⑥

---

① 王春超、张呈磊:《子女随迁与农民工的城市融入感》,《社会学研究》2017 年第 32 卷第 2 期。

② 孙中伟:《农民工大城市定居偏好与新型城镇化的推进路径研究》,《人口研究》2015 年第 39 卷第 5 期。

③ 卢海阳、梁海兵、钱文荣:《农民工的城市融入:现状与政策启示》,《农业经济问题》2015 年第 36 卷第 7 期。

④ 郭庆然、陈政等:《我国农民工城市融入度测度及区域差异研究——来自 CHIP 数据的经验分析》,《经济地理》2019 年第 39 卷第 1 期。

⑤ 方向新:《农民工城市融入的演变趋向、突出特征与推进策略》,《求索》2019 年第 4 期。

⑥ 范虹珏、沈费伟、刘祖云:《农民工城市融入:"内源式"替代"外生式"城镇化模式之构想》,《华东经济管理》2017 年第 31 卷第 4 期。

三、第一代农民工研究回顾

（一）第一代农民工研究思路的脉络厘清

在现有研究视域下，学术界关于第一代农民工的称谓尚未完全达成一致，部分学者用高龄农民工或是超龄农民工来描述第一代农民工的生计和发展问题，事实上无论是超龄农民工还是高龄农民工都是第一代农民工的不同称谓。故而在本研究中第一代农民工的学术指称是指在20世纪70年代及以前出生的并在80年代初至90年代中后期外出务工人群，从年龄来看，第一代农民工已经在45岁以上，部分已经到了55岁以上，国家统计局数字显示，50岁以上农民工数量为7917万人。从务工生命历程来看，其外出务工时间普遍在15年以上。因而当部分第一代农民工已经步入老年，其生计问题凸显。

20世纪80年代中后期农村人口以前所未有的程度向城市流动，社会面对这种现象称之为“民工潮”。在民工潮之前，农民向城市社会流动被冠之“盲流”，政府视之为洪水猛兽严阵以待，处理方式是收容或是遣送回原籍，随着改革开放的全面推行和国民经济的快速发展，“民工潮”逐渐取代“盲流”称谓[①]。两者差别在于“民工潮”的人力资本、物质资本、科技含量和市场含量相较于“盲流”增大[②]。“民工潮”是指农村劳动力的就业市场不再局限于当地，而是逐渐跨越城乡户籍等制度性屏障，进入城市谋求生计和就业机会并分享现代文明的过程，它表明农村劳动力的流动或迁移已触及社会、经济生活等多方面[③][④]。准确来说，它是农民从“向土谋生”的农业生产转向非农行业谋求

① 刘东汶：《商潮起处看民工——“民工潮”的成因、功过与对策》，《中国行政管理》1995年第4期。

② 王洪春：《中国“民工潮”与经济发展》，《社会学研究》1997年第4期。

③ 穆光宗：《民工潮与中国的城市化》，《社会科学家》1990年第6期。

④ 张兴杰、王騊：《论“民工潮”的积极作用和消极影响》，《经济体制改革》2001年第4期。

生计的社会流动潮流[①]。“民工潮”的产生和发展经历了以下几个阶段：一是1989年以前的初始阶段，改革开放促进东南沿海地区经济发展，农民通过熟人关系自发的流动，但数量较少、流速较慢；二是1989—1991年的高潮阶段，沿海地区经济不断发展，农民盲目流入该地区寻找工作，爆发首次“民工潮”；三是1992年以后的平缓阶段，各级政府努力使得该流动模式趋于平缓[②]。1989年春节之后，大批农民开始离开乡土进入城市以打工谋生，对东部沿海发达地区——珠江三角洲、广州、武汉等地区造成巨大冲击，这种在政府计划调节和市场机制双重规约下的“离土”的人口流动和人口迁移现象有着时代发展的必然性、合理性和现实性。[③④] 学术界认为，引发“民工潮”的原因在于“人地矛盾”尖锐致使部分农民陷入“隐形失业”的生活状态、现代文明的拉力与城市向农民开放进入的机会、积重难返的二元社会经济结构造就的利益反差与乡镇企业吸纳劳动力的局限性等[⑤⑥⑦]。“民工潮”不仅导致城市供电困难、加剧了住房紧张、交通拥挤等社会层面的“城市病”问题，而且也给农业生产带来一定的损失。积极影响在于农民工对地区经济发展的贡献，可以说农民工是新型工业企业的主力军。[⑧⑨] 随着社会的发展，“民工潮”逐渐返潮，原因有衣锦还乡、返乡务农、思乡情绪、创业冲动等主动返潮和就业难度大、就业风险大、就业空间小等被迫返潮两类，该种回流现象可以称

---

① 袁亚愚：《民工潮——中国现代工业社会的“生育阵痛”》，《社会科学研究》1995年第2期。

② 赵志强：《对“民工潮”的认识与思考》，《中国劳动科学》1993年第10期。

③ 葛象贤、屈维英：《民工潮探源（上）》，《瞭望周刊》1989年第44期。

④ 张年春：《“盲流”西泛边境区》，《南风窗》1990年第4期。

⑤ 葛象贤、屈维英：《民工潮探源（上）》，《瞭望周刊》1989年第44期。

⑥ 穆光宗：《民工潮与中国的城市化》，《社会科学家》1990年第6期。

⑦ 吴宏洛：《试析当代中国“民工潮”》，《福建师范大学学报（哲学社会科学版）》1995年第1期。

⑧ 刘立邦：《令人担忧的民工》，《中国农垦》1992年第5期。

⑨ 吴焕开：《从“民工潮”看农村青年劳动力的转移》，《中国青年研究》1993年第1期。

为“逆向回流”[①][②][③]。备受关注的民工逐渐从“体力型”走向“技术型”、从“个体”走向“集团”以及从“盲目”走向“有序”的回流[④]。“民工潮”的回流带来的社会冲击和影响,积极的方面在于给城市解决发展“瓶颈”以喘息的机会,并有利于新农村的建设;消极的方面在于城市部分功能弱化,不正常的回流对农业的集约发展和农村稳定造成一定冲击,“民工荒”问题尖锐[⑤]。

部分学者基于生存预设下的“生存—经济”视角来解释第一代农民外出务工动机和本质意义,认为第一代农民工乃是迫于生存需要和压力而外出务工,为了满足这种生存需要、缓解生存压力而对于经济目标的追求构成了农民工行为的本质意义[⑥][⑦]。同时部分学者对第一代农民工规模外出务工也表现出足够的前瞻性认知,他们探讨了这一现象对当时的城市管理和农村后期发展的影响[⑧]。应该说在此历史阶段,学术界对于农民工外出流动已经给予了较多关注,从现有的文献来看本阶段的学术界关注主要立足于民工潮形成对于流入地的巨大冲击现实问题而做出的宏观层面探讨,在关于民工潮的认知上,社会上有声音认为民工是祸水、是城市秩序的破坏者,但从学术角度和历史发展视角认为农民工流动注定成为今后相当长时期内中国的重大社会现象,由此也构成了现代化进程中的长线难题。[⑨] 在原因分析上大部分学者都是立足于农村农业剩余劳动力的转移问题,民工潮是农村剩余劳动力出口问题,是农村隐性失业在城市公开化[⑩]。

---

① 蔡恩泽:《悄然回流的民工潮》,《乡镇论坛》1997 年第 1 期。

② 左峭嘉:《“民工潮”返潮的必然性及其发展趋势》,《重庆商学院学报》1997 年第 1 期。

③ 邓玲玲:《对“民工潮”回流现象的思考》,《湖南社会科学》2000 年第 3 期。

④ 程道杰:《民工潮新去势》,《农家参谋》1998 年第 3 期。

⑤ 张宏、张佳:《“民工潮”潮起潮落之落潮篇——“民工潮”回流深层剖析》,《特区经济》2009 年第 2 期。

⑥ 宋林飞:《“民工潮”的形成、趋势与对策》,《中国社会科学》1995 年第 4 期。

⑦ 穆光宗:《我国农业剩余劳动力转移的历史考察》,《中国农村经济》1989 年第 3 期。

⑧ 宋林飞:《农村劳动力的剩余及其出路》,《中国社会科学》1982 年第 5 期。

⑨ 穆光宗:《“民工潮”:福音还是挑战?》,《社会》1991 年第 1 期。

⑩ 穆光宗:《民工潮现象的理论诊断》,《福建论坛》1991 年第 5 期。

2004年初,农民工曾经聚集的东南沿海地区出现招工难、缺工等“荒工”现象,“民工潮”逐渐退出时代舞台而由“民工荒”替代,这在一定程度上说明农民工开始理性化流动而不再盲目性流动,更加关注自己的劳动和社会保障权益①②。但“民工荒”用语的出现并不代表全国地区、各个行业都存在用工短缺的问题,从供需角度而言,供给侧方面的农民工没有失衡于需求侧方面的工作,局部地区存在的所谓的“民工荒”主要集中在经济发达的地区和劳动密集型行业③④。“民工荒”反映的是“技工荒”,是农民工流动区产业结构转型升级带来的劳动力需求结构的变化,是就业市场对农民工这一劳动力资源流动和转移上的日益成熟的表现,这在一定程度上代表了市场经济行为能力的日渐成熟⑤。“民工荒”现象是由多重原因引起的,包括待遇低、就业环境差、劳动力素质低、劳工权益缺乏保障与农村生计机会的增多抵消了农民外流谋求生计的意愿空间⑥⑦⑧。若按照追求生存最优化的选择逻辑,农民工退出城市就业市场重返小农生存的过密化的农村看似是非理性行为,但这正是农民工对不计成本换取低利益层次生存方式的一次理性矫正,也是农民在市场化改革中主体意识增强、盲目流动弱化的体现。⑨

在新的社会转型宏观背景下,学术界对第一代农民工困境分析由始于20世纪80年代的生存预设下的“生存—经济”视角向与公民权预设下的“身

---

① 简新华、张建伟:《从“民工潮”到“民工荒”——农村剩余劳动力有效转移的制度分析》,《人口研究》2005年第2期。

② 王洪春:《从“民工潮”到“民工荒”:沉重的历史进步》,《社会科学战线》2005年第2期。

③ 许经勇:《本是同根生:透视“民工潮”与“民工荒”》,《调研世界》2005年第8期。

④ 王琴:《从“民工潮”到“民工荒”——我国农村剩余劳动力转移的制度瓶颈探析》,《安徽农业科学》2010年第38卷第34期。

⑤ 姚上海:《从“民工潮”到“民工荒”——农民工劳动力要素价格扭曲现象剖析》,《中南民族大学学报(人文社会科学版)》2005年第5期。

⑥ 陈诗达:《对城市“民工荒”现象的几点思考》,《中国党政干部论坛》2004年第4期。

⑦ 吴永新:《“民工荒”现象及其解决之道》,《农村经济》2005年第5期。

⑧ 黎民、杨惠:《民工潮、民工荒与中国农村劳动力的战略转移》,《社会科学战线》2006年第3期。

⑨ 王正中:《民工潮到民工荒:当代中国农民的理性跃迁》,《求索》2006年第2期。

份—政治”研究视角并重①。这种转向体现了可持续生计研究和农民工研究试图突破社会核心结构障碍，以身份、政治视角来探讨农民工与中国社会分层、社会结构和城乡关系作为核心视角②③。在关于第一代农民工的研究方面，当下学术界聚焦于其社会保障政策、养老和返乡生计等问题，也有学者基于生命历程视角探讨第一代农民工的务工生命历程及其困境。正如上面分析所指出的，国内学术界关于第一代农民工的研究文献偏少，学者关注度并没有和第一代农民工已然形成的生计问题相呼应。部分学者基于代际比较视角下讨论第一代农民工的生计弱化问题，农民工群体代际分化显著，代际标签明显的情况下，运用生命历程和弱势累积理论探讨弱势形成机制，进而在政策层面构建相应的保障措施④，同时，在学术界已有研究成果的基础上，部分学者基于购物篮分析方法建构了相关模型，针对第一代农民工的特征进行相关界定，回答了谁是高龄农民工问题。⑤ 当下学术界对于第一代农民工的研究主要体现在两代农民工的对比研究中，达成的一个共识是，虽然第一代农民工是基于生存理性务工，第二代（新生代）农民工更着眼于发展理性，但他们都面临身份障碍的核心问题，故而解决他们所面临的生计更需要社会政策转向和制度障碍新突破⑥⑦。

---

① 王道勇：《农民工研究范式：主体地位与发展趋向》，《社会学评论》2014 年第 2 卷第 4 期。

② 文军：《从生存理性到社会理性选择：当代中国农民外出就业动因的社会学分析》，《社会学研究》2001 年第 6 期。

③ 王春光：《从社会政策演变看农民工城市融入》，《中国社会科学报》2012 年 1 月 16 日。

④ 周建华、孙艳飞：《代际转换视角下老一代农民工弱势化趋向及发生机制》，《农村经济》2020 年第 9 期。

⑤ 靳小怡、胡钊源、顾东东：《谁是“高龄”农民工——基于流动人口监测调查的数据分析》，《管理评论》2018 年第 7 期。

⑥ 李培林等：《中国农民工社会融入的代际比较》，《社会》2012 年第 9 期。

⑦ 王甫勤：《新生代与传统农民工社会公平感的影响因素研究》，《中国人口科学》2016 年第 5 期。

（二）第一代农民工研究的维度分析

在第一代农民工的研究视角中，他们的生计困境及其未来生活无疑是当下学术界关注的焦点。

第一代农民工面临的最大困境是其未来的养老问题，部分学者认为，第一代农民工存在社会融入难、保障程度低、收入低和就业难的现实问题，认为应从积极老龄化视角破解第一代农民工的养老困境①。在关于第一代农民工养老计划方面，诸多学者认为第一代农民工最终归处是农村。郭欢认为，虽然新型城镇化和农村工业化都有了长足发展，但是都没有影响到第一代农民工返乡的愿望，大规模的持续返乡对于农村社会也是双刃剑，第一代农民工返乡之后的生计及乡村社会中的生计空间供给问题都是乡村社会必须面对的现实困境。从某种意义上而言，城市吸纳了第一代农民工的劳动力之后，却把第一代农民工的晚年保障问题推回了农村社会。第一代农民工的困境不仅仅在其生计养老问题，同时其健康挤压更具历史与社会性特征。与当下新生代农民工从事的工作类型相比，第一代农民工在流入地主要从事制造业、建筑业、批发零售和餐饮服务等行业，从事的工作具有劳动强度大、工作时间长、工作环境差等特点，其本身存在着健康过度消耗问题，故而第一代农民工的健康问题是他们当下面临的重要问题②，学者认为单纯从现有城市务工群体中探讨农民工群体的健康问题不能全面反映出农民工健康的真实情况，因为存在着健康三文鱼偏差③，部分农民工因为健康问题而被迫提前返乡，留在城市务工的农民工其健康状况至少能保障继续工作的能力，尽管存在三文鱼偏差现象，从现

---

① 谢娅婷、郭秋菊：《积极老龄化框架下高龄农民工的养老困境与制度破解》，《河南社会科学》2021 年第 29 卷第 1 期。

② 陆文聪、李元龙：《农民工健康权益问题的理论分析：基于环境公平的视角》，《中国人口科学》2009 年第 3 期。

③ 苑会娜：《进城农民工的健康与收入——来自北京市农民工调查的证据》，《管理世界》2009 年第 5 期。

有的研究看，第一代农民工的健康却依然不容乐观。他们年龄越大，收入水平及其受教育程度越低，其健康状况越差，健康自评也越呈现出负面评价①②。

在关于第一代农民工健康问题探究方面，学术界认为农民工医疗保险的非便携性和农民工医疗资源的不可及性是造成农民工健康问题累积的关键因素。企业利用自己的市场优势地位不与农民工签订用工合同以减少用工投入导致农民工社会医疗保险的可获得性存在较大障碍③。有99%以上的农民工参加了新农合或城居保，但是职工医疗保险的参保率却非常低④。任巧巧(2020)依据612份访谈数据认为农民工对于城镇职工医疗保险需求度高，但参与度低的现实情况⑤。在解释农民工城镇职工医疗保险参与度低的因素方面，学界认为现有劳动合同捆绑制对农民工的医疗保险产生较大的阻碍⑥。这些因素都严重影响了农民工的健康状况，农民工的健康整体上不容乐观。同时，有学者在研究中发现农民工存在健康移民效应和健康损耗效用，并且发现健康损耗较为严重的农村外出务工人员会以更快的速度返回农村，形成“三文鱼偏误”现象⑦。在国际上，学者提出了健康移民的社会现象，即移民在流入工作地后，其健康状况优于流入地同年龄段人口的健康水平，但随着移民在工作地时间的延长，其健康状况的下降程度相较于本地居民速度更快，也即

---

① 侯富壤，杨洋等：《成都市老一代农民工生命质量状况及影响因素分析》，《四川大学学报(医学版)》2020年第51卷第3期。

② Fengxian Qiu, Jing Liu and Heying Jenny Zhan, "Migration and Health—Freedom of Movement and Social Benefits for Chinese Migrant Workers", *Sustainability* Vol.12, 2021, pp.2-16.

③ 邓大松、孟颖颖：《困境与选择——对我国农民工养老保险制度的反思与构建》，《学术交流》2008年第6期。

④ 符定莹、李宁秀、高博：《城镇化过程中农民工医疗保险选择的影响因素分析——基于成都市的调查数据》，《四川大学学报(哲学社会科学版)》2018年第3期。

⑤ 任辉、任巧巧：《农民工医疗保险需求强度与参保行为：对背离现象的解释》，《学习与实践》2020年第3期。

⑥ 宋林、亓同敏：《我国农民工劳动合约签订率低的原因分析——基于劳动力市场分割和产业分割的分析框架》，《华东经济管理》2014年第28卷第12期。

⑦ 周小刚、陆铭：《移民的健康：中国的成就还是遗憾?》，《经济学报》2016年第3期。

移民的健康损耗更快①②③。对于农民工的健康测量主要依据其自我健康评估，自我健康评估是全面且可靠的易于管理的衡量个人整体健康的方法④，自我健康评估被证明与人口因素有关系，老年、较低的教育程度、从事工资收入较低且危险的工作伴随着较低的健康评估⑤，而且健康是伴随着年龄增加而逐步下降⑥，作为高风险的职业尤其是男性工人更有可能报告更多不好的健康自评，因为他们从事的多是高风险工作⑦。建筑工人和较低的教育程度者会同时拥有较少的健康预防知识，他们更有可能从事高强度的体力劳动和危险的工作⑧。除去人口因素统计变量外，就业经历是影响中国农民工个体健康的主要社会性因素，工作中受伤经历以及从事高强度体力工作的时间这些都会导致较差的健康状况⑨，工作经历可能会直接给农民工的身体和精神

① Turra Cassio M, Irma T Elo, “The Impact of Salmon Bias on the Hispanic Mortality Advantage：New Evidence from Social Security Data”, *Population Research and Policy Review*, Vol.27, No.5, 2008, pp.515-530.

② Gee Ellen Margaret Thomas, Karen M Kobayashi, Steven G Prus.“Examining the Healthy Immigrant Effect in Mid-to Later Life：Findings from the Canadian Community Health Survey”, *Canadian Journal on Aging*, Vol.23, No.5, 2004, pp.55-63.

③ Gushulak Brian, “Healthier on Arrival? Further Insight into the‘Healthy Immigrant Effect’”, *Canadian Medical Association Journal*, Vol.176, No.10, 2007, pp.1439-1440.

④ Idler, E. L., Hudson, S. V., & Leventhal, H, “The meanings of self-ratings of health：A qualitative and quantitative approach”. *Research on Aging*, Vol.21, No.3, 1999, pp.458-476.

⑤ Ma, C., Qu, Z., & Xu, Z., “Internal migration and mental health：Anexaminationof the healthymigration phenomenon in China”, *Population Research andPolicy Review*, Vol.39, No.3, 2020, pp.493-517.

⑥ Haseli-Mashhadi, N., Pan, A., Ye, X., Wang, J., Qi, Q., Liu, Y., Li, H., Yu, Z., Lin, X., & Franco, O.H., “Self-rated health in middle-aged and elderly Chinese：Distribution, determinants, and associations with cardio-metabolic risk factors”. *BMC Public Health*, Vol.9, No.19, 2009, pp.1-11.

⑦ 苑会娜:《进城农民工的健康与收入——来自北京市农民工调查的证据》,《管理世界》2009 年第 5 期。

⑧ Wong, K.D.F., Li, C.Y., & Song, H.X., “Rural migrant workers in urban China：Living a marginalised life”. *International Journal of Social Welfare*, Vol.16, No.1, 2007, pp.32-40.

⑨ Yang, C., “The influence of income and working time of rural migrant workers on health：The mediating effect of life stress and the moderating effect of marital status”. *Human Systems Management*, Vol.39, No.1, 2020, pp.69-80.

带来伤害，当他们需要医疗照护的时候，农民工很难在当地获得医疗照护和医疗保险①。现有的研究也发现低收入群体运用医疗保健系统的可能性远远低于高收入群体②。在户籍制度制约下，中国农民工很难享受城市职工医疗保险福利，而购买商业保险对于他们而言，是无法负担的，因此，不足为奇的是只有极少数农民工能负担起城市的医疗消费③。

农业人口因城市与农村之间发展的巨大经济差异和收入差异而迁移④，第一代农民工迁移过程中以家庭分工、城乡连接和资源积累为内在结构的决策反映了第一代农民工迁移的家庭理性行为⑤。第一代农民工对公共服务需求强烈，而且永久迁移意愿受其影响更大，这是缘于第一代农民工外出务工较早，流动更加的长期化和家庭化所导致⑥。2014 年的 CMDS 数据表明第一代农民工在迁移意愿上更倾向于回流；2015 年的 CMDS 数据反映第一代农民工迁移意愿受教育程度与有赡养老人和抚养子女需求的影响，这是由于第一代农民工受到改革开放带来的社会观念前后变化的影响，也更加注重"上有老"的后顾之忧⑦。根据 2016 年的 CMDS 数据表明第一代农民工的外出务工经历对子辈迁移产生较大影响，即子辈的市民化意愿更强烈，或是迁移进入家乡小城镇。⑧ 城市型自然资产、物质资本、金融资本及人力资产影响第一代农民

① Zhang, Q., "Occupational injury occurrence and related risk factors among Chinese migrant workers", *Procedia Engineering*, Vol.43, 2012, pp.76-81.

② Liu, S., & Griffiths, S.M., "From economic development to public health improvement: China faces equity challenges". *Public Health*, Vol.125, No.10, 2011, pp.669-674.

③ Zhang, X., Yu, B., He, T., & Wang, P., "Status and determinants of health services utilization among elderly migrants in China". *Global Health Research and Policy*, Vol.3, No.1, 2018, pp.1-10.

④ 凌慧敏、徐晓林：《重塑城乡关系　合理引导人口迁移》，《学习与实践》2018 年第 10 期。

⑤ 杨磊：《"合力式家庭城市化"的过程和影响研究——基于 68 个第一代农民工家庭的分析》，《北京社会科学》2019 年第 5 期。

⑥ 刘金凤、魏后凯：《城市公共服务对流动人口永久迁移意愿的影响》，《经济管理》2019 年第 41 卷第 11 期。

⑦ 石人炳、陈宁、经济：《"新常态"下农民工再迁移决策研究——基于全国流动人口动态监测数据的分析》，《学习与实践》2017 年第 7 期。

⑧ 刘思辰、刘金伟：《"接力式进城"——父辈流动模式对农民工迁移选择的影响》，《西北人口》2020 年第 41 卷第 6 期。

工的留城意愿①。对于第一代农民工而言，城市仅是一个用务工来谋求生存的地域，有学者基于 26 省的调查数据发现无论城乡差距多大，他们都倾向于返乡②。进城多年的农民工在自我认同上，依然认为自己只是一个在他乡打工的非城里人的“外人”，在认同困境上表现出身份认同的歧视感，在他们身上“污名化”、内卷化和二重性特征明显。③ 根据南京农业大学 SRT 项目问卷调查数据分析得知，第一代农民工具有更为浓厚的乡土情结，也具有更加明显的回农村定居的意愿。④ 总之，第一代农民工对农村的认同高于城市，对城市生活的心理距离和认同度、城市融入意愿较于农村更低，年老后渴望离城返乡以叶落归根⑤。

第一代与新生代两代农民工渐入学界视野后，学者们对两代农民工的系列讨论主要集中于其相异性方面。20 世纪末 21 世纪初新生代农民工逐渐步入时代舞台，第一代农民工与这些在改革年代成长起来的新生代农民工在生活期望、行为方式和工作态度上有别⑥⑦。厦门市、武汉市、北京市等调研的微观数据显示，第一代农民工在留城的动力与意志、现代文明特质等方面低于新生代农民工，但在传统农业文明积极特征上，第一代农民工相较于新生代农

---

① 程先勇:《可持续生计与农民工城市化决策——以建筑业农民工为例》,《江汉论坛》2017 年第 5 期。

② 侯江华、李敏:《乡村振兴驱动农民工返乡定居意愿的实证研究——基于全国 26 省 2332 份农民工的调查数据》,《河南师范大学学报(哲学社会科学版)》2019 年第 46 卷第 6 期。

③ 赵迎军:《从身份漂移到市民定位:农民工城市身份认同研究》,《浙江社会科学》2018 年第 4 期。

④ 杨宜勇、张强《农民工融入城市社会的机制与政策研究》,《辽宁大学学报(哲学社会科学版)》2017 年第 45 卷第 1 期。

⑤ 孙文中:《殊途同归:两代农民工城市融入的比较——基于生命历程的视角》,《中国农业大学学报(社会科学版)》2015 年第 32 卷第 3 期。

⑥ 冷向明、赵德兴:《新生代农民工融入城镇:政策困境及其变革研究——基于公民身份的视角》,《社会主义研究》2013 年第 2 期。

⑦ 卢晖临、潘毅:《当代中国第二代农民工的身份认同、情感与集体行动》,《社会》2014 年第 34 卷第 4 期。

民工的总体社会形象较高[①][②]。通过 CSS（2008，2011）数据得知第一代农民工在消费及新型媒体使用上不如新生代农民工更为接近和习惯城市生活方式，而且他们在经济地位认同、生活压力以及未来生活预期上低于新生农民工[③][④]。老、新两代农民工在与城市联系、权利意识、社会不公正感等方面有差异，第一代农民工随着年龄的增长导致其在城市工作的难度不断加大，加上他们本有的务农经验促使他们迟早返回农村[⑤][⑥]。第一代农民工随着年龄的增长与身体的消耗已不能适应注意力高度集中且长时间劳动的工作，虽说外出务工是第一代农民工生命历程的转折点，是一种服从"家本位"的打工模式，但打工过程是一个随着其生命历程逐渐展开的持续过程，他们会受经济波动的影响经历从务工历程到返乡历程的转变。[⑦][⑧] 第一代农民工的生命是嵌入到历史的时间和相关历史事件中的，这些都以隐秘的方式在第一代农民工身上留下不可磨灭的印记，并影响着他们的选择进而影响他们生命历程的走向与进程。[⑨] 他们的生命历程也会囿于个人主观能动性和特定时空的影响，展现出不同的务工历程的归宿，如生存型农民工、漂泊型农民工、半融入型农

① 庄渝霞：《不同代别农民工生育意愿及其影响因素——基于厦门市 912 位农村流动人口的实证研究》，《社会》2008 年第 1 期。

② 董延芳、刘传江、胡铭：《新生代农民工市民化与城镇化发展》，《人口研究》2011 年第 35 卷第 1 期。

③ 李培林、田丰：《中国新生代农民工：社会态度和行为选择》，《社会》2011 年第 31 卷第 3 期。

④ 李培林、田丰：《中国农民工社会融入的代际比较》，《社会》2012 年第 32 卷第 5 期。

⑤ 郭于华、黄斌欢：《世界工厂的"中国特色"——新时期工人状况的社会学鸟瞰》，《社会》2014 年第 34 卷第 4 期。

⑥ 吴业苗：《农民身份转变的进路：政治改造，抑或公共服务支持》，《社会主义研究》2014 年第 2 期。

⑦ 袁松、余彪、阳云云《农民工返乡的生命历程——以湖北沟村为表述对象》，《青年研究》2009 年第 4 期。

⑧ 孙文中：《殊途同归：两代农民工城市融入的比较——基于生命历程的视角》，《中国农业大学学报（社会科学版）》2015 年第 3 期。

⑨ 何晓红：《一个女性农民工的 30 年进城打工生活史——基于生命历程理论研究的视角》，《中国青年研究》2011 年第 5 期。

民工、技术型农民工等。① 可以说时空的影响力渗透到第一代农民工在农村与城市空间流动的生命历程中，这些影响后果更多地体现出个体在被动与无奈地选择下回归乡村，②同时体现出第一代农民工生命历程较弱的个体化印迹，其思维和行动仍镌刻着集体时代的印迹。③

第二节　可持续生计中国实践研究回顾

一、可持续生计下的农户生计研究

（一）贫困户的可持续生计现状研究

可持续生计这一理论框架作为分析农户及其生计困境因素有着较为明确的指向 ④。运用该理论框架可以分析出农户处于何种生计环境中，有何种生计资本以明确致贫原因，了解农户可持续生计发展“短板”效应，进而针对农户生计的不完整性构建可持续发展框架⑤。

合理运用现有生计资本降低个体生计脆弱性的生计策略以维持生活，生计资本存量及其构成影响农户转变生计策略，农户为了寻求生计需求的满足

① 何晓红：《变迁与分化——农民工家庭的代际差异与社会流动探析——基于H省一个农民工家庭流动的实证调研》，《云南行政学院学报》2015年第7卷第5期。

② 罗兴奇：《农民工返乡的代际差异及生成机制研究——基于江苏省N村的实证分析》，《北京社会科学》2016年第7期。

③ 周永康、王荆川：《大流动时代新生代农民工的个体化生命历程》，《江汉学术》2020年第39卷第6期。

④ 何仁伟、李光勤等：《基于可持续生计的精准扶贫分析方法及应用研究——以四川凉山彝族自治州为例》，《地理科学进展》2017年第36卷第2期。

⑤ 何仁伟、李光勤等：《可持续生计视角下中国农村贫困治理研究综述》，《中国人口·资源与环境》2017年第11期。

从而表现出很强的区域差异性①。不同地域农户的生计贫困表现及原因具有较强的差异性，在自然资本匮乏区域，贫困农户自然资本与物质资本较弱，教育、医疗等公共物品的供给不足与公共设施建设滞后上的人力资本存量不足，构成金融资本的经济形式不可持续，有限的收入主要用于满足农户基本的生活需要，该地区发展生计资本依托的载体数量也有限。贫困地区贫困户生计策略模式受生计资本的制约，人力资本、社会资本影响贫困农户发展型生计行为，而金融资本影响贫困农户保障型生计行为②③④。自然资本可以保障贫困户的基本收入，物质资本对稳定家庭生产生活具有影响，社会资本和人力资本对贫困户可持续增收起到关键性作用，贫困户的金融资本表现了其经济能力水平，贫困户难以实现稳定脱贫的脆弱性表现为思想观念的落后、受教育水平的欠缺和劳动技能的不足、生计方式选择的单一性上⑤。整体而言，可持续生计框架已经成为治理贫困的重要理论支撑，在我国的贫困治理实践当中也得到了充分的体现。根据该理论，我国的扶贫工作是从外部条件和内生动力两个层面展开的，以提升生计的可持续性作为实现稳定脱贫的依据和路径⑥。根据可持续生计分析框架，农村贫困人口的脆弱性受外部弱势环境、个体主观能动性和生计结果负反馈的制约影响较大，农户的生计资本匮乏，生计策略简

---

① 翟彬、梁流涛：《基于可持续生计的农村反贫困研究——以甘肃省天水贫困地区为例》，《农村经济》2015 年第 5 期。

② 吴定伟：《广西石漠化地区贫困农户可持续生计状况探析》，《经济研究参考》2016 年第 70 期。

③ 宁泽逵：《农户可持续生计资本与精准扶贫》《华南农业大学学报（社会科学版）》2017 年第 16 卷第 1 期。

④ 彭玮：《精准扶贫视阈下插花地区贫困户生计状况与生计行为研究》《江汉论坛》2017 年第 7 期。

⑤ 胡原、曾维忠：《深度贫困地区何以稳定脱贫？——基于可持续生计分析框架的现实思考》，《当代经济管理》2019 年第 41 卷第 12 期。

⑥ 王一：《可持续生计视角下“参与式”反贫困路径探索》，《社会保障评论》2020 年第 4 卷第 1 期。

单且保守。[①] 总之，可持续生计框架中的五类生计资本若整体上不平衡、不稳定则不利于农户生计资本层面的可持续。[②]

（二）农户的可持续生计策略研究

生计策略涵盖一系列生计活动并通过多元化的生计活动来实现，也就是说生计策略由不同的生计资本状况构建出不同的生计活动结合方式以相互促进推动生计的可持续发展。[③] 生计资本优化策略要充分利用自然资本，加强物质资本的维护与改造、要改善金融资本的利用、要开发人力资本、要组合社会资本。在现有资本条件下采取多维生计活动降低生计脆弱性是贫困地区农户的一种重要生计策略，如沙漠化地区促进贫困农民生计可持续的重要策略在于实际的产业支撑，优化生计方式的举措在于因地制宜组织生产、因势利导发展产业模式，充分吸纳和发挥龙头企业对当地产业的引领作用，充分调动内部社会关系生活互助圈的作用，充分发挥“乡土能人”的引领价值和示范效应。[④⑤] 针对高环境脆弱性导致的返贫风险大、薄弱的生计资本导致难度较大的可持续增收、内生动力不足导致有限的生计策略等稳贫风险的地区，在提高可持续生计方面应当积极建设应对生计脆弱性的风险防范机制和长效增收的生计资本机制，以及提升生计策略的能力。[⑥] 部分群体以电商作为重要的

---

① 胡江霞、于永娟：《人力资本、生计风险管理与贫困农民的可持续生计》，《公共管理与政策评论》2021 年第 10 卷第 2 期。

② 孙晗霖、刘新智：《巩固拓展脱贫攻坚成果的理论逻辑与实现路径——基于脱贫户可持续生计的实证研究》，《山东社会科学》2021 年第 6 期。

③ 伍艳：《贫困山区农户生计资本对生计策略的影响研究——基于四川省平武县和南江县的调查数据》，《农业经济问题》2016 年第 37 卷第 3 期。

④ 黄启学、凌经球：《滇桂黔石漠化片区贫困农民可持续生计优化策略探究》，《西南民族大学学报（人文社科版）》2015 年第 36 卷年第 5 期。

⑤ 翟彬、梁流涛《基于可持续生计的农村反贫困研究——以甘肃省天水贫困地区为例》，《农村经济》2015 年第 5 期。

⑥ 胡原、曾维忠：《深度贫困地区何以稳定脱贫？——基于可持续生计分析框架的现实思考》，《当代经济管理》2019 年第 41 卷第 12 期。

生计策略，有效拓展了贫困户生计策略空间，如提升了自然资本、人力资本以及金融资本等生计资本的生计价值，并使贫困户的生计资本得到明显改善。① 消费式生计资本的策略选择通过增加贫困农户的生计资本帮助其建立可持续生计途径进而促进贫困农户生计策略的多样性和专业化（龙少波等，2021）。② 生计五边形中的金融资本、人力资本以及自然资本对贫困户可持续生计支持力度最大，故而从金融资本、人力资本和自然资本出发建构农户生计可持续体系是较为可行的方法。③ "社会参与"为协调扶贫实践中的"贫困户生计能力提升不足"与现代贫困观念间的冲突提供了一种可能的路径，具体而言，贫困者要参与到脱贫实践中提升自己的主体能动性，进而提高个体或家庭生计系统的能力。④ 实现精准稳固脱贫的基本前提是防范脱贫户返贫风险、降低脱贫户的生计脆弱性，精准脱贫的可持续性受脱贫户生计可持续能力欠缺的影响⑤⑥。资本下乡优化了农户的收入结构、生计环境和生计资本，表现在农户原有生计模式的转化，生计策略选择亦呈现多元化趋势，土地经营多样化且产出效益提高⑦。简而言之，农户的生计资本与其采用的生计策略之间存在紧密的相关关系，不同的生计资本组合影响农户选择哪种生计活动进而驱动农

---

① 肖开红、刘威：《电商扶贫效果评价及可持续反贫政策建议——基于农户可持续生计能力视角的实证研究》《河南大学学报（社会科学版）》2021 年第 61 卷第 5 期。

② 龙少波、陈路、张梦雪：《基于可持续生计分析框架的消费扶贫质量研究——以国家扶贫开发工作重点县绿春县为例》，《宏观质量研究》2021 年第 9 卷第 1 期。

③ 孙晗霖、刘新智、张鹏瑶：《贫困地区精准脱贫户生计可持续及其动态风险研究》，《中国人口・资源与环境》2019 年第 29 卷第 2 期。

④ 王一：《可持续生计视角下"参与式"反贫困路径探索》，《社会保障评论》2020 年第 4 卷第 1 期。

⑤ 何植民、蓝玉娇：《精准脱贫的可持续性：一个概念性分析框架》《行政论坛》2021 年第 28 卷第 1 期。

⑥ 刘俊、张恒锦等：《旅游地农户生计资本评估与生计策略选择——以海螺沟景区为例》，《自然资源学报》2019 年第 34 卷第 8 期。

⑦ 李云新、吕明煜：《资本下乡中农户可持续生计模式构建》，《华中农业大学学报（社会科学版）》2019 年第 2 期。

户采用何种生计策略。[①][②] 农户转变生计策略的因素有农户所处的环境、政策与制度等外生性因素，也有农户个体所持有的生计资本存量等内生性因素（张芳芳、赵雪雁，2018）。[③] 中国家庭追踪调查农户微观数据的研究样本分析了影响生计策略变动的因素，农户生计策略因自然资本影响趋向兼业化，物质资本和金融资本对农业化分别具有促进和抑制作用，农户生计策略向农业或非农方向的转变受农村土地转入或转出的影响。[④] 生态脆弱区中的农户赖以生存的自然资本受到削减后农户的生计活动需要逐步多元化，如当地政府积极发展新型农业设施替换弱化的传统农业生产以促进区域内的农户形成不同生计策略为主导的农户类型。[⑤][⑥]

当前我国农户生计风险主要是疾病、子女教育和养老，弱化农户生计脆弱性、增强农户风险抵御能力的渠道在于优质高效的生计资本积极的相互作用，农户需进一步拓展多样性的生计策略，提高其的生计可持续性发展。[⑦][⑧] 在生计资本与生计策略的关系上，部分学者认为生计资本的单一性会影响农户生计策略的选择，中国劳动力动态调查数据显示土地资本缺乏、人力资本丰富的农户偏向于选择外出务工型的生计策略，家庭人力资本不足且耕地严重缺

① 杨伦、刘某承等：《农户生计策略转型及对环境的影响研究综述》，《生态学报》2019 年第 39 卷第 21 期。

② 罗文斌、孟贝：《土地整理、旅游发展与农户生计的影响机理研究：一个乡村旅游发展的实证检验》，《旅游学刊》2019 年第 34 卷第 4 期。

③ 张芳芳、赵雪雁：《我国农户生计转型的生态效应研究综述》，《生态学报》2015 年第 35 卷第 10 期。

④ 陈良敏：《农户家庭生计策略变动及其影响因素研究——基于 CFPS 微观数据》，《财经论丛》2020 年第 3 期。

⑤ 吴孔森、杨新军、尹莎：《环境变化影响下农户生计选择与可持续性研究——以民勤绿洲社区为例》，《经济地理》2016 年第 36 卷第 9 期。

⑥ 韦惠兰、祁应军：《农户生计资本与生计策略关系的实证分析——以河西走廊沙化土地封禁保护区外围为例》，《中国沙漠》2016 年第 36 卷第 2 期。

⑦ 许汉石、乐章：《生计资本、生计风险与农户的生计策略》，《农业经济问题》2012 年第 33 卷第 10 期。

⑧ 汤青、徐勇、李扬：《黄土高原农户可持续生计评估及未来生计策略——基于陕西延安市和宁夏固原市 1076 户农户调查》，《地理科学进展》2013 年第 32 卷第 2 期。

乏的农户偏向于选择当地非农型生计策略，家庭人力资本充足的农户多选择亦工亦农的生计策略①。

二、可持续视角下失地农民研究

经济发展和城市化进程不可避免的问题是如何维持农民生计可持续性，伴随着他们对基本生产资料——土地的依赖性逐渐降低，农民陷入了可持续生计的困境中。②③④ 失地农民的可持续生计受到经济资本匮乏、缺少司法救济途径的制度性社会保障缺位、就业等社会资本短缺、人力资本不足并难以顺利进行再生产制约，同时也受血缘、地缘与业缘关系网络脆弱上的社会网络关系弱化的影响。⑤⑥ 在金融资本不可持续性表现上，失地农民依据金融财产获得收入的资产积累能力随时都可能被通货膨胀冲击；在劳动力就业市场的不可持续性表现上，生产性就业能力只适用那些具有就业竞争力和就业意愿的失地农民，市场化就业机制以及就业竞争力欠缺使得提高技能培训等人力资本为失地农民谋出路的可能具有一定局限性。⑦

总之，失地农民可持续生计问题面临以下挑战：一是土地权益受损与身份困窘带来的城市融入难，即便适应城市也存在不稳定的收入来源、增加的生活成本等方面的脆弱性；二是失地农民就业困难，这是因为在适龄劳动年龄期缺乏有效的岗位安置；三是社会保障制度力度难以匹配失地农民社会保障需求；

---

① 涂丽：《生计资本、生计指数与农户的生计策略——基于 CLDS 家户数据的实证分析》，《农村经济》2018 年第 8 期。

② 袁中友、成景丽、杜继丰：《用可持续发展观破解“失地农民”问题》，《社会主义研究》2007 年第 2 期。

③ 李国梁：《可持续生计视角下失地农民就业能力开发》，《开发研究》2014 年第 1 期。

④ 杜书云、徐景霞：《内源式发展视角下失地农民可持续生计困境及破解机制研究》，《经济学家》2016 年第 7 期。

⑤ 孙绪民、周森林：《论我国失地农民的可持续生计》，《理论探讨》2007 年第 5 期。

⑥ 王慧博：《失地农民可持续生计问题分析》，《宁夏社会科学》2008 年第 5 期。

⑦ 刘晓霞、汪继福：《失地农民的可持续生计问题及其对策探析》，《税务与经济》2008 年第 5 期。

四是失地农民因自身素质低而在劳动力市场上缺乏竞争力。①②③

分地区而言，四川民族地区失地农民生计的不可持续性表现有：一是失地农民金融资本、原有资本和国家补助资本的不可持续；二是犹如被搁置在真空地带的社会保障不可持续；三是由于缺乏专业技能导致职业保障不可持续；四是失地农民进入城市后，由于生活习惯、文化基础等方面不同文化生活不可持续④。对于贵州地区失去土地的农民而言其赖以生存和生活的来源不复存在，物质资本尚可维持失地农民基本生计需要的生产和生活活动，但由于网络关系的相对狭窄性导致社会资本抵御生计风险的力度较小，人力资本水平同样普遍偏低。⑤ 针对兰州大部分地区失地农民而言，可持续生计框架下的五种生计资本对他们的可持续生计存有不同程度的正向作用，人力资本、自然资本补偿与资金资本正向驱动失地农民的生计可持续性，以住房条件为代表的物质资本通过存款水平这一金融资本变化对失地农民工的生计结果产生负的间接效应。⑥⑦ 农民失去土地资本这一基础保障后进入城市的适应能力主要由人力资本、社会资本、资金资本相互构建而成，在失地农民城市适应能力建设的过程中，失地农民城市适应能力建设与可持续生计在降解生计脆弱性方面具有内在一致性⑧。

---

① 郭占锋、付少平：《城乡一体化进程中失地农民的城市适应困境与应对策略——以陕西省杨凌示范区为例》，《西南民族学学报（人文社会科学版）》2013 年第 11 期。

② 杜书云、徐景霞：《内源式发展视角下失地农民可持续生计困境及破解机制研究》，《经济学家》2016 年第 7 期。

③ 陶纪坤：《失地农民的失业保险与可持续生计问题研究》，《当代经济研究》2017 年第 5 期。

④ 陶斯文：《嵌入与融合：民族地区失地农民可持续生计问题的调查与思考》，《西北人口》2012 年第 3 卷第 3 期。

⑤ 何力：《可持续生计分析框架下失地农民生计资本分析——基于贵州都匀的调查》，《江苏农业科学》2015 年第 43 卷第 8 期。

⑥ 杨琨、刘鹏飞：《欠发达地区失地农民可持续生计影响因素分析——以兰州安宁区为例》，《水土保持研究》2020 年第 27 卷第 4 期。

⑦ 杨琨、侯庆丰、刘鹏飞：《基于结构方程模型的失地农户可持续生计的影响机理研究——以兰州市安宁区为例》，《中国农业资源与区划》2021 年第 42 卷第 4 期。

⑧ 江易华、黄桀烽：《可持续生计视角下失地农民适应能力建设研究》，《学习与实践》2020 年第 11 期。

失地农民的可持续生计问题可以说是农民在失去土地这一基本生活保障后如何维持之前乃至更高的生活质量的问题，也是失去土地的农民工采取何种生计策略保障其家庭和个人在社会生活中生存和发展的可持续性问题。解决这些问题，一要树立保障失地农民可持续发展的理念；二要加强就业安置，提高对失地农民工的技能培训，鼓励和支持失地农民多渠道、多方面就业或创业；三要推行对失地农民多元化的补偿方式，如股份制运作方式、以土地换保障；四要为失地农民建设针对性的教育体系，提高失地农民的文化适应力[①②③]。失地农民是弱势群体之一，失去土地使他们的生计资本面临现实生活的风险，在没有土地资本的客观现实下，失地农民要有效利用自身所拥有并能够利用的生计资本实现个体生计的可持续性发展[④]。

总体来说，实现失地农民生计可持续的根本途径在于提高其在就业市场中的竞争力[⑤]，但失地农民生计就业的可持续因环境闭塞、就业观念落后及人力资本水平低而导致其获得就业信息的空间较窄、就业缺乏稳定性以及就业范围受限，因此要建立与当地农民相契合的市场化就业及培训机制以提高失地农民稳定就业的可持续。[⑥]

三、可持续生计视角下农民工研究

农民工离开家乡即意味着原先的生计资本和生计策略发生巨大变化，其进入城市之后唯一可以携带的仅仅是其人力资本。当他们进入务工城市之

① 魏顺泽：《城市建设与失地农民可持续生计路径》，《农村经济》2006 年第 8 期。

② 刘晓霞、汪继福：《失地农民的可持续生计问题及其对策探析》，《税务与经济》2008 年第 5 期。

③ 刘猛、袁斌等：《失地农民可持续生计研究——以大连市为例》，《城市发展研究》2009 年第 16 卷第 1 期。

④ 江易华、余凌、黄炜：《失地农民适应能力重构：一个分析框架》，《农村经济》2015 年第 9 期。

⑤ 李国梁：《可持续生计视角下失地农民就业能力开发》，《开发研究》2014 年第 1 期。

⑥ 刘敏：《可持续生计视角下的失地农民就业问题研究》，《农业经济》2017 年第 3 期。

后,生计不仅仅是脆弱性问题,更面临生计断裂的现实困境。其生计资本和生计能力低下,金融资本匮乏,即使他们已经在城市实现就业,但他们依然面临着经济收入少、职业地位低、住房环境差、子女上学难等生计的脆弱性。[①] 这些脆弱性的生计资本降低了其在城市务工生活的品质,农民工生计资本是决定其生计质量的主要因素,先天不足和累积上的弱势使农民工生计资本的脆弱性表现更加突出。[②] 比如,杭州农民工生计资本的脆弱性特征表现在缺失的教育培训、匮乏的人力资本和社会资本、以租房生活为主、薄弱的物质资本、低下的收入水平、虚化的金融资本、较强的边缘感等方面,从各类生计资本对农民工生活满意度的影响来看,人力资本和社会资本是最主要因素。[③④] 在可持续生计视角下,农民工的人力资本较低,他们文化程度较低、缺乏职业技能、自主创业能力弱;在金融资本上,他们工资偏低、借贷能力较弱;在社会资本上,他们过分依赖传统社会资本,与城市居民、本地同事没有形成有效的社会关系网络;在物质资本上,他们物质资本基础薄弱,对以农村宅基地和承包地为主的自然资本依赖度高。[⑤] 在农民工性别差异视角下,农民工的可持续生计有着显著的性别差异。农村女性农民工生计脆弱显著高于男性,核心因素在于女性农民工在资源获取过程中处于边缘化位置以及她们遭遇的性别歧视。[⑥] 进一步研究发现,生计资本对男女两性农民工城市

---

① 任义科、张生太、杜巍:《农民工生计脆弱性的制度分析及其政策建议》,《中国行政管》2011 年第 2 期。

② 栾驭、任义科、赵亚男:《农民工生计资本与社会融合》,《山东社会科学》2012 年第 11 期。

③ 苏飞、马莉莎、庞凌峰等:《杭州市农民工生计脆弱性特征与对策》,《地理科学进展》2013 年第 32 卷第 3 期。

④ 苏飞、庞凌峰、马莉莎:《生计资本对杭州市农民工生活满意度的影响》,《浙江农业学报》2014 年第 26 卷第 1 期。

⑤ 彭邓民、孟丽君、徐仲安:《朔州市半城镇化农民工生计可持续问题调查与思考》,《经济研究参考》2014 年第 39 期。

⑥ 汪超、刘涛:《生计脆弱性:何以为及何以能——来自中国农村进城务工女性的实践调查》,《苏州大学学报(哲学社会科学版)》2017 年第 38 卷第 5 期。

融入意愿的影响存在差异：人力资本对女性农民工的城市发展意愿无显著影响，社会资本、金融资本和住房等物质资本显著影响女性农民工的城市发展意愿，住房等物质资本和土地等自然资本分别对男性、女性农民工的城市发展意愿的影响不显著，土地资本降低了男性农民工的城市发展意愿。① 从生计恢复力看，农民工生计恢复力总体偏低，整体弹性大，生计恢复力较强的农民工主要有男性农民工、第一代农民工和在经济水平较高地区务工的农民工。②

除自然资本之外的其他生计资本影响农民工自雇就业是驱动农民工实现财富积累的可能性选择，如家庭年总收入、合适的创业场地等都影响农民工返乡创业，因此从生计可持续上看自雇就业是农民工一个理想的生计活动选择方式。③④ 城乡经济差异、户籍制度、人口学特征、自然资本、人力资本和社会资本对农民工的生计策略选择都具有影响，农民工的生计结果则受人力资本和社会资本的影响。⑤ 改善农民工生计策略，一要改革户籍制度，完善相关法规；二要强化就业技能培训，注重实效；三要积极发挥社会资本的作用；四要合理引导农民工转变生计策略；五要实施农民工发展项目，完善评估体系。⑥

---

① 龚冬生、李树茁、李艳：《男女农民工的生计资本对其城市发展意愿的影响》，《城市问题》2019 年第 2 期。

② 杜巍、车蕾、郭玉：《就地就近城镇化背景下农民工生计恢复力测量及现状》，《甘肃行政学院学报》2019 年第 4 期。

③ 任义科、杜海峰、白萌：《生计资本对农民工返乡自雇就业的影响》，《西安交通大学学报（社会科学版）》2011 年第 31 卷第 4 期。

④ 甘宇、胡小平：《返乡创业农民工家庭生计策略转换》，《华南农业大学学报（社会科学版）》2019 年第 18 卷第 5 期。

⑤ 靳小怡、李成华等：《可持续生计分析框架应用的新领域：农民工生计研究》，《当代经济科学》2011 年第 33 卷第 3 期。

⑥ 任义科、张生太、杜巍：《农民工生计脆弱性的制度分析及其政策建议》，《中国行政管理》2011 年第 2 期。

第三节　福利多元主义文献回顾

一、社会福利理论及其多元化发展

1929—1931 年的资本主义经济大萧条证明了自由放任资本主义经济发展模式的破产，到罗斯福新政对于国家经济社会的干预，都在警示世人，国家必须成为社会发展的保障者，国家必须介入社会经济发展，凯恩斯主义的国家干预理论应运而生，“二战”后在社会建设的方向和价值取向上，在凯恩斯干预主义理论的基础上，贝弗里奇报告指明了社会福利国家建设的目标，自此，凯恩斯—贝弗里奇福利国家模式应运而生。① 福利国家的理论及实践基础在 1942 年的《贝弗里奇报告》中得以奠定，西方资本主义国家中的英国先后颁布了一系列与社会保障相关的法律，建立起“从摇篮到坟墓”的全民覆盖式的社会福利保障制度，英国因此成为最早实行福利制度的西方资本主义国家。② 英国建立的覆盖全体公民的普及性福利制度被欧美等其他国家纷纷效仿，如扩大福利服务范围，增加社会服务项目，相较之前提高政府公共开支比重、刺激社会消费以及创造更多就业机会③。“二战”后的资本主义国家因采用了贝弗里奇式的福利国家模式而使得国家呈现出“盛世”景象，在一段时间内资本积累与普及性高福利共同发展。④ 总之，社会福利思想的主张，“第三条道路”出现于 20 世纪初的英国，发展于 20 世纪中期的德国，兴盛于 20 世纪末的英

---

① 舒建华：《资本主义福利国家的必然性、局限性与面临的挑战——基于经济全球化视阈的历史唯物主义诠释和启示》，《西部论坛》2020 年第 3 卷第 3 期。

② 王永茜：《英国福利制度改革：“社会关怀”还是“社会控制”？》，《国外理论动态》2019 年第 1 期。

③ 刘继同：《国家、社会与市场关系：欧美国家福利理论建构与核心争论议题》，《社会科学研究》2018 年第 4 期。

④ 马欣员、钟若愚：《社会政策的工具性作用：欧美福利国家的双维度改革标向》，《学术交流》2020 年第 6 期。

国,扩展并影响到大部分的西方国家。①

现代国家哲学、社会科学和社会政策最重要、最常用的核心概念之一是福利和社会福利概念,在现代经典的社会福利制度框架中,社会福利的服务价值取向成为基础性、核心性与关键性的要素,是衡量社会福利价值取向和国家福利责任的关键指标。② 社会福利包括两个层面内涵:一是社会福利状态层面,即社会维持在社会问题得到控制、人类需要得到满足、社会机会最大化的状态;二是社会福利制度层面,即社会福利是作为一种制度实体,社会在保障大众需要满足等福利目标中承担的责任③。

为应对西方福利国家出现的社会危机而反思传统福利模式并积极寻求替代方案,20 世纪 80 年代福利多元主义应运而生,它主张建构政府与市场所没有的具有优势性的多元社会福利框架以弥补二分的政府与市场在社会福利供给上的不足。④ 福利多元主义理念源于 Wolfenden 1978 年在《沃尔芬德的志愿组织的未来报告》中的使用。⑤ Rose 把由市场、国家和家庭组成的三种社会福利概括成公式:TWS=H+M+S,H、M、S 分别代表的是家庭、市场和国家提供的福利,三者共同组成了公式左侧的 TWS 即社会总福利。⑥ 社会福利供给主体和福利的支持体系多元化趋势是福利多元主义的核心,即社会福利供给

---

① 丁建定、裴默涵:《"第三条道路"社会福利思想主张的发展》,《社会保障研究》2020 年第 6 期。

② 刘继同:《社会福利服务、专业社会工作与中国现代社会福利制度建设目标》,《暨南学报(哲学社会科学版)》2021 年第 43 卷第 8 期。

③ 尚晓援:《"社会福利"与"社会保障"再认识》,《中国社会科学》2001 年第 3 期。

④ 王家峰:《福利国家改革:福利多元主义及其反思》,《经济社会体制比较》2009 年第 5 期。

⑤ Wolfenden, *The Future of Voluntary Organizations: Report of the Wolfenden Committee*, Croom-Helm, London, 1978.转引自彭华民、黄叶青:《福利多元主义:福利提供从国家到多元部门的转型》,《南开学报》2006 年第 6 期。

⑥ Rose, R., "Common Goals but Different Roles: The State's Contribution to the Welfare Mix. In Rose", R.&Shiratori, R, (Ed), *The Welfare State East and West*, Oxford: OxfordUniversityRress, 1986.转引自彭华民,黄叶青:《福利多元主义:福利提供从国家到多元部门的转型》,《南开学报》2006 年第 6 期。

主体在政府、市场之外，应该包含个人、家庭、社会志愿组织和其他的社会机构等①②。福利多元主义强调各方主体所提供的福利共同整合理念下的协调嵌入，强调福利提供者各主体间资源的合理配置并注重各主体平等进入福利模式。③ 不再像以往一样强调由政府单一供给福利，而是重新界定政府、市场、社区、家庭、个人的职能并由各主体共同供给社会福利，也就是说转变政府供给福利的单一角色并强化各个主体的参与式福利供给以此来满足社会福利需求的变化④。福利多元主义模式着重强调福利供给主体间的互动平衡关系以及与福利接受者之间的互动关系，既可以避免国家作为唯一福利供给主体带来的风险并弱化单一依赖国家供给的福利模式，又可以规避市场机制在福利提供过程中的社会公平危机。⑤ 福利多元主义流派也认同国家单一的福利模式无法满足社会福利需求，无法实现福利体系的可持续发展，政府、市场等多元的合作是必然的⑥。国家、市场、社会组织理应发挥各自的作用、跨界合作提升社会福利的专业化与传递绩效以避免单一福利安排的失灵⑦。

二、老人福利供给的多元类型

福利多元化是世界各国进行福利建设的主要方向，福利体系建设也经历了逐步发展的过程。西方国家完成工业革命后，工业化水平迅猛发展，生产方

---

① 田北海、钟涨宝：《社会福利社会化的价值理念——福利多元主义的一个四维分析框架》，《探索与争鸣》2009 年第 8 期。

② 陈立周：《当代西方社会福利理论的演变及其本质——兼论对中国社会福利实践的启示》，《辽宁大学学报（哲学社会科学版）》2011 年第 39 卷第 2 期。

③ 曲绍旭：《福利多元主义视角下灾后残疾人社会救助体系的构建》，《学术论坛》2012 年第 35 卷第 6 期。

④ 汪大海、张建伟：《福利多元主义视角下社会组织参与养老服务问题——“鹤童模式”的经验与瓶颈》，《华东经济管理》2013 年第 2 期。

⑤ 张笑会：《福利多元主义视角下的社会服务供给主体探析》，《理论月刊》2013 年第 5 期。

⑥ 房莉杰：《从社会保障到社会福利：由福利供需的角度理解社会福利变迁》，《社会政策研究》2017 年第 1 期。

⑦ 王雅男、韩央迪、隋欣潼、彭华民：《走向治理：社会福利的理论与实践——第八届中国社会学会社会福利研究专委会年会综述》，《社会工作》2017 年第 3 期。

式出现巨大变化，机器取代人的工作，减少了大量的工作机会，这些失去收入的人群，自身生活陷入了困境中，因而更无法承担家中老年群体的福利供给。基于社会发展的视角，政策决策者认为给作为弱者的老年群体提供相关福利供给是国家的责任，老年福利就是在这个背景下应运而生①。

根据对供给主体的认定，客体的选择以及基本价值理念的差异，西方发达国家老人福利供给体系呈现出四种模式：

其一，自由主义视角下的市场主导型老人福利供给模式。以英美作为典型代表。1601 年英国女王伊丽莎白颁布的《济贫法》虽然在某种程度上确立了国家在社会福利供给中的适度责任和义务，但其政策核心坚持低限度、选择性的福利供给，强调充分发挥的市场作用，不干涉个人福利选择权，市场是作为福利主体的个人获得福利的最有效途径②。该模式中福利给付的"非商品化"程度较低，国家角色是消极补缺，弥补部分老人在市场中没有获得相应的资源，国家提供最低的生存保障。老年人的福利依托其市场活动中的经济收入，并用来购买市场中的福利服务。

其二，以北欧民主社会主义模式为代表的福利国家型老人福利供给模式。在 1929—1932 年的经济大萧条期间，凯恩斯主义以国家干预的理念修正了自由主义的放任思潮，国家干预主义成为世界各国社会治理、经济管理的主要模式，同时在"二战"即将结束之际，英国着眼于战后重建社会体系目标，委托贝弗里奇起草英国战后的社会经济体系建设蓝图，贝弗里奇报告应运而生。在思想理念上，贝弗里奇报告完全沿袭了凯恩斯主义的国家干预理念，以建构国家福利体系模式作为英国社会建设的核心，此后，以贝弗里奇—凯恩斯国家干预主义为代表的福利国家模式兴起。该老年福利供给类型以政府责任为主，

① 汪国华：《健全养老社会服务体系与机制——基于中外比较视角》，《现代经济探讨》2014 年第 9 期。

② 陈治：《福利供给变迁中的政府责任及其实现制度研究——福利供给的国外考察与启示》，《理论与改革》2007 年第 5 期。

市场在其中仅仅起到了辅助作用，老年人生计资源大部分来源于政府提供的普惠性养老金或免费、低收费的福利，老人依靠着这些社会福利政策获得个人需要的满足，而非他们从市场交易中去购买。

其三，政府—家庭二元老人福利供给。以日本、韩国为代表的东亚国家深受政府威权主义、补缺型的价值取向和儒家文化的深刻影响，家庭代际责任在老年福利供给中作用显著，处于核心位置。代际间的福利支持已经成为东亚国家法律和文化习俗，且被赋予至高无上的道德责任。政府在老年福利的供给中是边缘地位。但是政府运用政策等权力深度介入家庭的老年福利供给。因此，在东亚国家中，家庭与政府共同构成了老年福利供给主体。

其四，老年多元福利供给体系。在“二战”结束之后，在贝弗里奇报告和凯恩斯主义的影响之下，许多西方国家纷纷效仿英国建立了高福利国家，坚信“个人自由应该是通过国家来实现”，国家几乎承包了老年人的所有福利供给，其中尤以北欧国家最为典型。但是伴随着 20 世纪 70 年代经济危机的蔓延，资本主义黄金发展期的结束，资本主义世界进入了常态化的经济危机阶段，在经济停滞、通货膨胀等危机下，高福利国家出现了政治和法律方面的危机，福利国家开始反思国家在社会福利供给中的作用过高，给国家带来了沉重的负担，开始削弱国家在社会福利供给中的地位，福利国家纷纷进行福利体制改革，弱化国家的福利角色，主张福利来源要多元化，引入了市场作为社会福利供给主体之一，与此同时，老年社会福利供给实现来源多元化，福利多元主义兴起。

从以上分析中可以看出，发达国家老年社会福利经历了由个体到家庭再到国家最后到多元福利体系供给的发展过程。老年福利供给主体在 20 世纪 70 年代之后实现了从国家核心主体到社会、市场、国家福利三角的发展，这样的变革从一定程度上缓解了“二战”后欧洲国家福利政策过于强调政府责任、忽视个人责任的制度问题。从 90 年代开始，为了应对老龄化浪潮、经济全球化发展等，西方高福利国家的老年福利改革力度最大，本着开源节流的精神，让劳动重新回到福利供给体系成为一种共识，可以说在某种程度上多元福利主义理论成为欧洲国家老年福利改革主要模式和思想。

三、中国农村老人福利供给的实践探索

关于中国老人福利供给的问题，学者认为在方向上要强调老年社会保障社会化，在价值理念上以全民性、社会性、合作性、互济性、共享性、适度性为核心价值体系①。在福利多元主义理论和实践过程中，老年福利供给多元化已经成为必然趋势。在关于本研究对象——第一代农民工的福利供给方面，显然多元福利供给是保障他们可持续生计不可或缺的核心要素。中国农村老年社会福利供给实践在福利供给主体上经历了由单一政府实践到社会多元供给的发展阶段，在福利理念上实现了由残缺性到普惠性福利的拓展。作为公共服务的主要提供者，政府在福利政策中的责任是保护全体公民的基本生活并承担福利的兜底职能。②③ 但长期以来，政府在老年人福利中的实践作用仅限于保护弱势老年人，局限于残补式救助，对于特殊老年人进行了相应的救助，但这远远不能满足当前大多数老人的福利需求④⑤。因为在老龄化、少子化、人口流动和老年人需求多样化的背景下，老年人的福利来源日渐稀少，而政府则成为福利供给的关键主体⑥。同时在福利政策的实践中，我国的社会福利政策正逐步从补充型向普惠型转变，老年人的社会福利由过去以"三无"

---

① 徐进：《中国福利社会之构建：从生产主义到发展主义》，《云南行政学院学报》2020 年第 22 卷第 6 期；徐进：《中国社会保障 70 年：制度演进、理念变迁、中国经验》，《哈尔滨商业大学学报（社会科学版）》2019 年第 6 期。

② 郑功成：《社会保障研究》，中国劳动社会保障出版社 2009 年版。

③ 彭华民：《论需要为本的中国社会福利转型的目标定位》，《南开学报（哲学社会科学版）》2010 年第 4 期。

④ 韩央迪：《第三视域下的中国农民福利治理》，上海三联书店 2014 年版。

⑤ 穆光宗：《论政府的养老责任》，《社会政策研究》2019 年第 4 期。

⑥ 李俊：《支持非正式照料者：发达国家老年福利制度新动向及其对中国的启示》，《学海》2018 年第 4 期。

老人为主,开始向普通老年人倾斜①。与此同时,在社会福利体系建构中,农村福利体系逐步形成包括家庭、政府、市场多元主体共同参与和分担的福利体系,但这些主体在共同承担建构责任中或多或少存在一些问题。②

计划经济时代,在工业化和国家经济稳定建设优先的发展策略下,社会福利建设被视为可以让步的后继安排,社会福利制度完全服务于当时国内工业化和社会稳定建设目标。整个社会的福利体系以残补型为主要特色,农村社会福利体系自然也如此,农村社会福利体系以农村特殊老人为主要受益群体。因而,这一时期的政府并未给农村老人带来实际性的福利供给。随着土地所有权的变更及农村合作社的发展,导致土地、农用生产工具及部分私有财产归集体所有,家庭不再为农村老人提供物质生活资料,使得作为农村主要福利供给主体的家庭福利供给功能逐渐弱化,集体组织成为农村老人最重要的福利供给主体。从 1978 年经济体制改革后,市场逐渐成为资源配置的重要载体,集体经济日渐衰落,农村普通老人的福利供给也由集体转向家庭供养,政府主体责任弱化,在此阶段我国农村除了针对“三无”老人的“五保”制度外,其他普通老年人的最低福利保障还处于空白阶段。2002 年和 2003 年国务院相继颁布《关于进一步加强农村卫生工作的决定》(中发〔2002〕13 号)、《关于建立新型农村合作医疗制度的意见》(国办发〔2003〕3 号),建立起新型农村合作医疗制度,该制度首次明确了政府在实施福利制度时应当承担起的筹资责任。这是我国政府第一次真正意义上为农村居民提供医疗福利,直接提高了农村老年人的医疗福利水平。2016 年《关于整合城乡居民基本医疗保险制度的意见》(国发〔2016〕3 号),标志着医疗保险的城乡“二元”特点开始消除。2007 年,《关于在全国农村建立农村最低生活保障制度的通知》(国发〔2007〕19 号)要求建立农村最低生活保障制度,填补了农村普通老年人最低福利保障

① 穆光宗:《论政府的养老责任》,《社会政策研究》2019 年第 4 期。

② 赵定东、余柳君:《地域过疏化视域下农民养老福利共同体建设》,《北华大学学报(社会科学版)》2020 年第 2 期。

的空白。最低生活保障制度是政府面向农村贫困群体提供的社会福利政策中的重要组成部分，给他们提供能够维持生活的最基本的物资，使得他们的生活可以维持在最基本的状态。从2007年开始农村老人社会福利实践主体以及受益对象呈现多元化趋势与农村老人福利相关的法规政策逐渐增多，表明农村老人拥有了自己的养老和医疗的福利制度，标志着农村社会老年福利体系的完善。2009年，国务院出台《关于开展新型农村社会养老保险试点的指导意见》（国发〔2009〕32号）规定"将缴费方式确立为个人缴费、集体补助、政府补贴相结合"，明确了政府的责任。同时，在考虑到农村老人的年老问题，农村居民年满60周岁以上无须任何限制便可以领取每月55元的基础养老金，而且基础养老金每年都依据物价进行调整。截至2021年底，全国大部分地方60岁以上农民的基础养老金已经达到或超过150元/月，从而解决了"老农保"不能覆盖现有农村老人的弊端。因此，新型农村养老保险在试点之初就受到广大农民的欢迎。2014年《关于建立统一的城乡居民养老社会保险的建议》（国发〔2014〕8号），标志着养老保险的城乡"二元"特点开始消除。

我国农村老人福利供给主体的历史经历了从集体和家庭到家庭再到家庭、集体、政府供给的历史变迁。集体经济组织的解体让养老福利供给责任归于家庭，家庭福利供给功能的弱化致使政府责任回归，随着市场经济的发展，道德伦理的冲击，我国农村老人福利供给主体应当更加多元化。

在此阶段虽然农村老年社会福利实践在主体上实现了多元化，但农村老年社会福利供给实践却存在碎片化问题。政府在养老保险、"医保"、"低保"、特困人员供养制度建设方面颇有成就，尽管这些福利政策在一定程度上能增强老年农民抵御未知风险和灾难的能力，但由于碎片化的制度，导致农村社会无法用统一的制度来统筹协调农民的福利供给，无法满足农民的基本需求。[①] 同样，农村老年福利供给存在不平衡和不充分的问题，农村老年福利供给实践

① 李艳萍、张愉翊：《福利多元视角下农村合作组织福利供给价值初探》，《青海师范大学学报（哲学社会科学版）》2017年第2期。

存在地域差异、管理部门之间的分工和冲突,供给主体之间缺乏合作等问题①。正是由于政府提供的养老保障服务和供给标准忽视了农民的需求,造成了农村养老资源的浪费和农民需求无法得到满足的局面,因此政府应以需求理念为宗旨,促进养老保障体系的发展。② 在家庭和政府两个供给主体的关系上,人们过于强调单个主体在福利供给中的效用,忽视两者在供给过程中是相互补充的关系③④,而且在家庭和国家之间存在着相互推卸责任的现象,导致农村老人福利供给缺失。虽然福利多元化将成为农村老人社会福利供给的主要模式,也是将来发展的必然趋势,⑤但当下政府过分强调家庭在日常照料、情感慰藉等福利供给中的责任,导致政府责任缺位,家庭不堪重负,农村老人福利缺失。在政府和市场两个供给主体的关系上,市场主体在自身利益的驱动下,与政府所强调的福利性质存在矛盾,如市场的营利性与社会福利普惠性的矛盾,市场的参与性与社会福利壁垒之间的矛盾。社会组织作为社会福利的重要供给主体,应主动或被动对接来自不同政府部门及社会的项目,实现对福利资源的整合及动员。同时邻里作为农村老人福利的重要供给主体,具有低成本、高效率的优势,因此应促进邻里在农村老人福利供给中的作用。⑥⑦

故而在中国农村老年社会福利实践过程中,社会福利实践主体呈现多元化趋势,由政府过渡到家庭、市场、社会,初步形成了福利三角关系。但是在此

---

① 韩小凤、赵燕:《重构我国老年福利供给问题的分析框架——基于整体性治理理论视角》,《东岳论丛》2018 年第 39 卷第 12 期。

② 刘华:《需求理念下我国农村养老保障政府行为再思考》,《兰州大学学报(社会科学版)》2019 年第 6 期。

③ 钟曼丽、杨宝强:《农村家庭养老中的家国责任:历程考察、实践难题与边界厘定》,《理论月刊》2019 年第 2 期。

④ 李世林、唐臻等:《家庭福利供给现状及未来发展方向分析——基于五个地区家庭福利供给现状的社会调查》,《农村经济与科技》2018 年第 29 卷第 10 期。

⑤ 赵定东、余柳君:《地域过疏化视域下农民养老福利共同体建设》,《北华大学学报(社会科学版)》2020 年第 21 卷第 2 期。

⑥ 秦永超:《老人福祉视域下养老福利多元建构》,《山东社会科学》2019 年第 12 期。

⑦ 陈际华、何乔:《福利多元主义视角下的农村养老服务供给探究——以南京市 L 区为例》,《湖北农业科学》2019 年第 58 卷第 19 期。

过程中，政府福利供给角色没有充分发挥，同时农村老年福利供给市场培育不充分，社会福利供给角色滞后，故而在实质上，农村老年福利实践过程依然与城镇社会福利供给存在较大差异，农村老人存在福利供给不足从而导致生活陷入困境问题。第一代农民工群体更具有其自身特殊性，作为常年在外务工群体，他们落户城镇可能性极低，必然要返回农村，其身份由农民工群体向农村老年群体转型，但是由于其常年在外务工，身体损耗较大，且对于农村生活环境存在疏离，他们还面临乡村生活的再适应困境，这些困境仅依靠他们自身是无力摆脱，多元社会福利供给是他们可持续生计维持的核心。

第四节　本研究的理论基础

一、社会排斥理论

20 世纪 90 年代的欧洲，社会排斥（social exclusion）是一种普遍存在的社会现象，伴随着欧洲经济结构、产业结构调整与阶级阶层结构以及社会利益的变化，贫困问题日渐严重，成为严重的社会问题，社会排斥首先运用于对贫困问题的分析中，西方学者在对剥夺、贫穷和劣势等问题的分析中逐渐形成了社会排斥研究的相关概念。①②③④。勒内・勒努瓦于 1974 年最先明确了在贫困分析中运用社会排斥的视角，并界定了社会排斥的核心概念，认为社会排斥是指个体被劳动力市场割裂在外，维持持续贫穷的状态且不能参与、分享社会经济成果，即被排斥在具有正式来源的就业岗位和收入无法被保障并徘徊在社

① 熊光清：《欧洲的社会排斥理论与反社会排斥实践》，《国际论坛》2008 年第 1 期。

② 程苏、刘璐、郑涌：《社会排斥的研究范式与理论模型》，《心理科学进展》2011 年第 19 卷第 6 期。

③ 李鑫宇：《社会排斥理论的界定及应用价值分析》，《人民论坛》2011 年第 32 期。

④ 黄佳豪：《社会排斥视角下新生代农民工市民化问题研究》，《中国特色社会主义研究》2013 年第 3 期。

会边缘的特定群体。该理论在针对贫困群体的致贫原因分析中，引入了独立于经济视角分析之外的新视角——社会排斥视角，贫困群体的形成是一种贫困的累积性积累和社会权利的被剥夺。① 阿马蒂·亚森认为，贫困在某种程度上就是能力被剥夺，遭受社会排斥的结果。社会排斥可以理解为社会成员以公民的身份参与并融入社会而被他们不可控的社会因素阻止的社会问题。② 可以说，作为发展中社会事实和社会问题的社会排斥，它产生于个体或群体在社会结构中被边缘化或弱势化的过程或结果。在社会排斥向度上，学术界一般认为有经济排斥、制度排斥和权利排斥③④。最初社会排斥意指在经济领域层面互相排斥的社会现象，但随着概念内涵与运用领域的扩大，该理论不断发展并已大大地超出经济领域的意涵，包含社会生活各个方面的排斥。⑤ 目前，社会排斥被广泛应用于贫困的分析中，在关于贫困和社会排斥的分析中，Wagle 认为可以从消费、能力和社会排斥三个视角分析贫困问题，在某种程度上社会排斥理论将贫穷研究带入了多维度的视角⑥。在关于贫穷和社会排斥的具体分析上，有学者认为贫困关注的是个人在经济收入、市场参与能力、拥有的资源以及社会权利方面的缺乏，而社会排斥则注重对于剥夺的理解，正是因为剥夺导致了贫困者参与或运用相关服务的缺失⑦，故而贫困是对结果的静态描述，而社会排斥则注重对贫困状态的过程分析⑧。在社会排斥

---

① 彭正波：《从贫困到社会排斥：理论演进与政策构想》，《技术经济与管理研究》2010 年第 2 期。

② 彭华民：《社会排斥与社会融合——一个欧盟社会政策的分析路径》，《南开学报》2005 年第 1 期。

③ 银平均：《社会排斥视角下的中国农村贫困》，《思想战线》2007 年第 1 期。

④ 熊光清：《欧洲的社会排斥理论与反社会排斥实践》，《国际论坛》2008 年第 1 期。

⑤ 杨冬民：《社会排斥与我国的城市贫困——一个理论框架的分析》，《思想战线》2010 年第 36 卷第 3 期。

⑥ Wagle, U. "Rethinking Poverty ; Definition and measurement", *International Socal cience Journal*, Vol.54, No.171, 2002, pp.155–166.

⑦ 王来华：《"社会排斥"与"社会脱离"》，《理论与现代化》2005 年第 5 期。

⑧ 童星：《社会转型与社会保障》，北京中国劳动社会保障出版社 2007 年版，第 206、209 页。

的维度测量上，阿马蒂亚·森认为它包括六个层面：政策的不平等与社会关系贫困、劳动力市场上的排斥、金融市场上的排斥、性别上的排斥与不平等、医疗保健以及食品市场与贫困①。

在本研究中，作为社会弱者的第一代农民工在其务工生命历程中，无论是在劳动力市场还是在社会制度层面，都不同程度遭遇了社会排斥，故而分析第一代农民工的生计系统时，社会排斥作为一个重要的分析视角不能被忽视，同时在解读中国农民工社会政策的变迁过程中也能清晰地发现社会排斥的内容。故而，在本研究中运用社会排斥视角分析第一代农民工的生计系统具有较好的理论恰适性与协同性。

二、弱势累积理论

弱势累积理论研究的重点是识别机会不平等而导致的弱势地位在人的一生中不断累积的过程。一个人社会地位等相关利益在其生命历程中随着时间的推移和年龄的递增，从而导致个体或群体之间差异性扩大②。目前关于弱势的累积研究多和生命历程理论相互使用，诸多学者在探讨个体生命历程中关注其弱势的累积过程，大量的研究已经证明教育在代际间的关键作用是逆境的传播，即父母的低教育水平会对子女的健康造成不良影响，其成年后的健康会形成一个"风险链"。在深入对其童年的逆境和其成人后的健康研究后发现，社会经济地位和成年期生活方式的生命历程就是不同的年龄层呈现不同的角色、责任、期望的载体③。个体的生命历程是由社会机制与个体特质共

① Amartya Sen. *Socal Exclusion: Concept, A pplication and Scrutiny*, Manila: Asian Devlopment Bank, 2000.

② O'Rand, A. M., "The Precious and The Precocious: Understanding Cumulative Disadvantageand Cumulative Advantage Over the Life Course". *Gerontologist*, Vol.36, No.2, 1996, pp. 230-238.

③ Clausen, J. A. "The life course of individuals". In M. W. Riley, M. E. Johnson, & A. Foner (Eds.), *Aging and society*: Vol.III. *A sociology of age stratification.* New York: Russell Sage Foundation. 1972, pp.454-574.

同形塑而成的，其中以"转折性事件"如结婚、工作变动，退休等为标志改变生命轨迹的发展方向，故而个体老年贫困是整个生命历程弱势积累的结果。生命历程经历的事件在个体生命历程每个阶段的转换中都会产生不可估量的影响。在生命历程中，个体生命事件具有累积性作用，这种累积可能是弱势的累积，也有可能是优势的累积，故而，生命历程视角在解释老年人及其贫困状态显示了卓越的优越性①。该研究以异质性和累积视角勾连了微观个体与宏观社会结构之间相互形塑作用，以期揭示社会在个体发展中的形塑作用，也试图展示出个体的主动性和调适性能力。在本研究中，第一代农民工的健康风险过程实质是弱势累积过程所致，其健康弱势在累积中形成了现在的健康问题，同时其弱势累积的过程也是农民工个体和社会环境、社会政策再生产不断交换的过程。

三、可持续生计理论

作为对自然环境的关注，可持续生计是从对自然资源的关注开始，20 世纪 80 年代末世界环境和发展委员在报告中首次提及可持续生计概念，此后 1992 年的联合国环境和发展大会延伸了概念的范围，即"把稳定生计作为消灭贫穷的广泛目标"。②③④⑤ 一些国外研究者和组织在之后的时间内扩充了可持续生计分析框架的内涵：生计这一谋生方式是建立在个体拥有的能力、资产及进行的活动之上的，如果人们能利用个体能力等因素应对生计压力并从

---

① Dannefer，D."Cumulative Advantage /Disadvantage and the Life Course：Cross-Fertilizing Age andSocial Science Theory."*The Journals of Gerontology Series* B：*Psychological Sciences and Social Sciences*，Vol.58，No.6，November 2003，S327-S337.

② 王晟：《失地农民可持续生计问题对策探析》，《中国农业资源与区划》2007 年第 3 期。

③ 王三秀：《国外可持续生计观念的演进、理论逻辑及其启示》，《毛泽东邓小平理论研究》2010 年第 9 期。

④ 何路路、陈勇等：《我国西部山区受灾搬迁农户生计状况研究——基于四川绵竹市清平乡受灾农户的调查研究》，《西北人口》2012 年第 33 卷第 6 期。

⑤ KrantzL."The Sustainable Livelihood Approach to Poverty Reduction：An Lntroduction"，*IEEE Transactions on Ultrasonics Ferroelectrics & Frequency Control*，Vol.49，2001，pp.39-46.

生计冲击中恢复、能够使得原有的生计资本得到保护甚而获得增加,同时在没有对自然界造成伤害的基础上为他人带来受益,则这样的生计模式可以被称为可持续生计①②;Bebbington 认为资本和能力是可持续生计的核心,要对农户的生计、脆弱性和贫困进行多维度分析③;纳列什·辛格和乔纳森·吉尔曼认为"生计系统是由一套复杂多样的经济、社会和物质策略构建的,这些策略通过个体借以谋生的行为、财产和权利得以实行"④。

把可持续生计研究框架推到国际贫困研究领域的则是英国国际发展署提出可持续生计能力分析方法和框架⑤。英国国际发展署构建的 SLF 模型是目前关于可持续生计研究中最具影响力的分析框架,⑥⑦该分析框架注重理解贫困,提倡以人为中心,⑧该框架因其形式灵活变通、发展过程循序渐进广受研究学者和机构的青睐。

可持续生计概念与生计系统存在递进关系,"生计"是建立在个体的能力、拥有的资产以及一种生活方式所需要的活动上的谋生方式,而"可持续生计"是个人或家庭为改善长远的生活状况所拥有和获得的谋生能力、资

---

① Chambers, R & Conway, G.R."Sustainable Rural Livelihoods: Practical Concepts for the 21st Century".IDS Discussion Paper 296, London: *Department for International Development*, 1991.

② 汤青、李扬、陈明星、徐勇:《半城镇化农民可持续生计与农村可持续发展——理论框架、研究进展及未来展望》,《地理科学进展》2018 年第 37 卷第 8 期。

③ Bebbington, A., "Capitals and Capabilities: A Framework for Analyzing Peasant Viability, Rural Livelihoods and Poverty", *Word Development*, Vol.27, No.12, Dec1999, pp.2021-2044.

④ 纳列什·辛格、乔纳森·吉尔曼:《让生计可持续》,《国际社会科学杂志(中文版)》2000 年第 4 期。

⑤ 袁梁、张光强、霍学喜:《生态补偿对国家重点生态功能区居民可持续生计的影响——基于"精准扶贫"视角》,《财经理论与实践》2017 年第 38 卷第 6 期。

⑥ 汪超:《可持续生计理论对农民工资产贫困的理解与公共政策启迪》,《理论月刊》2019 年第 6 期。

⑦ 金莲、王永平:《生态移民生计风险与生计策略选择研究——基于城镇集中安置移民家庭生计资本的视角》,《贵州财经大学学报》2020 年第 1 期。

⑧ DFID.*Sustainable Livelihoods Guidance Sheets*.London: Department for International Development, 1999.

产和有收入的生产活动。①②③④ 可持续生计框架包括的生计资本的意涵：人力资本——家庭拥有的劳动力数量，劳动力个体的受教育程度、是否拥有劳动技能、职业和身体健康状况；物质资本——可以提高生产力的基本生产资料及基础设施；社会资本——家庭在所处的社会网络中能够给予帮助的能力；金融资本——家庭自身的现金收入以及通过合理途径获得经济的能力；自然资本——拥有的自然资源基础，如土地、森林资源等⑤⑥⑦⑧⑨。

由此可见，可持续生计框架核心在于运用生计策略对自身的生计资本进行合理运用从而使得自己的生计能力具有可持续性。⑩ 该框架涵盖脆弱性背景、生计资本、政策制度和组织机构、生计策略、生计输出五个要素。

可持续生计分析方法的重要原则在于对生计问题的分析要从能力、资产和行动策略入手，而不是直接从生计需求入手，尤其重视社会可持续性、包容

---

① KrantzL."The sustainable livelihood approach to poverty reduction：AnIntroduction", *IEEE Transacti on son Ultrasonics Ferroelectrics & Frequency Control*, Vol.49, 2001, pp.39-46.

② 王三秀：《国外可持续生计观念的演进、理论逻辑及其启示》，《毛泽东邓小平理论研究》2010年第10期。

③ 汪超：《可持续生计理论对农民工资产贫困的理解与公共政策启迪》，《理论月刊》2019年第6期。

④ 中国社科院社会政策研究中心课题组：《关于解决失地农民问题的政策建议》，《中国经贸导刊》2004年第4期。

⑤ Ellis F.*Rural livelihoods and diversity in developing countries*, London：Oxford University Press, 2000, pp.78-90.

⑥ 王晟：《失地农民可持续生计问题对策探析》，《中国农业资源与区划》2007年第3期。

⑦ 汪超、姚德超：《新型城镇化下农村进城务工女性生计脆弱性治理》，《新疆社会科学》2015年第1期。

⑧ 黎洁、李亚莉等：《可持续生计分析框架下西部贫困退耕山区农户生计状况分析》，《中国农村观察》2009年第5期。

⑨ 金莲、王永平：《生态移民生计风险与生计策略选择研究——基于城镇集中安置移民家庭生计资本的视角》，《贵州财经大学学报》2020年第1期。

⑩ 陶纪坤：《失地农民的失业保险与可持续生计问题研究》，《当代经济研究》2017年第5期。

和公平，并优先考虑可持续发展穷人的利益①②。这也是有别于传统反贫困理论的独特之处，该框架强调关注个体自身的发展而非单凭外力援助的暂时性维持生计，要求贫困主体取得生计的可持续性发展而非阶段性的经济收入增长，注重政府、社会等主体在反贫困领域进行跨界互动协作反贫困③。

第五节　研究评价与反思

一、现有研究评述

上述文献回顾表明，在现有文献研究中，关于农民工的研究多集中在农民工的社会政策、农民工社会融入以及农民工内部群体类别分析。应该说现有的农民工研究视角丰富，研究成果非常丰硕，并且在很多方面取得显著性成果，也在事实上影响了政府和社会对农民工群体状况的关注，切实推动了社会政策对于农民工群体的关注和政策关照，改善了农民工群体的生活状况，提高了其社会保障，取得了非常大的社会效果和政策效应。第一代农民工的学术指称是指在20世纪70年代及以前出生的并在80年代初至90年代初期外出务工人群。第一代农民工生计问题一直是农民工研究的核心视角，部分学者基于生存预设下的“生存—经济”视角来解释农民外出务工动机和本质意义，认为农民乃是迫于生存需要和压力而外出务工，为了满足这种生存需要、缓解生存压力而对经济目标的追求构成了农民工行为的本质意义。在关注农民工

---

① 赵锋：《可持续生计与生计动态能力分析：一个新的理论研究框架》，《经济研究参考》2015年第27期。

② DFID. *Sustainable Livelihoods Guidance Sheets*. London: Department for International Development, 1999.

③ 汪超：《可持续生计理论对农民工资产贫困的理解与公共政策启迪》，《理论月刊》2019年第6期。

经济生存同时，学者也分析了第一代农民工在中国社会分层结构体系中地位以及他们对自身身份和政策平等的诉求，体现了农民工生计问题研究的综合化取向，伴随着“生计”概念研究的泛化，国内学者开始运用可持续生计分析框架和解释立场对农民工生计问题进行分析，提出其生存脆弱性特质。同时对农民工可持续生计中生计资本、生计策略、生计结果等方面进行了相关实证研究。

在新的社会转型宏观背景下，学术界对第一代农民工困境分析由起始于20世纪80年代的生存预设下的“生存—经济”视角向与公民权预设下的“身份—政治”研究视角并重，这种转向体现了可持续生计研究和农民工研究试图突破社会核心结构障碍，以身份、政治视角来探讨农民工与中国社会分层、社会结构和城乡关系作为核心视角。当下学术界对于第一代农民工的研究主要体现在两代农民工的对比研究中，达成的一个共识是：虽然第一代农民工是基于生存理性务工，第二代（新生代）农民工更着眼于发展理性，但他们都面临身份障碍的核心问题，故而解决他们所面临的生计更需要社会政策转向和制度障碍新突破。

同时可持续生计在中国关于贫困群体的研究中也形成了较为成熟的研究范式和多元化的分析视角。可持续生计（Sustainable Livelihoods，SL）基本思想来源于20世纪80年代到90年代早期对于贫困问题的深化理解，特别是来自Scoones、Chambers和Conway的创造性分析和研究。可持续生计是指“某一个生计由生活所需要的能力，有形和无形资产以及活动组成，如果能够应付压力和冲击进而恢复，并且在不过度消耗其自然资源基础的同时维持或改善其能力和资产，那么该生计具有持续性”。同时，“生计”作为核心范畴被定义为一种谋生的方式，该谋生方式建立在能力（Capabilities）、资产（Assets）和策略（Strategy）基础之上，当人们进行选择、利用机会和资源，同时又不妨碍他人目前或将来的谋生机会时，稳定的生计即由此获得。可见，学术界对于“可持续生计”概念的理解是建立在对“生计”概念的理解基础之上的。生计资本、生计能力和生计策略是可持续生计中三个相互联系、相互作用的重要范畴。英国国际发展机构(2000)建立了以贫困农户为中心的DFID模型。将其生计资本分为人力资本(H)、自然资本(N)、社会资本(S)、物质资本(P)、金融资本(F)五类。进入21世纪后,在发展型福利主义思潮影响下,学者通过对可持续生计思路演变历程反思并提出了其情境性应用,在对东南亚等发展中国家反贫困措施反思的基础上,形成了生计整体性、有机合作、与能力更生等更详细的可持续生计理论。在我国,针对可持续生计的研究主要集中在引进和介绍可持续生计分析框架等方面。其一,它是中国社会政策和社会治理发展的一个重要方向;其二,它是一项具体的反贫困政策方案,因为"生计"能更好地描述贫困人口,它将贫困人口置于分析的中心,寻求生计何以维持和可持续的方案,进而使贫困问题得以解决;其三,可持续生计是一种解决贫困问题的技术性工具,可持续生计框架(SLF)是一个由一系列彼此相互作用的变量所构成的模型,研究人员通过运用此模型可以对贫困问题进行分析与诊治。可见相对于其他的反贫困理论而言,可持续生计理论已具有相对完整性和明显创新性。

二、研究反思

综上,目前关于可持续生计研究和农民工研究已经形成多样化研究视角,研究呈现学科多元化取向,亦取得较为丰硕成果,但关于第一代农民工和可持续生计的研究尚可进一步深化:

其一,国内学者对于可持续生计理论框架分析和应用更侧重把其作为一种分析工具加以运用,而鲜有对其进行深度理论阐释和进一步的演绎。虽然国内可持续生计框架研究范式已经较为成熟,但是现有研究多聚焦于农村自然资源的可持续生计研究,对于社会性因素的可持续关注视角较弱,且很少有研究构建出社会性可持续分析框架,同时在可持续生计研究中,对于农民工群体的生计研究太过于关注微观事务,忽视了一些社会核心结构性障碍,社会管理策略应向可持续生计转型,以消除核心结构障碍。

其二,对第一代农民工可持续生计等问题的聚焦有待加强,他们现实和未来生计困境的解决,既有赖于增强其自身生计实践的可行性,更需要政府和社会的资源帮助。

其三,现有的第一代农民工研究立场是一种针对“他者”的研究,以非主人姿态对应农民工群体,而缺乏农民工在整个研究体系内的自我话语权。同时,在研究取向上以制度主义作为主要分析框架,基于农民工主体性与自主性研究视角相对不足。

第三章　第一代农民工可持续生计中的政策背景

第一节　第一代农民工的社会养老保险政策

一、中国农村社会养老保障的政策厘清

（一）1949—1979 年，新中国特定老年群体集体福利制度建设阶段。

新中国的老年福利建设是在 1950 年第一次全国民政工作会议布置后，开始建立社会统一的福利体系，这一时期在全国范围内发展了各类福利企业和社会福利院。1953 年第二次全国民政会议召开通过《第二次全国民政会议决议》，在该决议中指出："对无依无靠、无法维持生活的残老孤幼，予以必要的救济。继续整顿生产教养院，生产教养院应收容教养无依无靠、无法维持生活的残老孤幼，不应不分对象地乱收"。在 1954 第三次全国民政会议上要求城市民政部门要深入调查，研究提出城市老年群体的救济范围、对象和标准，因此城市老年人的救济工作在之后逐渐进入了规范管理。1956 年，一届全国人大三次会议通过的《高级农业生产合作社示范章程》指出，"农业生产合作社对于缺乏劳动力或者完全丧失劳动力、生活没有依靠的老、弱、孤、寡、残疾的

社员，在生产上和生活上给以适当的安排和照顾，保证他们的吃、穿和柴火的供应，保证年幼的受到教育和年老的死后安葬，使他们生养死葬都有依靠”。标志着对农村特殊老年群体的福利供给即五保户制度初步创立。

在农村社会政治经济体系的进一步建设中，伴随着人民公社制度在农村全面推行，在具体的物资分配上实行“人七劳三”的口粮分配制度，使得部分失去劳动能力的群体也可获得集体基本的生存保障。至此，在农村社会中初步建立了集体主义价值取向的福利供给制度，使得农民的生老病死与集体高度关联。

1958 年 12 月，中共八届中央委员会六次会议通过的《关于人民公社若干问题的决议》提出，“要办好敬老院，为那些无子女依靠的老年人（‘五保户’）提供一个较好的生活场所”。可见在人民公社体制下，生产队成为农村丧失劳动能力群体最终的保障单位。第二届全国人大二次会议于 1960 年 4 月通过了《1956 年到 1967 年全国农业发展纲要》，明确提出实行“五保”制度，要求农业合作社承担起对失去劳动能力的鳏寡孤独者承担生活的保障角色，对于这一群体生活上做到保吃、保穿、保烧（燃料）、保教（儿童和少年）、保葬，使他们生养死葬都有保障。1978 年 9 月召开的第七次全国民政会议要求民政部门坚持以养为主和入院自愿的原则，引导五保户群体入住敬老院实现集中供养。

（二）1979—1990 年，农村社会养老制度和福利社会化进一步完善

民政部于 1982 年 12 月发布《关于开展农村五保户普查工作的通知》要求民政部门加强对五保户群体的普查和摸底工作。第八次全国民政会议指出供养“五保户”是农村集体经济应尽的社会义务，要切实落实“五保”政策，在符合当地社会经济现实的前提下，建立敬老院对老人进行集中供养。

民政部 1984 年首次提出“社会福利社会办”的思路，并在发展思路上制定了社会福利事业要实现“由救济型向福利型转变”“由单纯供养型向供养康

复型转变”“由封闭型向开放型转变”的发展战略和改革方向。这是中国社会福利供给主体由国家、集体向社会、个体的价值转向，也是社会福利多元化的尝试。

1988 年召开的第九次全国民政会议指出民政部门 5 年内的目标是初步建立不同类型、不同层次，具有中国特色的农村社会保障制度试点，保障城乡低收入群体的生存，保障五保户基本生活不受影响。

（三）1991—2008 年农村社会养老保险制度建设探索中发展

伴随着农村社会老龄化的发展，农村养老问题逐渐成为社会关注的重点，农村社会养老保险制度建设也提上议事日程。民政部于 1991 年出台了《县级农村社会养老保险基本方案（试行）》，提出“坚持资金个人交纳为主，集体补助为辅，国家予以政策扶持”的政策方案，县级政府成为发展农村社会养老保险制度的责任主体。该方案实质上是农民自筹养老费用，集体和政府没有给予正式经济支持，正是由于国家角色的缺位，导致该政策在后期执行中出现各种问题，于是在 1999 年该政策被叫停。但是该方案作为试点和农村社会养老保险的探索，其价值在于从政府层面和制度层面开启了政府探索农村社会养老保险角色和定位的进程。国务院 1994 年 1 月颁布了《农村五保户供养工作条例》，明确了五保供养的对象、内容、形式、财产处理、监督管理等内容，标志着国家开始从法规层面对农村弱势人群提供福利支持。

八届全国人大常务委员会第二十一次会议 1996 年通过了《中华人民共和国老年人权益保障法》，为保障老年人合法权益、健全老年人社会保障制度、发展老年事业提供法律依据，标志中国老年社会福利保障体系进入了政策化与法治化阶段。

1997 年因为主管部门的变动导致农村社会养老保险制度出现衔接问题，并且由于政策实施效果没有达到理想预期，所以暂停了《县级农村社会养老保险基本方案（试行）》。此后，国务院于 1999 年 7 月发布《国务院批转整顿保险业工作小组〈保险业整顿与改革方案〉的通知》，提出我国农村不具备普遍实行社会保险的条件，正式停止了农村社会养老保险制度。至此标志实行了8年的农村社会养老保险制度被正式停止。进入21世纪后，由于农村人口流动的单向度，农村留守老人生存困境日益凸显，无论从学术层面还是社会层面建立农村社会养老保险的呼声渐高。2003年，劳动和社会保障部下发了《关于当前做好农村社会养老保险工作的通知》等文件，拟再一次推动农村社会养老保险政策建设，做好农村老年人生活保障。但是由于此前该制度设计的问题，政府没有承担应有的责任，同时也缺乏社会统筹的方案，使得该政策成为农民自己交钱养老，导致资金来源太少、养老金待遇太低的问题。有新闻报道，海南文昌市的一位老农民每月仅领取3元养老金的窘境①，农民失去了对该政策的基本信任，参与人数寥寥，表明该制度已失去了发展的活力。

2004年民政部《关于进一步做好农村五保供养工作的通知》规定了农村五保供养制度的财政来源，五保供养费用全部由财政负担，该制度改变了原先的农村五保供养是农民集体互助共济的集体福利形式，并以制度的形式规定了国家财政供养的现代社会福利事业的转变。同时，农村养老服务设施发展迅速，很多地方的敬老院逐步向一些依靠家庭进行生活照料有困难的老人以及一些社会普通老人开放。国务院于2006年1月通过了《农村五保供养工作条例》，该条例规定五保供养资金在地方人民政府财政预算中安排（即纳入公共财政保障范围），标志着农村五保供养制度实现了历史性的变革和转型。同时，中央财政也给予了支持，提高了五保户资金的统筹层次。

（四）2009年迄今，新型农村社会养老保险制度创新和稳步发展阶段

在旧农保制度1999年停止运行后，农村居民事实上没有任何养老制度性

① 西安晚报：《每月三元养老金不是笑话》，https://www.chinanews.com.cn/gn/news/2009/08-26/1834815.shtml。

安排,农村居民的养老体系依然全部依靠家庭,但是伴随着农民工城市化流动以及农村孝道文化的衰弱,农村社会也面临着现代化转型,这些都在空间和时间上削弱了农村家庭养老的基础,家庭养老陷入困境。在农村老龄化和农村老年人口生活照料压力下,建立完善的适合农村社会的养老保障制度已经成为应对农村社会空心化和老龄化关键措施。国务院于2009年颁布《国务院关于开展新型农村社会养老保险试点的指导意见》,决定从2009年进行新型农村社会养老保险试点工作,以全国10%的县(市、区、旗)为首批试点区域,力争在2020年前实现全覆盖。该制度与旧农保最大区别是政府角色清晰,责任明确,政府成为该制度的关键,承担兜底保障角色,明确了政府在经济供给中的基础性任务。在筹资模式上现了三方共担机制,即农民个人义务、国家角色和社会共筹。该政策的最大亮点在于为农村居民建立了基础普惠性养老金制度,即农村居民只要年满60周岁无论缴费与否,都可以获得基础养老金55元/月。此后,基础养老金不断上调。截至2020年,大多数地方基础养老金已经达到了150元/月,切切实实为农村老年居民提供了基本的生存保障,故而该项政策也被视为中国普惠性养老金的发端。在新农保政策框架下,农村老年人基本生活保障措施不断完善,政府兜底的角色力度不断加大。民政部2013年宣布拟以省为单位,为全国80岁及以上的老年人建立高龄老人津贴。

二、中国农民工社会养老保险政策探索

(一)1991—2005年农民社会养老保险政策初创阶段

中国农民工社会养老保险体系与中国城镇职工养老保险紧密结合的历史阶段是伴随中国城镇职工社会养老保险改革而逐步推进的。20世纪90年代初期中国城市改革进入新的历史阶段,尤其是国企改革进入攻坚期,进一步提升市场化和激发企业活力成为此时改革的主要方向,国企在市场化改革中改变其包办角色,减少历史包袱,因此企业职工养老保险改革作为国企改革的重

要配套措施也提上议事日程。1991 年国务院出台了《关于企业职工养老保险制度改革的决定》，该决定指出企业职工养老保险制度改革先在全民所有制企业进行，其他性质的企业暂时不进行相关改革。对于城镇集体所有制企业职工养老保险制度的实行要求原则上可以参照全民所有制企业执行。同时由于中国各省份之间差异大，由各省、区、市等人民政府依据本地实际情况制定适宜本地经济社会发展，同时也适用于城镇私营企业雇工以及个体劳动者实际情况的职工社会养老保险制度。在充分总结了前期试点经验的基础上，国务院于 1995 年发布了《关于深化企业职工养老保险制度改革的通知》，提出要建立“广覆盖，四统一”的养老保险计划。该通知进一步明确了我国企业职工养老保险的覆盖人群包含各种类型的企事业单位职工和个体经营者，并明确规定了我国企业职工养老保险的统筹层次、筹资和资金来源模式、基金后期管理等方面内容。同时该文件明确提出将非国有制企业的职工纳入城镇职工基本养老保险，而农民工群体几乎都在非公有制企业中工作，这份文件为农民工纳入城镇职工基本养老保险提供了法律依据①。国务院于 1997 年颁布《关于建立统一的企业职工基本养老保险制度的决定》，该决定明确了建立统一的企业职工和个体劳动者养老保障体系，并且规定了建立统一职工基本养老保险的缴费比例、待遇发放方法以及筹资形式等，在顶层设计下中国建立起统一的城镇职工养老保险模式。

国务院在 1991—1997 年先后颁布的三份文件奠定了我国企业职工基本养老保险模式方向和原则，也同时奠定了农民工群体的基本养老保险模式并逐步开始了制度化方式建设。此后的相关文件都是在这三份文件的基础上进行的修订和细化，政府此后一段时期内没有针对这一群体出台创新性的制度模式。

劳动和社会保障部在 1999 年颁布了《关于贯彻两个条例扩大社会保障覆

① 孟颖颖、甘进超：《改革开放后中国农民工养老保险政策的回顾与述评》，《管理研究》2017 年第 2 期。

盖范围加强基金征缴工作的通知》，该通知规定农民工可以在其务工所在地参加职工社会养老保险，2001 年颁布的《关于完善城镇职工基本养老保险政策有关问题的通知》又对农民工的养老保险制度的具体形式做出规定，在缴费时间上规定农民工必须累计缴费满 15 年才能领取养老金。2003 年颁布的《关于非全日制用工若干问题的意见》对非全日制用工的参保问题作出了规定，意见指出这部分群体在原则上可以参照个体工商户的参保办法执行。

以上文件显示出这一历史时期政府解决农民工养老保险政策的嵌入型思路，即把农民工作为一个整体嵌入到城镇职工养老保险体系中，通过政策调整来引导农民工积极参加职工养老保险。同时该时期的政策还有其历史特殊性，由于城镇国有企业改制，社会保险政策建立时间不长，急需扩面以增加社会保险基金，在此视角下，农民工群体无疑是最大的潜在缴费群体。但该政策忽视了农民工群体的户籍特殊性与其工作高流动性，没有针对这两个核心问题做出明确的政策界定，政策模糊性导致企业和农民工双方参保积极性都较低。故而，这一时期，农民工社会养老保险是嵌入城市职工养老保险体系内，农民工社会养老保险政策没有突破性进展。

（二）2006 年迄今：为农民工建立单独养老保险政策的探索

在此前国家统一性的文件规定中，对于农民工参保的规定是参照企业职工养老保险相关规定执行，在现实中，很多地方是完全按照企业职工养老保险制度执行。企业职工养老保险中的缴费基数为其上年度月平均工资的 8%，雇主的缴费比例为其上年度职工总工资的 20%，缴费年限为 15 年。这些规定显然对于工资偏低、工作高流动性、被户籍身份限制的农民工是不适应的。故而，该制度在农民工群体中引起的积极性并不高，农民工的参保率很低。有学者调研中发现有 83.2%的农民工表示不愿意购买社保，另外，从雇主方面看，有 80%的雇主表示农民工购买社保没有意义。有 90%的农民工没有参加城镇职工养老保险①。针对这些情况,2006年国务院出台《关于解决农民工问题的若干意见》中明确要求各地"探索适合农民工特点的养老保险办法",认为要依据农民工实际情况,按照分类指导、稳步推进,优先解决工伤保险和大病医疗保障的思路,再逐步解决他们的养老保障问题。在该意见中明确赋予了地方自主权,使得各地方可以结合自身实际情况开展相关试点工作。一些农民工用工量较大的大城市开始从本地实际出发,开始建立具有地方特色的农民工社会养老保险制度。各地经过多年探索逐渐形成了最具特色的三种模式,即深圳特区模式、北京模式和上海模式。

深圳的扩面模式:该模式特点是把农民工作为整体纳入城镇职工养老保险体系中。2000年深圳市人民代表大会通过了修改后的《深圳经济特区企业员工社会养老保险条例》,在缴费比例上,该条例统一了农民工与城镇职工的缴费比例。按照员工个人工资的13%缴纳基本养老保险费,其中员工个人按本人工资的5%缴纳,企业按照员工缴费工资的8%缴纳,实际缴费年限满15年后享受基本养老保险待遇。

北京双低模式,在北京市现有城镇职工养老保险体系基础上,对于农民工群体进行相应的区分,考虑到农民工的实际情况,农民工社会养老保险实行较低缴费基础、较低缴费比例办法。北京市政府在2001年的《北京市农民工养老保险暂行办法》中规定农民工缴费基础为上一年度北京市在职职工的最低月工资标准,企业按照缴费基础的19%进行缴费,个人缴费标准为8%。其中农民工所缴全部费用和企业所缴费用的3%纳入个人账户,企业所缴费用的16%计入社会统筹账户。如果农民工离开北京市,可以将养老保险关系和个人账户累积金额转移到就业所在地。农民工返回农村的可以保留其养老关系,个人账户暂时封存,其一旦回到城镇重新就业后就可以自动续接。

上海综合模式。该模式也被称为综合模式,特别为农民工建立一套独立

① 李果、张蕊:《为啥八成农民工不愿意入社保?》,《工人日报》2005年6月6日。

的综合保险制度,上海市政府于2002年7月颁布了《上海市外来从业人员综合保险暂行办法》。该模式将养老保险、工伤保险、医疗保险纳入其中,在缴费主体上,该办法规定无固定用工单位的外来从业人员与用人单位为缴费主体,其缴费基础是上年度全市职工平均月工资的60%,缴费比例为12.5%,缴纳的费用中7%纳入养老补贴。所缴纳的保险费将由人力资源和社会保障局管理,委托商业保险公司运作。连续缴费满1年就可以获得老年补贴凭证。外来从业人员中男性年满60周岁、女性满50周岁即可获得一次性兑现的养老补贴。综合保险模式很大程度上考虑到农民工收入偏低的现实,对于农民工而言,他们几乎可以零成本享受养老补贴;对于企业而言,一方面明确了其主体责任,另一方面通过保险公司的运作,以市场化的方式降低了管理成本①。

在这一时期,地方政府依据地方特色纷纷开展了农民工养老保险的地方实践,这一时期各地的政策呈现出务实灵活的特点。这些地方实践为中央出台农民工的养老保险政策提供了充分的地方经验,在客观上推动了顶层设计方面针对农民工群体养老保险政策的出台。

三、第一代农民工社会养老保险现状分析

在以上农民工社会养老政策的梳理中可以看出,目前农民工社会养老保险主要有两条路径:其一是加入城镇职工社会养老保险体系;其二是参加农村的新型农村社会养老保险,新型农村社会养老保险在区域上与第一代农民工没有冲突,而且参加的门槛较低没有任何限制,便于参加,但是存在的问题是待遇较低,很难满足农民工将来的生存保障。从国家统计局发布的文件来看,第一代农民工几乎全部参加了新型农村社会养老保险,故而,在类别上而言,第一代农民工对于新农保参与率较高,其中的影响因素可以不予考虑,故而在本研究中不再对第一代农民工的新农保参保情况给予过多关注。学术界的研

① 沈静、邹洋、季学:《农民工养老保险不同模式的比较分析——以深圳、北京、上海为例》,《公共经济与政策研究2016年(下)》,西南财经大学出版社2016年版。

究视角也多聚焦在农民工的城镇职工参保上，因为城镇职工参保更能为农民工提供良好的预期保障。从学术界已有的研究来看，第一代农民工在城镇养老保险参与上属于典型的三低型，即参与率低、保障系数低、投入低。据《2012 年度人力资源和社会保障事业发展统计公报》显示，截止到 2011 年底，全国流动农民工参加城镇养老保险人数是 3514 万人，参保率为 13.9%，而同期全国城乡居民平均参保率 58.4%。此外，农民工退保率也居高不下，深圳市甚至高达 90%。广东省退保率长期高达 95%。2005 年对深圳、北京、苏州和成都四个城市的调查数据表明农民工的养老保险参保率仅为 23.4%①。据深圳市社保部门统计，2009 年深圳市共有 580 多万人参加养老保险，退保人数达 100 余万人。在笔者访谈的第一代农民工中有 70%的访谈对象参加了养老保险，从描述性数据看，第一代农民工参加养老保险比例较高，有高达 73.5%的第一代农民工参加了社会养老保险，说明第一代农民工已经具有较强的养老意识，无论这些养老意识是自我意识或政策推动，或者是文化转型中的主动选择或被动卷入，本研究后面会再进一步讨论。

但是从参保的种类上看，他们参加的几乎都是新型农村社会养老保险，参保率为 65%，参加城镇职工养老保险仅为 5.9%，自己购买商业保险为 2.9%。没有参加任何社会保险的 26.2%，低门槛的新型农村社会养老保险成为农民工参加养老保险的首选。职工养老保险的低参保率说明农民工在城市的社会融入非常低，现有社会保障政策依然对农民工产生排斥作用。

其次，从参保费用方面看，在已经参保的农民工中，参保费用在 350 元以下占据参保农民工的 69.4%，说明农民工即使参加了新型农村社会养老保险，大部分人选择了较低的投保费用，这些较低的投保费用很难在老年阶段以后对农民工的晚年生活起到应有的支持作用，年缴费在 1500 元以下的占了调查总数 87%，较低的投保费用与其晚年收到的保险金额相一致，按照 15 年的

---

① 沈静、邹洋、季学：《农民工养老保险不同模式的比较分析——以深圳、北京、上海为例》，《公共经济与政策研究 2016(下)》，西南财经大学出版社 2016 年版。

缴费基数来看,平均每个农民60岁以后获得的养老费用每月在30—100元之间,再加上基础养老金,第一代农民工每月养老金也都在300元以下。其晚年生存保障依然堪忧,经济来源依然是一大难题。

表3-1 第一代农民工参加养老保险情况

参加养老保险情况		频率	百分比	有效百分比	累积百分比
有效	新农保	1499	64.9	65.0	65.0
	城镇职工养老保险	136	5.9	5.9	70.9
	自己购买商业养老保险	68	2.9	2.9	73.8
	没有参加任何养老保险	604	26.2	26.2	100.0
	总计	2307	100.0	100.0	
缺失	系统	1	.0		
总计		2308	100.0		

表3-2 第一代农民工参保的缴费金额

参保金额		频率	百分比	有效百分比	累积百分比
有效	100—350	1179	51.1	69.4	69.4
	351—650	164	7.1	9.6	79.0
	650—900	78	3.4	4.6	83.6
	901—1500	58	2.5	3.4	87.0
	1501—2400	38	1.6	2.2	89.2
	2441—4000	61	2.6	3.6	92.8
	4001—7000	68	2.9	4.0	96.8
	7001—10000	29	1.3	1.7	98.5
	10000元以上	25	1.1	1.5	100.0
	总计	1700	73.7	100.0	
缺失	系统	608	26.3		
总计		2308	100.0		

由上可见，第一代农民工的养老保险参保率主要集中在新农保这一个方面，在新农保的费率上第一代农民工大部分仅选择了最低的档次，有很强的观望情绪。较低的参保率和低投入显然对于其可持续生计的建构没有发挥应有的保障作用。

第二节　第一代农民工医疗健康政策

一、中国医疗保险政策厘清

农民工医疗保险制度是从中国医疗保障制体系中分化出来，目前中国医疗保障体系具有行业性、身份性和地域性特征，为了清楚说明农民工医疗保障发展过程，对于中国医疗保障政策发展历程做一个厘清亦有必要。

我国医疗保障制度在新中国成立之后才开始建立，并于 20 世纪中叶构建起了包含公费医疗、城镇劳保医疗和农村合作医疗的医疗保障制度体系，覆盖了超过全国 90%的人口，为大幅度提升我国公共卫生水平并持续提升人民群众身体健康发挥了重要作用①②，伴随着社会的发展，20 世纪 50—60 年代建立的医疗保障系统不能继续满足国民医疗保障需求，医疗保障制度改革势在必行。在此情形下，城镇职工医疗保险制度逐步建立和完善，针对农村社会现实情况于 2003 年建立了新农合并实现了农村居民全覆盖，2007 年针对城镇居民推出了城镇居民基本医疗保险。至此，我国逐步形成了覆盖全部人群的不同层次的医疗保险制度。③ 2015 年全国大部分区域实现了新农合与城居保整合，在制度层面实现了城乡居民医疗保险的统一，祛除了此前碎片化的医疗保障制度。

---

① 郑功成、桂谈：《中国特色医疗保障制度改革与高质量发展》，《学术研究》2020 年第 4 期。

② 仇雨临：《医疗保障 70 年：回顾与解析》，《社会保障评论》2019 年第 1 期。

③ 郭小东《社会保障：理论与实践》，广东经济出版社 2014 年版，第 294—306 页。

城镇职工基本医疗保险:国务院于 1998 年发布《关于建立城镇职工基本医疗保险制度的决定》,该制度是为了配合社会主义市场经济体制改革,进一步优化市场资源配置,切实帮助企业减轻包袱。该制度明确规定参保人员范围,费用由雇主与雇员共同承担;实行社会统筹和个人账户相结合的管理模式。①

新型农村合作医疗:改革开放以后,随着农村集体经济的衰落,原先的农村合作医疗制度因为失去生存载体而无法继续实施,而农民的医疗需求却日益增长,农民实际上处于医疗保险的真空状态。为了满足农村居民的医疗需求,国务院办公厅于 2003 年出台《关于建立新型农村合作医疗制度意见的通知》正式提出试点实施新型农村合作医疗保险制度并逐步推广。该文件将新型农村合作医疗保险制度定义为:“由政府组织、引导、支持,农民自愿参加,个人、集体和政府多方筹资,以大病统筹为主的农民医疗互助共济制度”②。

城镇居民基本医疗保险:在实现了农村人群医疗保险全覆盖的目标后,针对城镇职工医疗保险覆盖范围之外的群体缺乏医疗保险保障的问题,国务院于 2007 年发布《关于开展城镇居民基本医疗保险试点的指导意见》,规定该政策由政府组织、城镇户口的居民自愿参与,以大病统筹为政策设置目标③④。城居保的建立实现了城镇居民的医疗保险全覆盖,此后该政策与新农合政策加以整合,形成了统一的城乡居民基本医疗保险。

城乡居民医疗保险:虽然现有的医疗保险政策是名义上实现了全国人群全覆盖,但在实际执行过程中却面临着诸多政策困境,尤其是在乡城之间流动

---

① 褚雷:《公共政策视域下的基本医疗保险与居民幸福感研究》,山东大学博士论文,2021 年。

② 国务院办公厅转发卫生部等部门:《关于建立新型农村合作医疗制度意见的通知》,http://vww.gov.cn/zhuanti/2015-06/13Zcontent_2879014.html。

③ 《国务院关于开展城镇居民基本医疗保险试点的指导意见》,http://www.gov.cn/z;huanti/2015-06/13/content_2878973.html。

④ 王晓方:《病有所医:医疗保险》,中国民主法制出版社 2015 年版,第 182 页。

的农民工面临着医疗保险时空滞后困境。为了解决这一问题,国务院于2016年发布《关于整合城乡居民基本医疗保险制度的意见》要求把城居保和新农合二者统一整合为城乡居民基本医疗保险。

经过70多年的发展,我国的医疗保障制度逐步形成了目前多层次多主体的参与体系,即在基本医疗保险"保基本"职能落实的基础上,纵向的保障体系也逐渐趋向了多元化和多层次,图3-1呈现了我国目前的多层次医疗保障体系构成其中,在"保基本"的基本医疗保险部分,主要由城镇职工基本医疗保险和城乡居民基本医疗保险构成。①②

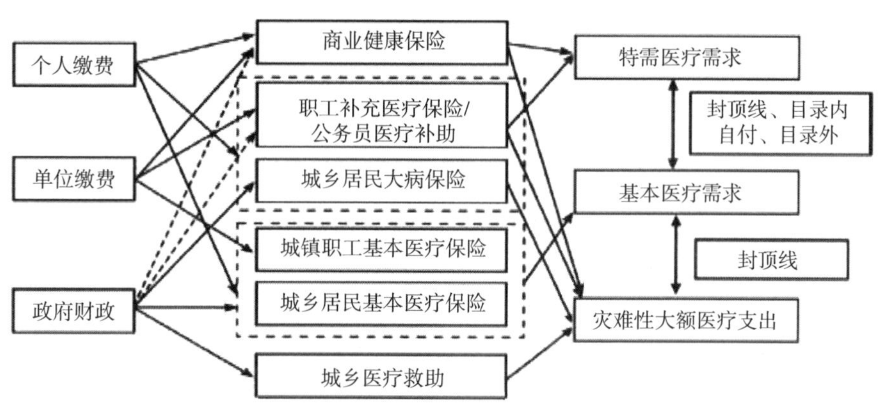

图3-1　我国多层次医疗保障体系(含资金来源及支付范围)③

二、中国农民工医疗保险政策回顾

目前,我国医疗保险体系主要由两大体系构成,其一是城镇职工医疗保险制度,覆盖对象主要是城镇职工人群;其二是城乡居民医疗保险制度。现有的

① 仇雨、王昭茜:《我国医疗保险制度四十年:进程、经验与展望》,《华中师范大学学报(人文社会科学版)》2019年第58卷第1期。

② 储雷:《公共政策视域下的基本医疗保险与居民幸福感研究》,山东大学博士论文,2019年,第27—30页。

③ 仇雨临、王昭茜:《我国医疗保险制度四十年进程、经验与展望》,《华中师范大学学报(人文社会科学版)》2019年第1期。

农民工医疗保险主要包含在城镇职工医疗保险和新型农村合作医疗保险部分。在2006年之前,政府没有就农民工的医疗问题单独进行相关的政策设计。2006年国务院出台《关于解决农民工问题的若干意见》提出抓紧解决农民工大病医疗保障问题,为农民工医疗保险指明了方向,在此之后,各地纷纷结合本地实际情况探索农民工医疗保险政策。典型模式包括北京、广州为代表的"扩面"模式,上海、成都为代表的"综合保险"模式,深圳为代表的"农民工合作医疗"模式等。2014年国务院出台《国务院关于进一步做好为农民工服务工作的意见》提出2020年实现农民工参加社会医疗保险全覆盖的目标。人力资源和社会保障部等四部委2015年出台《关于做好进城落户农民参加基本医疗保险和关系转移接续工作的办法》,规定流动就业人员参加职工医保的缴费年限各地互认,实现个人账户可转移,从制度上进一步解决了农民工因流动就业造成的参保中断、重复参保、权益难以保障的问题。农民工因其身份二元性,在理论上既可以选择加入新型农村合作医疗,也可以选择参加城镇职工医疗保险。从统计数据来看,新农保几乎实现了对于农民工群体的全覆盖,但农民工参加城镇医疗保险的参保率较低①。

三、第一代农民工医疗服务及健康现状分析

农民工是城镇化形成过程中的特殊人群。夏晨彬等通过对医疗保障关键词共现图谱分析,发现自2005年以来,学界对农民工在医疗保障中的研究始终热度不减,保持着关注②。农民工具有较高的中心度,与医疗保障、医疗保险紧密连接,形成了这一热点的关键词组。维护社会和谐与稳定、维护农民工的合法权益、营造公平公正的社会秩序等是学界关注的主要原因。农民工与政府责任、医疗保险需求、大病保险、城乡居民医疗保险等词的联系反映了学

---

① 张启超:《健康中国背景下农民工健康问题》,《劳动保障世界》2019年第2期。

② 夏晨彬、宋宝香等:《国内医疗保障研究的知识图谱分析——基于CNKI数据库(2005年—2016年)》,《医学与哲学》2018年第39卷第5期。

者对于其研究集中在医疗服务及其需求、政府责任等方面。

学术界主要从农民工的自我健康评估、就业经历与收入方面讨论了农民工的健康状况，对于农民工的健康测量主要是依据其自我健康评估。从学界现有研究看，农民工的健康和医疗问题日益凸显。一方面，农民工大都从事劳动强度大、工作环境差、福利待遇低的工作，经常面临较多的健康冲击和较大的疾病风险，且由于其外出务工前的健康本就不佳，使得农民工整体健康状况不容乐观①，有学者在研究中发现农民工存在健康移民效应和健康损耗效用，并且发现健康损耗较为严重的农村外出务工人员会以更快的速度返回农村，形成三文鱼偏误现象。② 另一方面，在农民工的医疗资源运用方面，研究发现低收入群体运用医疗保健系统的可能性远远低于高收入群体。在有关 45 岁以上人群的医疗支出研究中，基本医疗保障确实对个体就医行为有明显促进作用，总医疗支出水平也有显著提高，且相比城市地区，农村地区的这一政策效应更为明显③。这些研究说明医疗保险政策对于农民工的健康维护有着非常重要的作用，一方面，由于中国现有的医疗社会保险具有典型的属地管理原则，依附于户口管理之上，新型农村合作医疗保险在制度层面的条块化、碎片化、低统筹层次以及低便携性都导致农民工的医疗保险获得和使用存在较大障碍；另一方面，由于社会福利体系的滞后性与制度黏性，企业利用自己的市场优势地位不与农民工签订用工合同以减少用工投入，导致农民工在利用医疗保险政策方面存在制度障碍，农民工社会医疗保险的可获得性存在较大障碍④⑤。农民工对于城镇职

---

① 苑会娜：《进城农民工的健康与收入——来自北京市农民工调查的证据》，《管理世界》2009 年第 5 期。

② 周小刚、陆铭：《移民的健康：中国的成就还是遗憾？》，《经济学报》2016 年第 3 期。

③ 柴化敏：《中国城乡居民医疗服务需求与医疗保障的实证分析》，《世界经济文汇》2013 年第 5 期。

④ 符定莹、李宁秀、高博：《城镇化过程中农民工医疗保险选择的影响因素分析——基于成都市的调查数据四川大学学报（哲学社会科学版）》2018 年第 3 期。

⑤ 任辉、任巧巧：《农民工医疗保险需求强度与参保行为：对背离现象的解释》，《学习与实践》2020 年第 3 期。

工医疗保险需求度高，但参与度低的现实情况，在解释农民工低参与城镇职工医疗保险因素方面，现有研究核心观点是现有劳动合同捆绑制对农民工的医疗保险产生较大阻碍。鉴于学术界关于农民工的健康状况研究，农民工由于从事行业、工作性质及其自身医疗保险可及性问题，使得农民工整体健康状况不容乐观，作为第一代农民工，在长期从事重体力劳动后，面临着老年健康弱势的累积过程中，其健康问题更加严重。在本研究的统计发现中，第一代农民工的医疗活动性和他们健康维护能力均不容乐观。

表 3-3　农民工身体状况

身体自评		频率	百分比	有效百分比	累积百分比
有效	良好，没有身体疾病	1202	52.1	52.7	52.7
	一般，平时会生小病	740	32.1	32.4	85.1
	不好，有慢性病，需长期服药	319	13.8	14.0	99.0
	严重，重病	22	1.0	1.0	100.0
	总计	2283	98.9	100.0	
缺失	系统	25	1.1		
总计		2308	100.0		

从以上可以看出，第一代农民工的身体健康状况不容乐观，在健康三文鱼偏误的情况下，农民工健康自评中依然有 47%的身体不完全健康，如果加上回流农民工的身体自评健康状况，可以预测，农民工的自评健康状况要远低于这个数据。

另外，在关于农民工生病处理方面，去医院看病次数也是衡量农民工的健康维护能力之一。

表 3-4　在务工地生病去当地医院看病次数

看病次数		频率	百分比	有效百分比	累积百分比
有效	0	1459	63.2	63.4	63.4
	1	383	16.6	16.6	80.1
	2	270	11.7	11.7	91.8
	3	87	3.8	3.8	95.6
	4 次以上	102	4.4	4.4	100.0
	总计	2301	99.7	100.0	
缺失	系统	7	0.3		
总计		2308	100.0		

在农民工医疗资源获得方面，在本调查中，农民工生病去医院看病次数 0 次的为 63.4%，仅有一次的是 16.6%。可见 80.1%的农民工在务工地生病，很少选择去医院。

在面对生病如何处理的情况下，有 64.4%的农民工选择能忍则忍，不去医院看病，有 47.8%的农民工选择自己去药店买药处理。

表 3-5　第一代农民工工地生病处理情况

生病处理		频率	百分比	有效百分比	累积百分比
有效	能忍则忍，自己买药处理	1338	58.0	58.5	58.5
	去街头小诊所看	370	16.0	16.2	74.6
	立即去当地大医院看病	273	11.8	11.9	86.5
	返回农村老家看病	308	13.3	13.5	100.0
	总计	2289	99.2	100.0	
缺失	系统	19	.8		
总计		2308	100.0		

在体检方面，有 56.6%的农民工没有参加过一次体检，每年一次体检的

仅占调查的10.4%,且其工作多集中在工厂等能够提供相关福利的单位。

表3-6　第一代农民工参加过体检情况

体检次数		频率	百分比	有效百分比	累积百分比
有效	0	1306	56.6	56.6	56.6
	1次	361	15.6	15.6	72.3
	2次	240	10.4	10.4	82.7
	3—5次	149	6.5	6.5	89.1
	每年1次	240	10.4	10.4	99.5
	其他	11	0.5	0.5	100.0
	总计	2307	100.0	100.0	
缺失	系统	1	0.0		
总计		2308	100.0		

第三节　第一代农民工劳动权益保障情况

一、农民工工伤保险社会政策回顾

农民工群体作为城市的外来务工者,在城市劳动权益保障中始终处于弱势位置,甚而是被排斥的群体,在诸多政策上缺乏明确的保护性设置,伴随着农民工外出务工人数激增,与之相伴的劳动伤害事件增多,维护农民工劳动权益相关政策法规也日渐完善。

(一)1980—2003年农民工工伤保险嵌入型发展阶段

在这个历史阶段由于农民工的身份特殊性,农民工的工伤保险是嵌入在职工工伤保险体系内,其范围亦局限于全民所有制企业之内,对于私营企业中的农民工工伤保险没有相关的政策设置。

国务院于1991年颁布《全民所有制企业招用农民合同制工人的规定》，该规定要求全民所有制企业对于农民工的招用必须在上级下达的劳动工作计划之内，农民工与城镇合同制工人享受同等的工资待遇（不含15%左右的工资性补贴）。农民工患病或非因工受伤，企业应根据劳动合同期限给予3—6个月医疗休息期，在此期间如果被解雇，企业应补偿3—6个月的标准工资。如果农民工是因工负伤的，则企业应给予免费医疗，且工资照发。

（二）2004—2013年农民工工伤保险政策逐步成型

在此后因为城市改革，在宏观政策上政府采取了对农民工进城流动的严格限制政策，在此阶段关于农民工的劳动保障权益也没有出台专项保障性政策。进入2000年后，农民工大量流入城市，且多从事高风险工作，极易受到各种意外伤害，他们一旦受伤却没有相关的法律条款来具体参照解决。故而农民工工伤问题经常得不到有效解决，累积了诸多社会矛盾，农民工工伤保险已经成为事关社会稳定和社会公平发展的问题。在此情况下，劳动和社会保障部办公厅于2004年发布《关于农民工参加工伤保险有关问题的通知》。在该通知中指出农民工参加工伤保险、依法享受工伤保险待遇是《工伤保险条例》赋予农民工在内的各类用人单位职工的基本权益，农民工均享有享受工伤保险待遇的权利，用人单位必须及时为与本单位建立劳动关系的农民工办理参加工伤保险的手续。

伴随中国基础建设的蓬勃发展，低准入门槛的建筑工地成为容纳第一代农民工重要场所，据统计建筑业农民工约占农民工总数的30%①。但是建筑业同时也是农民工工伤事故频发场所，且由于缺乏统一制度，导致农民工合法权益经常无法保障。为进一步改善建筑业农民工作业、生活环境，切实保障农

---

① 中华人民共和国建设部、中华全国总工会：《关于进一步改善建筑业农民工作业、生活环境切实保障农民工职业健康的通知》、建质〔2006〕58号，http://www.gov.cn/ztzl/nmg/content_412468.html。

民工职业健康。2006年3月建设部与中华全国总工会联合发出《关于进一步改善建筑业农民工作业、生活环境，切实保障农民工职业健康的通知》，提出各级工会组织要在改善农民工作业、生活环境中发挥积极的作用，把维护农民工生命安全和身体健康作为维护农民工合法权益的首要任务。

2006年5月劳动和社会保障部出台《关于实施农民工"平安计划"加快推进农民工参加工伤保险工作的通知》，明确了农民工参加工伤保险的配套政策和相关措施，为加快推进农民工参加工伤保险工作，配套了优先解决农民工工伤保险问题、农民工参保、农民工的工伤认定以及跨地区流动就业的农民工工伤后的长期待遇等五项规定。

（三）2014年迄今，农民工工伤保险政策目标精准，健全发展阶段

人力资源和社会保障部等部门于2014年发布《关于进一步做好建筑业工伤保险工作的意见》，该意见指出要进一步加强研究符合建筑业特点的工伤保险参保政策，大力扩展建筑企业工伤保险参保覆盖面；完善工伤保险费计缴方式；科学确定工伤保险费率；确保工伤保险费用来源；健全工伤认定所涉及劳动关系确认机制；规范和简化工伤认定和劳动能力鉴定程序；完善工伤保险待遇支付政策；落实工伤保险先行支付政策；建立健全工伤赔偿连带责任追究机制；加强工伤保险政策宣传和培训；严肃查处谎报瞒报事故的行为；积极发挥工会组织在职工工伤维权工作中的作用；齐抓共管合力维护建筑工人工伤权益。

2015年人力资源部和社会保障部办公厅《关于开展建筑业"同舟计划"——建筑业工伤保险专项扩面行动计划的通知》，时任人社部副部长胡晓义指出建筑业目前从业人员近4500万人，其中3600万人是农民工。建筑业的建筑工人存在工伤风险高，工伤保险待遇落实难的问题。该意见进一步明确了建筑业特殊的工伤保险费收缴方式，针对建筑业从业工人的高流动性问题，创新性地设计了以项目为单位参保的投保方式，即投保总额按工程总造价

1.5%比例计算缴纳工伤保险费，对于在建工程项目按照剩余工程总造价的1.5‰缴纳。同时，该意见规定，对在参保项目施工期间发生工伤、项目竣工时尚未完成工伤认定鉴定的，均依法享受各项工伤保险待遇。

2017年人力资源和社会保障部办公厅《关于进一步做好建筑业工伤保险工作的通知》针对建筑业工伤保险专项扩面行动——“同舟计划”实施两年来存在的问题进一步细化，“建立项目参保工作的长效机制；加强启动交通运输、铁路、水利等相关行业建设项目工伤保险参保工作。为推动建立健全建筑业按项目参加工伤保险的长效工作机制，巩固建筑项目‘先参保、再开工’政策成效，完成‘同舟计划’确定的目标任务。”①农民工工伤保险经历了从无到有的发展历程，到今天已经非常完善，工伤保险覆盖率高，表明农民工群体的工伤保险已经取得巨大的进步。在其他权益保障日益完善的情况下，农民工的工资保障也经历一个逐步发展的过程。

二、第一代农民工工资保护政策回顾

农民工务工过程中权益保护方面除了工伤保险之外，就是他们的工资权益保护，农民工面临最大的问题也是工资收入保障问题，在20世纪90年代，农民工的合法收入权益被侵犯是常态，从而引发较大的社会矛盾。为了适应社会主义市场经济体制改革，保护劳动者的合法权益。1994年10月，劳动部发布了《关于实施最低工资保障制度的通知》配合即将实行的劳动法。在农民工权益保障政策缺失情形下，从20世纪90年代中后期到2003年农民工工资被拖欠已经成为普遍性社会问题，甚至农民工辛苦一年拿不到工钱也经常见诸报端，农民工讨薪成为基层社会矛盾的主要类型。针对这一情况，国务院办公厅2003年发布了《关于确切解决建筑业企业拖欠农民工工资问题的通知》对恶意拖欠和克扣农民工工资的行为采取较为严厉的处罚措施，从多渠

① 人力资源和社会保障部办公厅:《关于进一步做好建筑业工伤保险工作的通知》，http://www.mohrss.go。

道、多方面建立健全农民工工资支付的监控制度，与多部门共同采取措施解决拖欠农民工工资问题并且常态化开展对农民工工资支付的专项检查活动。

建设部办公厅2003年发布了《关于建立拖欠工程款和拖欠农民工工资问题情况报告制度》以及时掌握各地解决拖欠工程款和拖欠农民工工资情况，保证清欠工作的落实。建设部2004年连续发出了《进一步解决农民工拖欠工资问题的紧急通知》《建设领域农民工工资支付管理办法》《关于进一步解决建设领域拖欠工程款问题的意见》等7个专项解决农民工工资欠款问题的文件，要求企业按照依法签订的集体劳动合同或劳动合同约定的日期按月支付工资，并不得低于当地最低工资标准，规定企业应将工资直接发放给农民工本人，不得层层转发。这些管理办法中明确了农民工工资支付的责任主体和法律援助通道。

国务院办公厅2016年印发了《关于全面治理拖欠农民工工资问题的意见》，在制度上做出了系统安排以应对欠薪问题，同时以专项检查的形式对全国农民工工资支付情况开展检查。为进一步落实农民工工资支付工作的属地监管责任，切实保障好农民工的合法权益。2017年，国务院办公厅《关于印发保障农民工工资支付工作考核办法的通知》通知，核心在于压实地方政府作为农民工工资保障的主体责任。为了规范建筑市场用工秩序，加强建筑用工管理，维护建筑施工企业和建筑作业人员的合法权益，保障工程质量和安全生产，2018年5月，中华人民共和国住房和城乡建设部印发《建筑工人实名制管理办法（征求意见稿）》该管理办法落实企业用工主体责任和法律责任，同时建筑工人的合法权益得到进一步的保障。

2019年12月国务院通过《保障农民工工资支付条例》，2020年5月1日正式实施。在该条例中进一步明确了政府责任，规定了拖欠农民工工资的清偿责任主体，同时该条例加大了对于欠薪行为的惩处力度。正式明确了农民工工资支付的主体责任，特别是建设单位应担的责任。从源头、中游、终端三个层面全面打击拖欠农民工工资行为。

三、第一代农民工劳动权益现状

农民工进城务工最大权益保障是与雇主签订劳动合同，但是事实上，农民工劳动合同签订比例较低，远远没有达到应有的保障作用。据国家统计局2016 年公报数据显示，农民工与雇主或单位签订了劳动合同比重仅为35.1%，其中，外出农民工与雇主或单位签订劳动合同的比重为 38.2%；本地农民工与雇主或单位签订劳动合同的比重为 31.4%。[①] 关键因素在于农民工自身的低技能、中国劳动力市场供过于求，农民工在就业市场中处于劣势位置，聚集在二级市场就业的农民工与雇主谈判能力匮乏，缺乏话语权从而无法为自己争取合法权益[②]。同时流动人口内部在劳动合同、收入水平和权益保障方面也存在较大的差距[③][④]。第一代农民工的劳动权益保护主要集中于工伤保险和劳动合同的签订上，依据现有的劳动法规定，劳动合同成为影响和制约其他社会保险权利的前提，很多保险依附于劳动合同。在城市人口就业方面，劳动保险合同签单率几乎达到 100%，即城镇人口的社会保障水平很高。但是对于大量的农民工群体而言，劳动保险合同则是奢望。劳动保险合同后面依附一系列社会福利，对于企业而言，为用工人员购买社会养老保险，则增加了用工成本支出，很多企业都在想方设法规避劳动合同的签订。农民工处于市场的弱势位置，在信息和政策上都处于不对称角色，他们很少知道劳动合同，故而很少有能力来维护自己的合法劳动权益。部分企业以返回部分收益形式诱使农民工主动放弃签订劳动合同。

---

① 国家统计局：《2016 年农民工监测调查报告》，中国政府网（www.gov.cn）。

② 李培林、李炜：《近年来农民工的经济状况和社会态度》，《中国社会科学》2010 年第1 期。

③ 官华平：《流动人口就业稳定性与劳动权益保护制度激励研究》，《西北人口》2016 年第37 卷第 1 期。

④ 郭东杰：《新中国 70 年：户籍制度变迁、人口流动与城乡一体化》，《浙江社会科学》2019年第 10 期。

表 3-7 2016 年农民工签订劳动合同情况①

	无固定期限劳动合同	一年以下劳动合同	一年及以上劳动合同	没有劳动合同
2015 年农民工合计	12.9	3.4	19.9	63.8
其中:外出农民工	13.6	4.0	21.1	60.3
本地农民工	12.0	2.5	17.1	68.3
2016 年农民工合计	12.0	3.3	19.8	64.9
其中:外出农民工	12.4	4.2	21.6	61.8
本地农民工	11.5	2.2	17.7	68.6

本次调研结果与 2016 年国家农民工检测报告调查结果高度一致,说明农民工的劳动合同签订情况一直没有得到有效改善,表 3-8 中显示,在访谈的 2307 名农民工中,仅有 35.6%的农民工签订劳动合同,没有签订劳动合同的农民工占比为 64.4%,可见在劳动力市场上,农民工缺乏劳动合同保护问题依然严峻。

表 3-8 第一代农民工签订劳动合同情况

		频率	百分比	有效百分比	累积百分比
有效	有	824	35.7	35.8	35.8
	没有	1480	64.1	64.2	100.0
	总计	2304	99.8	100.0	
缺失	系统	4	0.2		
总计		2308	100.0		

在关于没有签订劳动合同的因素中,被访者有 24%的人表示不知道要签劳动合同,表明他们不清楚劳动合同性质及签订的重要性,仅有 6.2%的表示自己不想签订劳动合同。

① 数据来源:国家统计局:《2016 年农民工监测调查报告》,中国政府网(www.gov.cn)。

表 3-9　第一代农民工未签订劳动合同原因

		频率	百分比	有效百分比	累积百分比
有效	不知道签合同	481	20.8	33.4	33.4
	自己不想签合同	117	5.1	8.1	41.5
	单位不签	605	26.2	42.0	83.5
	其他	99	4.3	6.9	90.4
	自己个体经营不需要签合同	139	6.0	9.6	100.0
	总计	1441	62.4	100.0	
缺失	系统	867	37.6		
总计		2308	100.0		

表 3-10　第一代农民工权益侵害情况

有无权益侵害		频率	百分比	有效百分比	累积百分比
有效	没有	1387	60.1	61.9	61.9
	有	852	36.9	38.1	100.0
	总计	2239	97.0	100.0	
缺失	系统	69	3.0		
总计		2308	100.0		

表 3-11　第一代农民工不法侵害解决情况

是否解决		频率	百分比	有效百分比	累积百分比
有效	是	424	18.4	59.0	59.0
	否	295	12.8	41.0	100.0
	总计	719	31.2	100.0	
缺失	系统	1589	68.8		
总计		2308	100.0		

在调查中，有 38.1%的农民工表示自己权益曾经受到过侵害，在权益侵

害中，工伤问题没有得到及时处理的有 12.2%；在受到不法侵害的案例中，有 41%的农民工表示没有得到有效解决。说明在农民工权益保障建设方面已经取得了巨大的进步，至少农民工合法权益维护有了合法渠道。但是有 12.2%的受访者表示自己的合法权益没有得到有效解决，说明农民工权益保护依然任重而道远。

第四节　小　结

农民工社会保障政策伴随着社会发展经历了从无到有的变迁过程，在城市与农村社会经济体制改革的推进过程中，城市企业职工的社会保障由单位保障向社会保障变迁，农村居民也离开土地向城市寻求生存空间，他们原有的保障方式都发生了变化，针对这些变化，国家也在政策层面给予了相关回应。在农民工社会保障政策中最受关注的是农民工社会养老政策实践过程，事实上，农民工社会养老保障政策是农民工社会保障政策中实施最早，也是农民工社会政策中最早的政策性探索实践。政府在 20 世纪 90 年代相继出台了城镇职工社会养老等系列办法，确立了城镇职工养老保险改革方向。与此同时，这些政策试图按照城镇职工养老保险思路把农民工养老保障纳入城镇职工养老保险体系和方案中，但由于地方配套政策滞后和农民工户籍身份限制，该阶段农民工社会养老政策没有取得实质性进展。企业和农民工都缺乏参加养老保险的积极性，故而按照企业职工参保模式开展的农民工社会养老保险在实施中遭遇了政策失效，成为“制度的福利”与“实际的负担”，在现实中不切实际。针对这些难题，各地方政府开始探索符合本地实际情况的农民工参加社会养老保险的地方政策，全国范围内分别形成了深圳的“扩面型”、浙江的“双低型”、北京的“独立模式”以及上海“综合保险模式”四种模式。这些地方模式虽然在政策上有一定的创新，但依然没有解决农民工和企业的参保积极性问题，同时这些区域性政策由于区域之间互相区隔，养老保险无法衔接转移，严重限制了农民工的流动性,有的甚至还带有一定的剥夺性。由于地方保护主义和政策行为目标偏差限制了农民工的流动从而剥夺了他们工资定价权,他们年老之后被迫返回农村,从而在事实上丧失了领取养老保险的资格。随着中国城乡一体化发展历程的推进,政府开始主导消除城乡隔阂的相关政策,2014 年建成了统一的城乡居民养老保险制度,被称为“双低型政策”,即低缴费、低待遇,该政策降低了农民工参加社会养老保险的参保门槛,也针对农民工的高流动性特征完善了农民工保费的转移续接条款。虽然大部分农民工参加了城居保,但是由于保障待遇过低,在实质上不能起到应有的保障作用。

由于农民工很多保障依附于现有的劳动合同之上,如果缺乏劳动合同的有效保障,农民工在现有的政策体系内很难获得保障。在现有的保障性政策中,农民工工伤保险是发展较为完善的保障政策,尤其是建筑业的“同舟计划”既解决了农民工的高流动性问题又符合了建筑业高风险行业特征。伴随着农民工工资拖欠问题愈发严重,解决农民工工资拖欠问题的相关文件和政策也陆续密集出台,这些政策使得被拖欠工资的农民工有了法律武器维护自己的合法权益,同时也在制度层面对拖欠农民工工资行为主体产生了强大的威慑力,有效保护了农民工的合法权益。相较而言,农民工医疗保险与养老保险在农民工福利体系中的作用充分发挥还有一定的差距。

第四章　第一代农民工可持续生计理论建构

第一节　第一代农民工走向承认中的社会边缘

一、第一代农民工及其家庭生计方式转换

第一代农民工及其家庭生计模式经历了从依附农业到依附工业,从自然经济到市场化的转变过程,实现了商品化的生计模式,对于第一代农民工而言,商品化主要指其劳动力的商品化过程。故而,劳动力商品化的过程也是第一代农民工及其家庭生计转型的落脚点。我国自古以来就是农业大国,农村人口占据全国总人口的一半以上。农村中大量的剩余劳动力投入农业生产,过密化的农业生产方式给农村带来“没有发展的增长”,黄宗智先生(Philip C. C.Huang)在《中国的隐性农业革命》认为中国传统农村社会劳动力实行的是“内卷型的商品化”,即在单位面积上劳动力投入的密集化以此来吸收多余人口。但是在现代化、工业化的刺激下,农民开始流入城市试图寻求更高的经济报酬,大部分农民工流入城市进入的是非正规经济领域,在生活方式和工作方式上依然以出卖劳动力为主,并没有转变为现代化工业中的技术工人。非正规经济领域几乎吸收了中国80%的农民工,非正规经济确实为农民工提供了

就业和收入来源,也提升了农民工的家庭总收入,这是非正规经济的巨大贡献,但是在这样的非正规经济中就业遭遇的社会不公和福利缺乏也是事实,正是由于非正规经济中的就业导致了农民工的社会边缘地位,因为在国家的统计数据中,他们是不存在的群体①。西方发达国家的农村劳动力转移与中国的劳动力转移完全不同,西方发达国家的劳动力转移前提和假设是农民在农村中拥有的收益率不低于城市,且农村就业充分,向城市转移的农民基本是破产的农民,在农村有土地且有就业机会的农民没有向城市转移的动机。但是在中国,农村剩余劳动力成为隐形,虽然农村每人每户都可以分到土地,农民都可以在土地上劳动,但是由于隐形失业问题存在,使得土地的产出无法支撑一个家庭的生计需求,土地的产出效益低下,经济回报率极低,对于中国农民来说,不存在两极分化,也不存在破产一说,但是事实上,农民的普遍性贫困刺激了农村人口向城市转移的热情,动机强烈,这就是来自农村社会的推力,推动着中国第一代农民工向外出走,寻求生存机会。尤其是中国特有的城乡二元化经济体制和福利体制的设计,使得城市更具有极强的吸引力,对于农民工而言,二元经济的剪刀差使得其可以通过工业的比较收益中获得足够高的经济报酬从而回馈家庭,同时也为农村过剩劳动力提供了就业出路。此后,户籍与城乡二元制度的开放给第一代农民工提供了入城的契机,外出务工对于他们而言是基于理性基础上的重要的生计选择。

在很长时间内,农民工研究的视角都聚焦在"制度—户籍"身份上,户籍作为一种身份和一种制度是农民工研究长期以来的基本背景。事实上,作为一种全国性的管理制度,户籍制度设计本身不是针对农民工这个群体,但是农民工群体的发展却处处指向了户籍制度,户籍管理制度作为重要的社会制度显然无法及时回应农民工的群体性诉求。在此基础上,国家采取了放权放责的办法,在制度上依然保留户籍制度,但解决农民工问题的权力下放给地方政

① 黄宗智:《中国的隐形农业革命》,法律出版社 2010 年版。

府,故而农民工问题从中央层面下沉到了地方,中央成为一个监督者,这让地方政府倍感压力。在中央政府政策不明晰之前,地方政府也只能小步跟进。而且地方政府的政策设置往往具有极强的跟进性,即中央抓什么,中央重视什么,地方政策就跟进什么来补充,故而,在农民工政策的地方实践上,地方政府有两个核心标准:其一是中央政府的侧重点在哪里,其二是地方政府的自保价值取向。基于这两种实践准则,地方政府无论是向上对标中央政府或是基于自身视角,都不是以农民工作为其政策视角,基于此,"农民工"权益不可能从根本上解决。与此同时,作为中国第三种身份"农民工"被建构和被广泛认同,既构成了现有农民工相关政策合法性的基础,也影响了乡城迁移者的权益意识和利益表达行动。陈映芳认为,"只有把问题视作乡城迁移者如何获得公民权的问题,而不是作为农民工额外权利问题时,农民工问题才能得到真正解决。"①王小章(2010)认为,研究农民工问题户籍制度固然重要,但是把农民工问题与户籍挂钩极容易产生单一的解释视角,即身份—政治叙事视角,"现在从户籍入手来谈'农民工'问题是流于一种常识性问题。当研究者把户籍问题表述为农民工问题的本质问题,将户籍改革当做解决农民工问题的根本出路的时候,他们实际上在解释农民工问题的一个面相、一个维度的同时也遮蔽了农民工问题的其他面相或维度。换言之,从研究的视角建构作用来说,他们也在人为地建构一个单视线下的'农民工问题'。"②王小章同时认为,户口问题不是农民工面临的唯一问题,实际上农民工除了户籍身份差异,还有其他维度来书写农民工与其他社会成员的身份差别。比如受雇者身份与被雇佣身份,同时农民群体与城市群体本身就存在分化和冲突,这种分化和冲突及其对于身份的主观影响,同时,户籍制度与农民工问题的本质化是把农民工户籍身份看做其在城市社会中劣势地位的根本原因也遮蔽了其他制度性因素对于农

① 陈映芳:《农民工制度安排与身份认同》,《社会学研究》2005 年第 3 期。

② 王小章:《走向承认——浙江省城市农民工公民权发展的社会学研究》,浙江大学出版社 2010 年版,第 12 页。

民工问题的解决视角。在调查中，王小章发现农民工在城市务工遇见的最大困境来自市场排斥而非制度排斥，所以户籍身份的转变并不能改变农民工在市场中的弱势位置。

二、第一代农民工走向承认的制度过程

第一代农民工在其务工的生命历程中，他们是完整的经历社会排斥与政策接纳这样一个历史过程，或者说他们本身就处在排斥和接纳的双方力量对比中，其城市的务工历程本身也是在逐渐争取承认的过程。

第一代农民工走向承认的第一步是市场的承认。市场的竞争性机制虽然使得他们处于不利的竞争环境，但是市场依然为他们保留了相应的生存机会，即最为低端的市场交换，至少他们成为城市市场交易的一员，在市场中获得了一定的位置，实现了从农民到城市务工人员身份的转变，虽然市场承认和接纳是有限度，并且是最低层次的接纳。但市场毕竟为农民工脱离土地，进入城市生活提供了机会，并且保证他们在城市的生存基础，诚如王小章所言“市场机制作用的原则是普遍主义（市场具有形式上的公正）”①。正是这种普遍主义的原则和形式上的公正为第一代农民工进城生存、务工提供了最基本的物质支持，使第一代农民工有机会在城市生存并通过市场交换获得最基本的生存资料。市场的接纳和肯定为农民工从乡村到城市的转移提供了足够的空间和机会，故而农民工走向承认的第一步是市场的承认和市场的接纳。事实上，第一代农民工虽然在市场中从事最低端就业，但是其外出务工收入依然远远高于其在家从事农业生产的收益，故而市场的承认和接纳促使了更多的农民源源不断地从农村到城市的迁移过程。

农民工虽然在市场中走向承认比较快速，但是在社会政策层面其却经历

---

① 王小章：《走向承认——浙江省城市农民工公民权发展的社会学研究》，浙江大学出版社2010年版，第20页。

了从排斥走向承认的过程[①][②]。从学术界总结来看，农民工在政策层面走向承认经历了三个阶段：在问题回应视角下，部分学者基于农民工社会政策的阶段性特征划分了中国农民工社会政策的范式转变[③][④]，大体上可分为三个阶段：从20世纪80年代初政策控制到90年代初规范管理，到2000年以来服务意识的转向[⑤][⑥][⑦]。针对这种政策转向过程，有学者称之为农民工逐步走向承认的过程[⑧]。

第一阶段（1978—1988年），农民工流动的松绑期。

改革开放伊始，国家对户籍和身份制度管理开始松动，在此基础上，农民流动成为可能，尤其是农村家庭联产承包责任制实行后，农民隐形失业现象出现，农民家庭作为独立的生产单位有了劳动力与资源配置的权力，为部分农村劳动力从土地上分流从而流入城市做了制度安排。在本阶段，由于农民生产积极性高，大部分农民留在农村耕种土地。此阶段城市的经济体制改革也正处于启动期，城市的市场空间有限，无法容纳多余劳动力。故而在此阶段，国家对于农村劳动力流动以鼓励和松绑为主要特征，为了不增加城镇职工就业压力，强调农民工流动以不增加城市负担为着眼点。1981年国务院出台的《关于广开门路进一步做好城镇劳动就业工作》都要求优先解决城镇劳动力就业问题。

---

① 丁亚成、沈智侠《清退计划外用工，是整顿劳动组织的重要一步》，《经济管理》1982年第10期。

② 王小章：《走向承认：浙江省城市农民工公民权发展的社会学研究》，浙江大学出版社2010年版。

③ 黄平：《寻求生存当代中国农村人口外出的社会学研究》，云南人民出版社1997年版。

④ 陈森斌、杨舫：《改革开放后的农民工政策思路变迁》，《人口与发展》2013年第2期。

⑤ 潘泽泉：《中国农民工社会政策调整的实践逻辑——秩序理性、结构性不平等与政策转型》，《经济社会体制比较（双月刊）》2011年第5期。

⑥ 刘小年：《农民工：生存条件、公共政策与市民化》，中国政法大学出版社2018年版。

⑦ 徐增阳、付守芳：《改革开放40年来农民工政策的范式转变——基于985份政策文献的量化分析》，《行政论坛》2019年第1期。

⑧ 王小章：《走向承认：浙江省城市农民工公民权发展的社会学研究》，浙江大学出版社2010年版。

第二阶段(1989—1999 年),从严格控制盲目流动到规范流动。

为了减少民工潮对于城市的冲击,1989 年国务院办公厅和民政部相继颁布了《关于严格控制农民工外出的紧急通知》和《关于进一步做好控制民工盲目流动的通知》,要求各地严格控制民工外出,禁止农民工盲目流动。故而此时期,农民工外出流动力度放缓,而且地方政府也配合国家政策出台相关政策禁止本地企业招聘外地人员。从市场上排挤农民工流入城市的途径。1992 年以后,农民收入增长缓慢,农村问题层出不穷,国家又开始放宽对农民工的流动限制,对于农民工的管理政策也由严格控制流动转为鼓励、引导和实行宏观调控下的有序流动。20 世纪 90 年代中后期,在农民工流动、城镇下岗失业人员和城镇新增劳动力的三峰叠加严峻形势下,农民工群体又被政策所严格限制流动,农民工的社会流动进入调控期。此阶段的农民工社会政策呈现出典型的"经济吸纳,社会排斥"的特征,这种二元体制使得农民工成为边缘群体。

第三阶段(2000 年以来),第一代农民工流动的积极引导期。

为了统筹解决农民的增收难和城乡不均衡发展问题,政府对农民工外出务工采取了积极引导的社会政策。2000 年 7 月国务院发布了《关于进一步开展农村劳动力开发就业试点工作的通知》,提出改革城乡分割体制,取消农民工进城就业的不合理限制。2003 年的中央 1 号文件明确规定了农民工各项待遇和城镇职工一视同仁。此后,农民工的相关承认性政策和保护性政策纷纷出台。至此,农民工在政策上实现了从排斥到承认的转变。

三、第一代农民工无力脱离的社会边缘位置

第一代农民工虽然经历了城市制度认可和接纳过程,但这些接纳和认可无助于改变他们在城乡社会中的边缘位置。我国自古以来就是农业大国,农村人口占据全国总人口的一半以上。农村中大量的剩余劳动力投入农业生产,带给农业"没有发展的增长",集体化和改革开放时期,长期的以农补工带

动了城市工业的发展，同时也为农村过剩劳动力提供了就业的出路。此后，户籍与城乡二元制度的开放给第一代农民工提供了入城的契机，外出务工对于他们而言是基于理性基础上重要的生计选择，同时，他们也在一步一步地走向承认中的社会边缘。虽然第一代农民工在制度上已经被接纳，被关注，甚而被特殊关照，部分城市以“新市民”来指代农民工群体，认为已经去除了农民工群体的问题，在这里就含有与陈映芳教授解决问题的思路，即给农民工以市民待遇，似乎新市民的称谓就实现了农民工市民化。如果一个群体的问题换个名称就能解决，当然不需要再大费周章地去思考，事实上，称谓的变化并没给予农民工群体以真正的制度接纳和体制接纳。当然在政策上的承认已经体现社会政策的巨大进步，但是毫无疑问，制度接纳并不意味着农民工会被城市社会完全接纳，其在城市社会中的位置依然没有质的改变，依然处于城市社会中的边缘群体，这种情况尤其对于第一代农民工更具有普遍性。处于城市边缘的他们，无法融入城市，融入城市不仅仅是居住问题，作为农民工，他们务工流动性高，哪一座城市让他们可停下脚步，安放晚年呢？城市里面高不可及的房价是他们永远无法承受的压力，城市的生活与他们无缘，回到乡村，年迈的他们如何运用土地去创造出可供他们生存的资源，现在看来也没有答案。社会关注虽然热度不减，但是却没有一个可以解决他们困境的方法。澎湃新闻曾报道上亿高龄农民，谁为他们的养老负责？① 城乡发展的鸿沟和社会身份差异进一步瓦解了第一代农民工城市中的社会认同，他们自身心理障碍和城市的认同感使他们在城中的社交圈依然滞留于农村初级群体，出门在外的第一代农民工寻找工作、情感倾诉、休闲娱乐也主要依靠一同打工的亲戚、老乡和工友，很少会介入城市的社会网络。他们变成了城市社会的“边缘人”，身处同一片时空，心在两个世界，这也严重影响他们的社会网络广度，并进而造成生计资本狭窄的弱势现状。传统型社会资本仅能提供生存，个人的社会发展亟

---

① 罗成：《上亿老年农民工，他们的养老谁来管？》，http://m.thepaper.cn/renmin_prom.jsp?contid=1337242&from=renmin，2015-06-03。

须他们融入城市，并在城市构建社会资本。农民工社会地位低下，难以融入城市主流，使得其抗风险能力及恢复能力较低，社会互助能力较弱，此外，生命历程中失业、疾病、意外事件等常常将他们置于孤立无援的境地。

第一代农民工外出务工具有周期性和暂时性，不具有在城市留居的可能性，因为他们的流动是家庭分工基础上的流动，作为劳动力的男性进入城市务工，家庭其他成员留在乡村，他们依据农业生产的周期性在城乡之间往返。故而，第一代农民工的最终归宿依然是乡村的家①。第一代农民工务工历程结束后返乡回流，其生活的困境状况却并没有改善，因外出务工所得大部分收入被用于家庭生活，留给自己的养老保障微乎其微，甚至一部分农民工因为给子女结婚、遭遇意外事件等还身负重债。老年时代的第一代农民工面临政策理性的断裂带来的老年危机。这一危机首先表现在他们仅有的自然资本——土地。农村作为中国式现代化发展的缓冲空间和稳定器②，对于农民的重要性不言而喻，土地对于返乡的中老年农民工而言更是他们最后的生存保障。然而，近些年随着城市化工业化步伐的进一步加快，各种关于土地的政策层出不穷，土地流转、宅基地、集体承包等鼓励资本下乡规模经营土地，充分挖掘土地价值的政策是出于国家现代化发展的必然趋势，但对农民而言，集体流转土地的经济收益很低，且失去了对土地的经营权，他们面临的是自然资本的匮乏，生计无以为继。

同时由于农村老年群体存在价值虚化的现象以及作为第一代农民工群体财产过早转移到子代手中，造成了农村老年群体在农村社会中地位整体性下降。在现在的乡村生活中，经验，法律替换礼俗，文字作为庙堂的延伸，法律成为国家意志的贯彻。文字下乡、迎法下乡等离散了乡土社会的礼俗，规训了农

① 朱战辉：《欠发达地区县域城镇化对农民家庭生计的影响机制研究》，《华中农业大学学报（社会科学版）》2021 年第 6 期。

② 贺雪峰：《谁是农民：三农政策重点与中国现代农业发展道路选择》，中信出版社 2016 年版，第 40 页。

村社会的理性①。伴随着当代法律对乡村的社会浸入，消解了乡村权威体系，乡村社会由“长老统治”体系进入制度文明体系中②，在这种理性化的生活方式背后，实质是对农村老人权威的离散，解决邻里纠纷、家庭纠纷的主体转变为进入乡村的法律和庙堂之上的法庭等公共机关，失去权威的老人在乡村社会场域中逐渐边缘化，他们失去了参与村落事务的场域系统，也被排斥于村落事务之外。在现代化工业主导的社会中，老人无论在生产还是生活中都失去了其历史功能和现实价值，农村老人经历了从生理弱势到经济弱势进而再到地位弱势并最终沦为边缘的过程。完成了从农耕社会老人的绝对权威到工业社会老人“去价值化”的转变，现代化工业的主导性在其中扮演了关键性角色。传统农业社会中，老年人具有社会地位和资源掌控优势，在资源分配中起绝对支配作用。作为农业经验的传承者，他们是传统社会的“长老”。正如翟同祖所说：“中国的家族是父权家长制的，父祖是统治的首脑，一切权力都集中在他的手中，家族中所有人口——包括他的妻妾子孙和他们的妻妾，未婚的女儿孙女，同居的旁系卑亲属，以及家族中奴婢，都在他的权力之下，经济权、法律权、宗教权都在他的手里。经济权的掌握对家长权的支持力量极为重大。”③在以土地私有制为基础的小农社会，家庭的生活单位与生产单位的同一性最大限度地维持了家长的权威。传统的乡土社会是一个高度同质性的社会，人们生于斯，长于斯，老于斯，人和人的关系是与生俱来的，是先天性的，而非后天选择，农村是先我而存在的一个生活环境。人们在乡村中守望相助，在生活上相互合作，礼法的延续和传承与自然、社会更替节奏基本保持一致。这种生活方式是以老人为核心，老人作为权威系统的集大成者全面参与并主导着村落事务，是村落事务中的核心与灵魂。作为经验和礼俗传承者的农村老年人，他们具有绝对权威，故传统中国农村是长老统治。

---

① 费孝通：《乡土中国　生育制度》，北京大学出版社 1999 年版。

② 董磊明、陈柏峰、聂良波：《结构混乱与迎法下乡》，《中国社会科学》2008 年第 5 期。

③ 瞿同祖：《中国法律与中国社会》，中华书局 1981 年版，第 5 页。

经历了近现代的社会转型，当前农村社会的生产方式与传统社会已经相去甚远，老年人的经验和价值出现了边际效应递减趋势，他们缺乏知识和技术来进行市场交易以获取相应的经济资源，被排斥于现代化的生产方式之外。可见，农村老年社会地位衰减也是现代化过程中的一个必然现象，是老年人社会撤离的必然结果。中国的现代化是一个逐步推进的过程，也是漫长而痛苦的历程，在这个过程中必然有所偏重和取舍。农村在某种程度上是现代化过程中的后发区域，农民是国家现代化过程中被动作出牺牲的群体。在这个群体中，老年农民无疑是最为脆弱的群体，他们被动进入现代化的图景，被现代化的车轮裹挟着前行，只能看着现代化带给其他群体的美好愿景，而自己却沦落至无力走出的泥淖之中。

第二节　第一代农民工可持续生计视角引入

一、第一代农民工生计系统特性

其一，社会性扰动是影响第一代农民工生计系统关键因素。

由于第一代农民工外出务工与其自然资本关联度不大，其外出务工行为也不是自然资本的缺失或受损而引致的行为，他们外出务工的行为更多的是社会性因素的引致，即乡村—城市的推拉或是二元经济体制下工农比较效益的自发行为，他们的自然资本没有因为他们外出与否而有所改变。故而，其外出务工行为中自然资本的影响偏弱，而他们受到社会性的扰动较为明显，尤其是社会政策的干预直接影响他们的外出生计资源的获得，相关政策法律作为社会性因素会在不同的历史阶段对于他们的生计系统起到不同的影响，故而在现有可持续生计研究中自然资本的依赖性作用对于第一代农民工而言显著性不强，在第一代农民工的可持续生计系统中角色偏弱。

其二，第一代农民工生计策略选择是其生计系统适应性表现。

在本研究中,生计策略是影响农民工整个生计系统的关键,农民工个体的流动以及各种行为的选择几乎都是基于生计策略视角下的个体行动,本研究拟把生计策略具体操作化为第一代农民工不同历史时期的选择性,在原有生计方式不能满足第一代农民工及其家庭生计的时候,农民工采取何种行为来解决这样的生计困境值得我们进一步思考,同时,其所在的社会环境、经济地位和外在的政策对于其生计策略的影响同样异常重要。农民工外出务工实质上是一种通过迁移策略改变其生计形式的行为,其迁移行为将对于其家庭产生何种影响,对于其个体产生哪些影响,都不是一个可持续生计框架能囊括的。综上,在本研究中,首先,生计策略更倾向于定性访谈资料的补充说明,生计策略被界定为经济理性策略,社会关系建构策略,政策应对策略。生计策略的主体应该受生计资本最直接的影响。其次,生计策略应该包括第一代农民工进行相关生计活动的选择过程及这一过程的结果。另外,相关活动的选择和所产生的结果要能体现生计策略的动态变化,并体现出一定的连续性和递推关系,即不光是从生计资本开始,中间的生计活动选择,以及最终的生计结果,所选择的生计策略之间,各个主题之间都要有相互的关联和动态影响。

其三,第一代农民工生计系统自组织性与他组织性。

第一代农民工的生计系统是一个复杂的系统,在此系统中,第一代农民工及其家庭在个体生计资本和生计策略中具有自主性特征,并且结合其生计能力形成一个内在循环不断的自组织系统。在这个组织系统内部,不仅仅是农民工个体的行为选择和生计安排,更多的是以家庭为单位的更大的自组织性。事实上,第一代农民工外出务工的逻辑起点是生存,生存是以家庭为单位的生存安排,在第一代农民工作为核心劳动力离开现有的日常生活场域之外,其他家庭成员都在无意识状态下参与了第一代农民工家庭生计系统的组织和营造,例如代际分工和性别分工等,而且每个家庭成员角色清晰、责任清楚,在这个生计组织系统内,具有自动调适性,能够主动适应,并且维持相对稳定地运行。但是第一代农民工生计系统其特殊性之处在于他们生计系统不仅仅是内部的自我建构，更多地体现为他组织性，他们深受外在阶段性的控制性因素影响，且外在他组织形成的过程经常会影响甚而破坏第一代农民工已有的自组织生计系统。在第一代农民工已经构建了具有相对稳定适应性的外出务工—家庭农业生产相对稳定的生计系统，外来的不可抗的因素经常会扰动这些已有的生计系统内部的自主性，而这些具有极强的他组织性。

二、第一代农民工可持续生计研究框架的恰适性

在现有农民工的研究中，从可持续生计视角研究农民工问题多是基于某一方面视角讨论农民工的困境及其流动后对家庭内部其他群体生活的影响。在宏观上，劳动力外出务工，对于农村社会、农村社区都产生了深远的影响。这些影响一方面包括生活方式的变迁，即现代化和都市化生活方式扩散，农民对物质生活的追求已经超越了精神生活并成为农村社会的主流价值取向。农民的价值观和世界观已经发生巨大改变。另一方面，对农民的生计方式产生了重大影响，农民的生计方式变得单一，原先的农业生产体系已经无法维持，无法满足家庭的需求，外出务工收入几乎是农民工家庭收入的核心来源，外出务工收入支撑了整个家庭的所有支出，对于部分农民工而言，如失去了土地，再失去了劳动力，则其未来生计岌岌可危。游离出土地的农民工并没有与土地完全切割关系，相反，他们还与土地保持着某种程度的亲密关系，一旦在城市失业或是失去劳动能力，他们可以继续依靠土地获得生存。有的学者说我国劳动力实质上“半程转移”，中国劳动力转移也是中国传统家本位下的慈孝文化的反映。在这一生计模式转变过程中，农村社会在这种生计转移中人口出现了时空缺位，这种缺位造就了农村大量的社会弱势群体，作为弱势群体，他们在社会权利、个人资产和生计能力等方面极其匮乏，凸显出其生计模式上的高度脆弱性。[①] 诸多研究者分别从老人农业、农村留守女性、留守儿童等方

① 陈传波:《农户风险与脆弱性:一个分析框架及贫困地区的经验》,《农业经济问题》2005年第8期。

面探讨了农村生计模式变化所产生的后果①②③④⑤。这些研究都聚焦在农村劳动力外流之后对于其他群体所产生的影响,包括对家庭成员的生产方式、生活方式、情感等方面的影响。

现有研究没有对于农民工外出务工过程中的生计问题给予足够关注,针对这一研究视角的缺失,靳小怡等认为,要建立农民工的可持续生计分析框架,该分析框架应该围绕农民工的生计资本进行划分,要把五个相互联系的基本问题纳入一个统一的分析框架系统,这五个相互联系的基本问题是:其一,生计资本的影响因素,哪些因素影响了农民工的生计资本类别及其形式;其二,农民工现在拥有的生计资本存量,用定量数据和定性访谈形式反映出来的生计资本;其三,农民工现有的生计资本组合形式,这些生计组合是如何影响农民工生计策略的选择;其四,农民工采取的生计策略对他们生计后果的影响;其五,政策和制度环境对农民工脆弱性影响以及生计后果如何反作用到生计资本等。可以看出该可持续生计的分析框架不仅强调了农民工的生计脆弱性和生计风险对生计资本的影响,还讨论了宏观层面的政策和制度是如何影响农民工的生计策略选择。而且该分析框架更加关注宏观政策与微观农户个体的交流、沟通,让生计策略形成过程、影响及其后果的理论研究与降低风险冲击及消除贫困的实践相结合。⑥ 故而,该分析框架不仅对农民工的生计、特别是其生计脆弱性背景及其影响因素整理和分析,而且对流动人口的生计策

---

① 高小贤《当代中国农村劳动力转移及农业女性化趋势》,《社会学研究》1994 年第 2 期。

② 方子节、李新然、龙蔚:《论我国农业劳动力的女性化趋势》,《经济问题探索》1998 年第 6 期。

③ 叶敬忠、王伊欢等:《父母外出务工对农村留守儿童学习的影响》,《农村经济》2006 年第 6 期。

④ 李树茁、任义科等:《中国农民工的整体社会网络特征分析》,《中国人口科学》2006 年第 3 期。

⑤ 悦中山、杜海峰等:《农民工小团体现象的探测与分析基于社会支持网络的研究》,《社会》2009 年第 29 卷第 2 期。

⑥ 靳小怡、李成华等:《可持续生计分析框架应用的新领域:农民工生计研究》,《当代经济科学》2011 年第 33 卷第 3 期。

略选择做了细致分析。流动人口的生计问题与农村问题相互交织、互相影响，故而，源于农村贫困问题研究的可持续生计分析框架应用于流动人口的可持续生计分析不但具有实践的可操作性，而且具有理论的契合性影响。农民工流动的因素是多元化的，他们既有可能是因为贫困的推力，也有可能是区域发展失衡状态的拉力①。在某种程度上，第一代农民工的流动过程既是一种生计策略选择的过程，也是生计能力和生计风险的再生产过程。同时，有学者认为人口流动的形式对于生计影响也不相同，国际移民和国内流动对生计的影响也存在差异。故而，当下国内学术界利用可持续生计框架对流动人口的生计问题开展研究较少。但有学者认为运用可持续生计框架研究流动人口必须与特定的社会情境相结合，要充分考虑流动人口所处的时代背景及社会大环境②。目前关注农民工研究的主要是社会学和经济学两个学科，而可持续生计框架则综合了社会学、经济学、人类学和灾害学等学科，为农民工研究提供了更加宽广的理论视野。在解释农民工流动多重影响因素方面，其中既有政策制度的制约，也有文化和观念等作用。而农民工流动过程又会对这些制度和文化等因素产生反向影响。故而，可持续生计分析框架不仅能整合当下农民工研究的多元视角，而且把自然研究中的风险和脆弱性相关概念纳入到农民工研究的范畴之内。③

从第一代农民工的生命历程看，其面临着显而易见的晚年生计危机，故而构建农民工的可持续生计是维持其晚年生活重要维度，本研究针对第一代农民工群体的特殊性，在社会脆弱性研究思路中引入可持续生计研究框架，在可持续研究框架中加入生命历程的影响因素，将原有的可持续生计研究框架改

---

① De HaasH."Migration and development.Atheoretical perspective".*International Migration Review*,Vol.44,No.1,2010,pp.227-264.

② MC.Dowell Cde Haan A,"Migration and sustainable livelihoods:Acriticalre view of the literature",IDS Working Paper Bright on:Institute of Development Studies 1997.

③ 靳小怡、李成华等:《可持续生计分析框架应用的新领域:农民工生计研究》,《当代经济科学》2011 年第 33 卷第 3 期。

造为具有较高的理论指引和现实针对性的研究框架。改进的可持续研究框架主要针对第一代农民工的生命历程过程进行分析，并且探讨其生命历程中的生计策略过程，可持续生计与生计策略密切相关，本研究虽然落脚在可持续生计的建构上，但探讨第一代农民工内部的生计策略亦是理解其生计过程的关键所在。农民工的生计归根结底在于劳动力迁移过程中的生计机会问题。虽然国外研究移民的生计理论也很多，并且有较好的解释框架，但中国的劳动力迁移与西方社会的移民迥然不同，我国农村社会的劳动力迁移实质是生存机会的寻求过程，而在这种生存机会的寻求过程中，农民工群体是以放弃家庭日常生活和家庭完整性作为代价来获得家庭经济条件的改善，而且，在农民工外出务工的过程中，其当地的自然条件并非占据核心因素，相反社会性因素是中国农民工外出务工的核心因素。在国内现阶段研究中，也没有从可持续生计的视角讨论逐渐高龄的第一代农民工的生计问题，现有的研究缺乏一个较为系统的研究框架去解释可持续生计研究过程中的个体和国家的二元关系。第一代农民工的生计困境及其可持续生计的建构都具有其独特的视角。农民工的生计困境不仅来源其经济困境，更因其晚年生活的可预见性较为悲观，故而其生计困境的构成要素是经济、政策和社会文化变迁的过程。第一代农民工可持续生计的构成不能仅仅停留在经济要素的生计维持，而应该是着眼于文化系统、政策支持等多元因素的支持体系。

可见，由于中国第一代农民工群体特殊性，其生计面临困境，为了保障其生计的可持续性，现有的可持续生计框架是一个较为妥当的系统研究框架来应对第一代农民工晚年生计困境。但直接用这个框架来研究这个问题还具有一定的局限性而且无法深入分析和具体化第一代农民工的困境和解决之道。故而，本研究拟结合相关理论和已有的研究成果对该研究框架进行改进和细化，并进一步提升其理论层次，其中生活理性理论成为在研究框架下阐释第一代农民工的生计困境的理论统筹。

三、第一代农民工持续生计研究框架建构

第一代农民工家庭的生计系统是由第一代农民工个体及其家庭、生计资本、生计策略等要素与外部自然资源环境和社会政策环境相互作用而形成的一个复杂系统,本研究将其视为社会互动过程来详细解析第一代农民工的生计系统,并分别讨论第一代农民工生计系统的基本内涵、逻辑结构、运作机制,以期构建第一代农民工生计系统的基本框架体系,为现有的农民工生计问题研究提供新的研究视角。诚如前文所讨论的那样,生计是一个多元的概念,它涉及个体、群体、社会政策、活动过程及其结果。故而讨论个体或群体的生计活动过程必须充分考虑外在社会环境、生计资本、生计策略和生计能力四个维度。在这一过程中农民工个体、社会、市场、国家政策环境密切联系且相互作用,共同形成一个有机的整体。应该说第一代农民工的生计系统中,政策机制作用远高于自然生计资本影响,故而,在第一代农民工的生计系统中,社会—生计系统是其关键分析要素。

本研究在于阐述第一代农民工可持续生计系统的各个组成部分,以厘清本研究中关于农民工可持续生计的要素。把生活理性引入可持续生计框架具有重要的学术和政策意义,截至目前,生计分析并没有固定的形式和内容,生计分析多基于现有的定量资料进行分析,第一代农民工的可持续生计框架拟引入生活理性解释框架,辅以可持续生计的人力资本要素,个人选择特征、家庭特征和生活区域,社会政策要素这些都是影响第一代农民工的晚年生计困境的重要因素,尤其是在社会政策维度,是解释第一代农民工生计困境重要的制度因素。因而现有的可持续生计分析框架主要是基于微观视角对于贫困个体的分析,缺乏宏观政策视角解读其生计脆弱性,在本研究的第三章事实上已经引入了政策分析维度,主要从社会保障和社会福利分析视角出发讨论农民工社会政策演变历程。

在图 4-1 中清晰地展示了在本研究中可持续生计的研究过程,勾勒了第

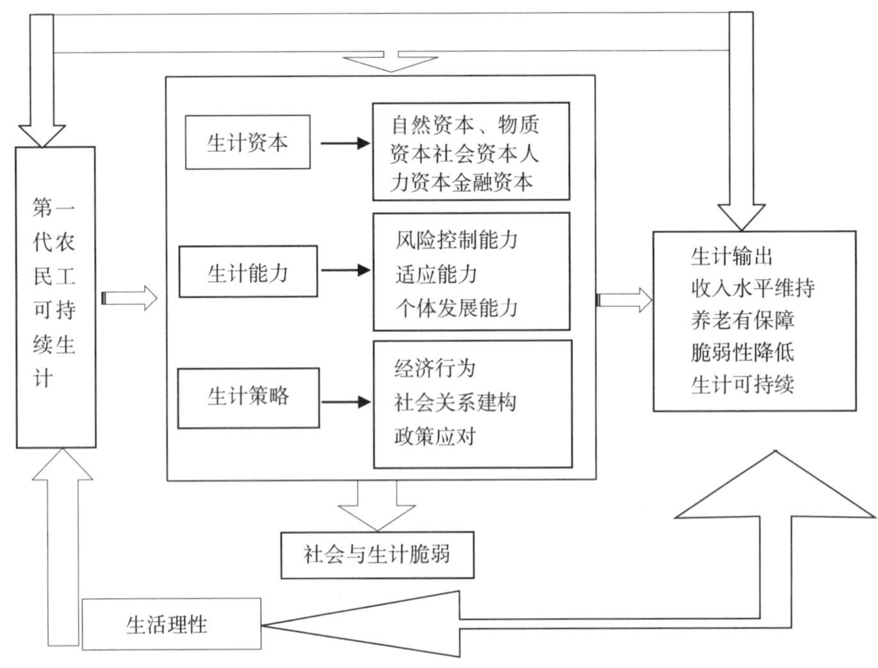

图 4-1　第一代农民工可持续生计研究框架的思路图

一代农民工社会脆弱性背景，在此背景下分析第一代农民工的务工历程及其行为选择，主要围绕其现有的生计资本、生计能力和生计策略三个维度阐述其可持续生计的构建过程及其预后效果，并围绕可持续生计三个向度分析第一代农民工生计后果，故而在本研究中，分别对生计资本、生计能力和生计策略三者做出相关分析，并总结出第一代农民工的可持续生计的特征即社会脆弱性特征与生活理性策略，并在此基础上构建第一代农民工的可持续生计模式，实现其可持续生计的稳定输出，即降低其生计脆弱性并维持生计收入。

第三节　第一代农民工可持续生计研究指标与权重设计

在本研究中，经过前期对调查问卷的仔细分析和反复筛选，在具体指标建构上，本研究按照可持续生计的三个维度上进一步细化各一级指标和二级指标，充分结合第一代农民工实际情况，设计具有针对性较强的二级指标，并对二级指标进行赋权和定义，以期为下一阶段的分析做好前期准备。

第一代农民工的可持续生计框架为生计资本、生计策略和生计能力三个子框架，在每一个研究框架下分别设置一级指标和二级指标若干，以期进一步揭示该研究内容的限制和关系。在生计资本下设置了五个一级指标，分别是自然资本、物质资本、人力资本、金融资本和社会资本。在自然资本下又依据实际情况设计耕地和区域优势两个二级指标来衡量第一代农民工的自然资本情况。在具体的指标定义上采取二分法来定义，便于后期分析和操作化。物质资本测量指标以第一代农民工的家庭住房估值、家庭道路情况以及基础设施三个二级指标作为测量维度，在人力资本测量方面本研究结合已有的参考文献，具体操作化为年龄、受教育程度、外出务工年限及是否签订劳动合同情况几个二级制指标来测量人力资本情况，需要说明的是劳动合同签订情况是考察其工作稳定性与否的指标。在金融资本方面本研究以年收入、家庭存款数额以及借款情况测量；社会资本的衡量则以家庭中是否有乡镇干部、本人是否在社会组织中担任过相关职务、初职获得途径以及是否在就职的企业中担任中层以上领导四个二级指标作为衡量标准。在生计策略的具体指标设计方面，由于学术界针对农民工的生计策略研究较少，关于生计策略的研究多见于失地农民或易地搬迁扶持的生计策略选择。在本研究中，第一代农民工的生计策略选择具有较强的主体性，难以简单参照其他群体的生计策略指标，故而，在本研究中基于第一代农民工的实际情况，运用了经济选择策略、政策应对策略和社会关系建构策略三个二级指标来具体解释其生计策略与生计资本和生计能力的关系。在生计能力的测量方面本研究也参考了其他相关研究，结合第一代农民工的实际情况，把其具体化为社会适应能力、抗风险能力与个体自我发展能力三个二级指标。在各级具体指标的定义方面，限于篇幅，请参见表 4-1 里面的详细定义，不再一一介绍。

表 4-1　第一代农民工可持续生计研究指标与权重设计

生计框架	一级指标	二级指标	指标定义	熵值权重	标准差
生计资本	自然资本	是否耕地	否=0,是=1	0.1935	
		地区优势	否=0,是=1	0.8065	
	物质资本	住房估值	无房=0,5 万以下=0.2,10 万以下=0.3,15 万以下=0.4,16 万以上=0.5	0.0943	
		道路情况	否=0,是=1	0.8151	
		基础设施	很差=0.1,较差=0.2,一般=0.3,良=0.4,优=0.5	0.0906	
	人力资本	年龄	61 岁及以上=0.2,51—60 岁=0.3,41—50=0.4	0.0872	
		受教育程度	小学及以下=0.1,初中=0.2,高中=0.3,大专及以上=0.4	0.2901	
		务工年限	5 年及以下=0.1,6—10=0.2,11—15=0.3,16—20=0.4,21 以上=0.5	0.1065	
		劳动合同	否=0,是=1	0.5162	
	金融资本	年收入	1 万及以下=0.1,1—3 万(含 3 万)=0.2,3—5 万(含 5 万)=0.3,5 万以上=0.4,10 万以上=0.5	0.1634	
		存款	1 万及以下=0.1,1—3 万(含 3 万)=0.2,3—5 万(含 5 万)=0.3,5 万以上=0.4,10 万以上=0.5	0.5212	
		借贷	是=0,否=1	0.3154	
	社会资本	乡镇干部	无=0,有=1	0.3154	
		社会组织	无=0,有=1	0.3013	
		初职获得	非社会网络渠道=0,社会网络渠道=1	0.3896	
		中层领导	否=0,是=1	0.0464	

续表

生计框架	一级指标	二级指标	指标定义	熵值权重	标准差
生计策略	经济行为	何时停止工作:			
		60 岁及以下	虚拟变量(选择 60 岁以下停止工作=1)		0.346
		65 岁及以下	虚拟变量(选择 65 岁以下停止工作=1)		0.374
		70 岁及以下	虚拟变量(选择 70 岁以下停止工作=1)		0.274
		干不动为止	虚拟变量(选择干不动为止停止工作=1)		0.488
		存钱养老	虚拟变量(提前为养老存钱=1)		0.490
	政策应对	养老保险费用:			
		无:	虚拟变量(没有养老保险=1)		0.440
		350 元及以下	虚拟变量(养老保险低于 350 元及以下=1)		0.500
		1500 元及以下	虚拟变量(养老保险低于 1500 元及以下=1)		0.337
		1500 元以上	虚拟变量(养老保险在 1500 元以上=1)		0.295
	关系建构	关系保持	定序变量(1—5),1=不再联系,5=持续联系		0.867
生计能力	适应能力	与雇主关系	很差=0.1,较差=0.2,一般=0.3,较好=0.4	0.1563	
		社会融入度	是=1,否=0	0.6437	
	抗风险能力	家庭风险	全部=0.2,部分=0.3,基础=0.4,没有=0.5	0.2370	
		健康风险应对	很差=0.1,较差=0.2,一般=0.3,较好=0.4,很好=0.5	0.7630	
	发展能力	家乡生计机会	是=1,否=0	0.8308	
		收入多样化	是=1,否=0	0.0108	
		技术培训	是=1,否=0	0.1584	

第四节　小　结

本章核心内容在于引入第一代农民工可持续生计思路,鉴于前面在第一代农民工相关社会政策分析基础上,第一代农民工的社会政策支持力度不足。

故而在考察第一代农民工家庭生计变迁的过程中，虽然基于家庭生计最大化的实践策略，第一代农民工选择家庭内部的性别分工和代际分工，女性和老人留守在家负责维持家庭正常运转，并进行农业生产，而正当青壮年的第一代农民工则在20世纪80年代中后期离开家乡奔赴城市以获取经济资源支持家庭的生产和发展。在第一代农民工务工的生命历程中，他们在社会政策范畴内经历了一个由排斥走向承认的过程，虽然现有的社会政策在价值取向上已经承认了农民工群体的身份和肯定了他们的历史贡献，但是对于农民工群体而言，既有的社会政策无力改变他们现有的社会阶层低下，经济收入不稳定、次级市场的弱势累积而致的社会边缘者身份。故而在学术界关于农民工生计研究的基础上，本部分引入了生计可持续的思路，在缓解第一代农民工的生计困境和未来的生活预期方面，可持续生计应该具有较好的恰适性。在可持续生计的研究框架建构中，本研究把第一代农民工的可持续生计具体操纵为三个向度即生计资本、生计策略和生计能力。同时，在这三个维度上进一步地展开，围绕各自二级指标构建了完整的指标体系，以期为后面的分析做好无量纲化。

第五章　第一代农民工可持续生计资本分析

第一节　第一代农民工生计资本描述性分析

一、生计资本介绍

从目前学术界对可持续生计分析框架的研究可以看出，该框架运用于第一代农民工研究具有较好的描述性和针对性，学者依据生计资本的作用和角色把他们分成五类，即社会资本（S）、人力资本（H）、自然资本（N）、物化资本（P）、金融资本（F），组成了“生计五边形”的分析框架。在本研究中生计资本也是按照学术界同行界定标准，界定为五个维度，即社会资本、人力资本、自然资本、物化资本、金融资本。物质资本代表着第一代农民工的生计能力，是决定农民工是否有能力进行某种生计活动的关键。学术界关于“社会资本”的确切定义尚没有达成一致的认知，作为生计资本的“社会资本”是指人们为了维持生计可持续性所能运用的社会资源情况，针对第一代农民工而言，则指他们拥有的社会关系网情况。人力资本则指社会个体运用不同生计策略实现生计可持续的目标而拥有的知识、教育、健康等个体特征。自然资本是指个体所拥有的自然资源储备，具体包括气候、自然环境、土地等资源。物化资本通常包括基础设施和相关的生产资料。金融资本指社会个体实现生计可持续的金融资源,金融资源包括可支配的现金和存款等①。

对第一代农民工而言,他们生活环境具有外部脆弱性特征,即在传统的农业生产中,他们生计效果依赖于季节性、自然环境、外部环境变化。同时政府等宏观社会政策因素的不确定性对农民工的生计都会造成直接或间接的影响,在第一代农民工的可持续生计系统中,有两个关键系统:其一是人力要素资本,农民工外出务工唯一的资本就是人力要素资本,劳动力,而当其失去劳动力之后,人力资本要素几乎消失,其面临的生计困境是自然资源无法弥补的;其二是物质资本,物质资本主要考察第一代农民工外出务工期间所积累的外在物质财富,或者其所拥有的物质财产,而在学界已有的研究中,发现第一代农民工的物质资本储备几乎为零,即其务工期间所有的收益没有转换为其物质资本,故而,当其丧失劳动力或是在遭遇市场排斥后,外在生存环境脆弱,内在积累不足,进一步加深了其生存脆弱性。

表 5-1　生计资本分类与定义②

生计资本类型	含义	
物质资本	个体或家庭所有拥有或可能拥有的物质资本。	指个体或者家庭所拥有的生产资料和基础设施以及其他可以直接或间接使用的物品或产品。如房屋、生产工具、交通工具、水利设施等。
金融资本	用来实现生计目标的资金资源。	可以利用的积蓄以及经常的资金流入,如收入、报酬,从外面寄回来的汇款、抚恤金等。
人力资本	农户生计的基础。人力资本决定于可用劳力的数量和质量。	健康、知识和技能、劳动能力、适应能力等。

① 袁斌:《失地农民可持续生计研究》,大连理工大学博士论文,2008 年。

② 靳小怡、李成华等:《可持续生计分析框架应用的新领域:农民工生计研究》,《当代经济科学》2011 年第 33 卷第 3 期。

续表

生计资本类型	含义	
社会资本	人们可以用来实现他们生计目标的社会资源。	社会关系和联系；作为更为正式的组织、团体成员，提高互助、参与决策、实现共同目标和对外的集体诉求的能力；在直系亲属、亲戚、邻居、朋友之间信任、互助和交换关系，通过合作来度过困难、减少成本，并可能成为贫困农户之间非正式的安全网络。
自然资本	个体或家庭所能享有或可以使用的外部资源环境生活的自然资源。	其生计所依靠的资源及其服务，土地和产出、水和水产资源、树木和林产品、野生动物、野生食物和纤维植物、生物多样性、环境服务等。

二、第一代农民生计资本统计描述

（一）第一代农民工的物质资本

土地是中国农民最重要的生产资源，也是衡量农民工拥有自然资源的重要指标，社会个体拥有的土地数量越多则意味着其自然资本也越丰沛①。有学者在关于农民工外出务工决策过程与其土地相关性的分析中发现，农民工外出务工可能性与其拥有的土地是负相关的②。同时农民工的房屋价值也成为衡量农民工物质资产的重要指标，尤其是第一代农民工家庭房屋情况直接影响其未来生计。本研究主要针对第一代农民工家中耕地情况进行统计分析，作为最重要的自然资本，土地的拥有情况直接影响农民工对于未来的生活期望，农民工在退出城市务工状态后，返回家乡，最主要的生活来源依然是土地。故而土地是农民工退休之后重要的生活来源。在本研究中，依然耕种土地的农民工占比 61.4%，土地流转的占比 25.9%，不再耕种土地的占比 12.6%。大部分外出农民工依然保留了土地耕种权利，少部分农民工不再继续耕种土地。

① 李小云、董强等：《农户脆弱性分析方法及其本土化应用》，《中国农村经济》2007 年第 4 期。

② 鲜祖德：《小城镇建设与农村劳动力转移》，中国统计出版社 2001 年版。

表 5-2　家中是否继续耕种土地

家中耕地情况		频率	百分比	有效百分比	累积百分比
有效	继续耕种土地	1417	61.4	61.5	61.5
	家里承包土地已经流转了，不再耕种土地	598	25.9	25.9	87.4
	拆迁或者是征地后家里没有土地了	290	12.6	12.6	100.0
	总计	2305	99.9	100.0	
缺失	系统	3	0.1		
总计		2308	100.0		

另外，交通便利性对于农民工生计的影响是多重的，住所交通便利影响他们对于未来生活的认知，越是靠近公路的家庭其对于未来生活越持有乐观态度，反之，越是远离公路的，对于未来生活越不乐观。同时也影响其年老回家之后生计计划的获取，可见便捷的交通方式对于第一代农民工生计的构建影响较大。

表 5-3　家庭是否靠近公路

是否靠近公路		频率	百分比	有效百分比	累积百分比
有效	是	1067	46.2	47.3	47.3
	否	1188	51.5	52.7	100.0
	总计	2255	97.7	100.0	
缺失	系统	53	2.3		
总计		2308	100.0		

农民工的住房状况是影响其未来老年生活核心因素，在访谈中，有21.6%的受访者表示其房屋价值在5万元以下，5万元房屋在农村可能就是较为破旧的房屋，只能勉强居住，31.7%的农民工房屋价值在6万—10万，房屋估价与农民工判定自己工作的情况高度相关，估价越高的农民工其在65岁之前退休的可能性越大。对自己房屋估价在11万以上的农民工比例为

43.5%,其中约有16%的农民工在城市购房,在城市购房意味着其不再返回农村,其已经完全融入城市生活。

表5-4 第一代农民工家庭房屋估价

住宅价值		频率	百分比	有效百分比	累积百分比
有效	5万元以下	499	21.6	21.9	21.9
	6万—10万	731	31.7	32.1	53.9
	11万—15万	405	17.5	17.8	71.7
	16万以上	587	25.4	25.7	97.5
	家中没有房屋	44	1.9	1.9	99.4
	其他	14	0.6	0.6	100.0
	总计	2280	98.8	100.0	
缺失	系统	28	1.2		
总计		2308	100.0		

表5-5 第一代农民工在城市务工住房状况

住房情况		频率	百分比	有效百分比	累积百分比
有效	单位提供免费住房	681	29.5	29.7	29.7
	租房	904	39.2	39.4	69.1
	城市购房	382	16.6	16.7	85.7
	其他	223	9.7	9.7	95.5
	无	104	4.5	4.5	100.0
	总计	2294	99.4	100.0	
缺失	系统	14	0.6		
总计		2308	100.0		

(二)第一代农民工的金融资本描述性分析

第一代农民工金融资本主要分为月收入和家庭贷款、存款、家庭总收入。

就经济收入方面，农民工进入城市收入虽较农业生产有所提高，但此时的参照群体已发生改变，由农民转变为城市居民。相较于城市居民，他们在经济上显然处于社会底层，社会资本的薄弱和人力资本的匮乏限制了他们向上流动的通道，使其只能从事简单密集的重复性劳动，并仅能获得较低的经济报酬。因第一代农民工社交圈的狭窄，他们在急需经济支援时只能将求助对象限制在同乡的亲戚和朋友中，对于他们而言很难得到充分的经济帮助。国家和当地政府同样对第一代农民工提供的经济支持是有限的，他们更多被作为政策和制度的局外人。

在本研究中，第一代农民工的月收入大部分在3000—5000元之间。1000元以下的主要集中在个体户上。农民工的月收入几乎和中国农民工的平均收入持平，据中国农民工调查统计报告显示，中国农民工的平均月收入分行业看，农民工就业集中的六大主要行业月均收入继续增长。其中，从事制造业农民工月均收入4096元，从事交通运输仓储和邮政业农民工月均收入4814元，从事建筑业农民工月均收入4699元，从事住宿餐饮业农民工月均收入3358元；从事批发和零售业农民工月均收入3532元；从事居民服务修理和其他服务业农民工月均收入3387元。

表5-6　第一代农民工的月收入

月收入		频率	百分比	有效百分比	累积百分比
有效	1000元以下	98	4.2	4.3	4.3
	1001—3000	685	29.7	30.0	34.3
	3001—5000	839	36.4	36.8	71.1
	5000元以上	659	28.6	28.9	100.0
	总计	2281	98.8	100.0	
缺失	系统	27	1.2		
总计		2308	100.0		

表 5-7　第一代农民工家中总存款

存款		频率	百分比	有效百分比	累积百分比
有效	没有存款	343	14. 9	15. 2	15. 2
	1 万以下	182	7. 9	8. 1	23. 3
	1 万—2 万	221	9. 6	9. 8	33. 1
	2. 1 万—3 万	186	8. 1	8. 2	41. 3
	3. 1 万—4 万	55	2. 4	2. 4	43. 8
	4. 1 万—5 万	258	11. 2	11. 4	55. 2
	5. 1 万—7 万	112	4. 9	5. 0	60. 2
	7. 1 万到 9 万	89	3. 9	3. 9	64. 1
	9. 1 万—10 万	283	12. 3	12. 5	76. 6
	10. 1 万—15 万	143	6. 2	6. 3	83. 0
	15 万—20 万	167	7. 2	7. 4	90. 4
	20 万—30 万	113	4. 9	5. 0	95. 4
	30 万以上	104	4. 5	4. 6	100. 0
	总计	2256	97. 7	100. 0	
缺失	系统	52	2. 3		
总计		2308	100. 0		

农民工的月收入、家庭总收入和存款是衡量农民工家庭经济资本的重要指标，农民工的经济收入有了较大提高，同时农民工家庭存款也有较大改善。数据显示，没有存款数额的仅有 15. 2%，存款在 3 万元以下的占比 41. 3%，表明第一代农民工的家庭财富储备较少，抵抗风险的经济资本不充分。在表 5-7 中有两个数据较为明显，储蓄在 4 万—5 万之间占比为 11. 4%；9 万—10 万之间的占比为 12. 5%。这个现象在后面的分析中会进一步分析其相关因素。

在本研究中，农民工家庭总收入在 1 万元以下的约有 3. 9%，在 1 万—5 万之间的有 39. 9%，在 5 万—10 万之间的有 39. 7%。10 万以上的有 16. 5%。

从存款总数上看，有15.2%的第一代农民工没有存款，存款数量在1万以下的占比约为23%，存款数额普遍偏低，存款数额在1万—5万之间的为31.9%。5万—10万之间的为21.4%。存款数量在10万以上的占比23.4%。且存款数额与年龄高度相关，年龄越大，存款的数额越高。

表5-8　第一代农民工一年家庭总收入

家庭总收入		频率	百分比	有效百分比	累积百分比
有效	1000元—1万元	90	3.9	3.9	3.9
	1.1万—1.5万	61	2.6	2.6	6.5
	1.5万—2万	153	6.6	6.6	13.2
	2.1万—3万	220	9.5	9.5	22.7
	3.1万—4万	130	5.6	5.6	28.3
	4.1万—5万	357	15.5	15.5	43.8
	5.1万—7万	307	13.3	13.3	57.1
	7.1万—9万	229	9.9	9.9	67.1
	9.1万—10万	380	16.5	16.5	83.5
	10.1万—15万	183	7.9	7.9	91.5
	15万—20万	135	5.8	5.9	97.3
	20万—30万	38	1.6	1.6	99.0
	30万以上	24	1.0	1.0	100.0
	总计	2307	100.0	100.0	
缺失	系统	1	0.0		
总计		2308	100.0		

（三）第一代农民工社会资本的描述性分析

社会资本是实际或潜在资源的集合，这些资源与相互默认或承认的关系所组成的持久网络有关，是社会关系的总和，而且这些关系或多或少是与制度化的关系相关，社会资本由两部分组成：一是由个体借以获取与之相关群体资源的社会关系;二是群体内个体可获得的资源数量和质量。科尔曼则认为社会资本发源于紧密联系的社会网络,是人力资本的创造、传递和获得的经济社会条件,①林南则将社会资本视为社会个体在有目标性行动中获取和动员、嵌入在社会结构中的资源②。故而,社会资本具有无形性,以社会文化、社会关系、社会凝聚力、社会倾向性和社会价值观等形式内嵌于社会网络关系之中,会影响社会个体的心理、行为及地位,在宏观上,社会资本通过影响某个群体在社会交往中相互作用的数量和质量而对经济和社会的发展产生影响③。总之,社会资本理论所具有的宏观—微观的鸿沟弥合作用,对我们通过社会支持网络来分析农民工的生计支持问题具有重要的理论指引作用。

第一代农民工大多出生于20世纪60年代,在改革开放所带来的国家经济发展的红利刺激下,在80年代外出务工,其自身发展经历与时代变革牢牢交织在一起。作为农村社会中的微观单元,农村家庭普遍性的贫困,这种贫困状态可视为第一代农民工劣势累积的原点,由家庭产生的累积效应囿于社会—家庭,国家—个人二元对立的格局中。第一代农民工出生于农村,在集体化时代,农民被制度和政策困于斯、生于斯、长于斯的土地,每家每户的男女老少集体劳作共同收成。家庭联产承包责任制的推行并没有带给当时中国农民更多的机会成本,相反由于农民生产积极性提高,作为家庭核心劳动力的第一代农民工被进一步强化了与土地的联系,因为土地是唯一能够给他们带来生计的资源,分田到户,农户家庭更把家庭资源聚焦在唯一的生计资源——土地上,他们为此不计成本地进行投入包括劳动力和其他生产资料。但这些投入也仅仅是满足了温饱而已,解决了迫在眉睫的生存问题,这些收益远远不够维持家庭运转的基本支出,比如儿子结婚等其他支出。伴随着第一代农民工的

① Coleman, J. S, *Foudation of Socal Theory*, Cambrige: Belknap Press of Harvard University Press, 1990.

② 林南:《社会资本:关于社会结构与行动的理论》,社会科学文献出版社2020年版。

③ 李树茁、杜海峰等:《农民工的社会支持网络研究》,社会科学文献出版社2008年版,第20页。

长大成人，家里承包的土地已经无法再继续支持家庭代际的再生产，向外拓展，向城市流动也成为必然的选择。

人力资本包括个人的受教育程度和技能、劳动力健康状况和数量。对于第一代农民工而言，在土地上挥洒汗水并不只是他们唯一的人生轨迹，能否接受教育也是个人生命历程中的重大事件，并对个人人力资本的强弱起到关键性作用。然而在教育方面，他们更多地被当作家里劳动力的一分子，而不是一个适龄上学的儿童。从性别特征视角看，中国传统文化把女性的活动场域更多地局限在家庭和农田，相比于女性，男性则有更多的受教育机会，但是这种机会和城市里的儿童相比却如凤毛麟角，对于整个家庭而言农业所得只能勉强维持家庭温饱，实在承担不起额外的教育支出，他们的劳动才是对家庭最大的贡献。同时国家在这一时期号召以农补工，所以他们在学龄期不仅难以接受高质量的教育，因劳作繁忙还频繁出现辍学和退学的现象。教育上的弱势在他们的一生中都留下了痕迹，并直接导致他们人力资本的弱势起点。与城市居民相比，人力资本弱势给第一代农民工带来的后果是显而易见的，在就业方面，他们只能选择那些低收入的体力劳动，时间长强度大的体力劳动占用了他们有限的时间，使他们没有精力去提高自己的人力资本水平①，陷入人力资本低下的恶性循环。

社会资本是嵌入社会网络的资源，植根于社会网络和社会关系中。第一代农民工进城之前的社会交往都是基于地缘、血缘而发生的，因而他们社会关系也仅局限于农村及邻村。强关系的社会网络把他们领入城市大门，根据访谈材料和数据，第一代农民工大多数是经亲戚、同乡介绍而进入城市找到第一份工作。他们在这时，与其说是追求物质上的生存和满足，还不如说是寻求一种安全感和依赖感②。

---

① 张新岭：《社会资本、人力资本与农民工工作搜寻和保留工资》，《人口与发展》2010 年第 16 卷第 5 期。

② 黄凤：《农村流动劳动力的社会资本研究》，《社会》2002 年第 11 期。

城乡发展的鸿沟和社会身份的低下进一步瓦解了第一代农民工的社会认同，自身心理障碍和城市的低认同感使他们在城市中的社交圈依然滞留于农村初级群体，出门在外的第一代农民工寻找工作、情感倾诉、休闲娱乐主要依靠一同打工的亲戚、老乡和工友，很少会介入城市的社会网络。他们变成了城市社会的“边缘人”，身处同一片时空，心在两个世界，这也严重影响了他们的城市融入和自身发展。传统型社会资本仅能满足生存需求，个人的社会发展亟须他们融入城市，并在城市构建社会资本。农民工社会地位低下，难以融入城市主流，使得他们抗风险能力及恢复能力较低，社会互助能力较弱，生命历程中负向生命事件的发生，例如失业、疾病、意外事件等常常将他们置于孤立无援的境地。为了更好地描述第一代农民工生计薄弱问题，本书将第一代农民工从国家和政府中获得的社会资本也包含在内①。第一代农民工在国家取消城乡流动限制的情况下进入城市，国家和地方城市对于农民工的保障水平是很低的，大多数农民工除了新农合外没有其他类型的保险福利，在本应该由公司企业提供的保障方面也遭受城乡户籍差距的特别对待。在医疗、教育、社会保障方面，当地政府给予城市居民的待遇从未在农民工身上得到实践，反而倒转舆论导向，使农民工遭到社会和居民的双重歧视。在学术界，社会网络既是一种研究方法，同时其本身也是一种研究对象，本研究中社会关系网络指社会个体之间的社会联系程度或相互之间的支持性关系。② 本研究把第一代农民工社会关系网络进一步细化为求职、获得帮助和社会融入情况。农民工的求职网络对于农民工的生计维持而言异常重要，帮助就业是农民工的社会支持网络最重要的功能之一③。对于第一代农民工而言，社会支持网络系统对于其外出务工有着非常重要的作用，甚而是其生计策略的重要影响因素。社

---

① 苏飞、庞凌烽等：《生计资本对杭州市农民工生活满意度的影响》，《浙江农业学报》2014年第26卷第1期。

② 李树茁、任义科：《中国农民工的整体社会网络特征分析》，《中国人口科学》2006年第3期。

③ 李良进、风笑天：《试论城市农民工的社会支持系统》，《岭南学刊》2003年第1期。

会支持是人们从社会中所得到的、来自他人的各种帮助①。社会支持有两个向度：正式社会支持与非正式社会支持，正式的社会支持主要指来自政府、社会等各种制度性支持，非正式的社会支持主要来自于家庭、亲友邻里同事和非正式社会关系的非制度性支持。本研究主要涉及农民工的非正式社会支持，并依据研究的需要把其划分为实际支持、情感支持和社会经济支持。所谓的实际支持是指在遇见困难时候可以直接提供支持的人，情感支持是指在遇见情绪困境时候可以诉说和谈心的人选。

第一份工作来源：亲朋好友介绍的占比为70.1%，自己主动到用人单位去寻找的占比为16.7%。由以上分析中可以看出在初次外出时候，农民工的社会关系网络主要还是集中在亲朋方面，当农民工重新再找工作时候，其社会关系网络有所扩大，其社会关系网络发生了较大变化，同村人介绍比例仅有25.4%，不是同一个地方的熟人朋友介绍占比为47.7%，同时老板介绍和自己寻求工作的比例也出现明显上升，说明第一代农民工在外出务工中其社会关系网络质量有了较大的提升，但是他们的社会关系网络依然聚焦在其非正式支持中。

表5-9　第一代农民工的第一份工作来源情况

第一份工作来源		频率	百分比	有效百分比	累积百分比
有效	通过亲戚朋友介绍	1618	70.1	70.7	70.7
	自己主动到用人单位去找	383	16.6	16.7	87.4
	通过当地城市劳务市场	252	10.9	11.0	98.4
	政府劳务派出	37	1.6	1.6	100.0
	总计	2290	99.2	100.0	
缺失	系统	18	0.8		
总计		2308	100.0		

① 张文宏、阮丹青：《城乡居民的社会支持网》，《社会学研究》1999年第3期。

表 5-10　第一代农民工第二次找工作的途径

第二次找工作途径		频率	百分比	有效百分比	累积百分比
有效	同村人介绍	296	12.8	25.4	25.4
	自己熟悉的朋友介绍（不是同一个地方的人）	555	24.0	47.7	73.1
	原先老板介绍	49	2.1	4.2	77.3
	自己在务工市场找	205	8.9	17.6	94.9
	其他途径	59	2.6	5.1	100.0
	总计	1164	50.4	100.0	
缺失	-3.00	1135	49.2		
	-2.00	1	0.0		
	系统	8	0.3		
	总计	1144	49.6		
总计		2308	100.0		

第二节　第一代农民工生计资本构成与权重描述性统计

“可持续生计”是指个人或家庭为实现长远稳定的生活目标所拥有和获得的谋生能力、资产和获取收入的活动。可持续生计框架为学术界提供了全新的分析视角，为系统全面地认识农民工生计问题提供新的研究贫困群体分析范式。综合考虑各种生计资本要素并结合第一代农民工生计的特点，对原有的生计资本进行修改，物质资本、人力资本、金融资本、社会资本和自然资本分别进行赋值，并进行相关指标定义。

一、生计资本研究的指标建构

关于第一代农民工可持续生计研究，本研究重点在于讨论第一代农民工生计系统的独特性和其面临风险的应对措施和应对能力，故而在衡量其可持续生计的具体变量上除了按照学术界既有的研究框架进行相关指标设计外，本研究针对性地设计了相关变量来反映第一代农民工面临的风险和生计策略、生计机会等。问卷包括自然、金融、物质、人力和社会资本五种生计资本，在调查中，每个访谈对象均被问及拥有土地、家乡的自然资源优势等自然资本方面问题，在指标定义上用0=否，1=是。家庭房屋估值和家庭距离道路情况以及基础设施的信息则用来测量其物质资本。家庭的房屋估值指标定义为：无房=0，5万以下=0.2，10万以下=0.3，15万以下=0.4，16万以上=0.5；在家庭距离道路的指标中，0表示不在道路边上，1表示靠近道路，交通便利。家乡基础设施认知中，0.1表示很差，0.2表示较差，0.3表示一般，0.4表示良好，0.5表示优秀。受访者的年龄、受教育程度、务工年限以及劳动合同签订情况等用来测量其人力资本状况。年龄中，61岁及以上=0.2，51—60岁=0.3，41—50岁=0.4；受教育程度中，小学及以下=0.1，初中=0.2，高中=0.3，大专及以上=0.4。在务工年限上，5年及以下=0.1，6—10年=0.2，11—15年=0.3，16—20年=0.4，21年以上=0.5，劳动合同签订上，0表示没有签订劳动合同，1表示签订劳动合同。家庭年收入、存款数量和借贷情况是测量其金融资本状况；家庭年收入和家庭存款数在1万及以下=0.1，1—3万（含3万）=0.2，3—5万（含5万）=0.3，5万以上=0.4，10万以上=0.5，在借款方面，0=是，1=否。

家庭成员中是否有乡镇干部、是否做过中层领导、是否隶属于某一组织以及他们初职获得情况这些用来测量第一代农民工的社会资本状况。在是否有乡镇干部、是否做过中层领导、是否隶属于某一组织定义方面，否=0，有=1，初职获得方面，非社会网络渠道=0，社会网络渠道=1。具体操作过程如表5-11所示。

表 5-11　生计资本指标构成与权重

资本类型	测量指标	指标定义	熵值权重
自然资本	是否耕地	否=0,是=1	0.1935
	地区优势	否=0,是=1	0.8065
物质资本	住房估值	无房=0,5 万以下=0.2,10 万以下=0.3,15 万以下=0.4,16 万以上=0.5	0.0943
	道路情况	否=0,是=1	0.8151
	基础设施	很差=0.1,较差=0.2,一般=0.3,良=0.4,优秀=0.5	0.0906
人力资本	年龄	61 岁及以上=0.2,51—60 岁=0.3,41—50 岁=0.4	0.0872
	受教育程度	小学及以下=0.1,初中=0.2,高中=0.3,大专及以上=0.4	0.2901
	务工年限	5 年及以下=0.1,6—10 年=0.2,11—15 年=0.3,16—20 年=0.4,21 年以上=0.5	0.1065
	劳动合同	否=0,是=1	0.5162
金融资本	年收入	1 万及以下=0.1,1—3 万(含 3 万)=0.2,3—5 万(含 5 万)=0.3,5 万以上=0.4,10 万以上=0.5	0.1634
	存款	1 万及以下=0.1,1—3 万(含 3 万)=0.2,3—5 万(含 5 万)=0.3,5 万以上=0.4,10 万以上=0.5	0.5212
	借贷	是=0,否=1	0.3154
社会资本	乡镇干部	无=0,有=1	0.3013
	社会组织	无=0,有=1	0.3896
	初职获得	非社会网络渠道=0,社会网络渠道=1	0.0464
	中层领导	否=0,是=1	0.2627

二、其他控制变量指标描述

基于课题研究需要,本研究建立了系列被解释变量作为生计资本变量的被解释,以期获得其相关性。

被解释变量主要集中在对于未来生活预期与养老能力和养老安排上。未来生活预期是连续变量(1—5)测量,1=非常担忧,5=充满希望。在针对养老保险对于自己未来生活预期的保障作用上,作为定序变量(1—5)来测量,1=完全没有用,5=非常有用。

在养老方式选择上,主要按照子女养老、自我养老、养老院与政府养老这几个维度来测量第一代农民工未来养老的选择,建构虚拟变量。凡选择该变量均=1。在面对未来老年生活可能的困境上,分为缺少生活资金,缺乏子代照料、身体健康状况、不知道在哪里养老以及担心养老条件太差五个维度,也建立了虚拟变量,凡是选择该变量的=1。在养老地点的选择上,以返乡独自居住、城镇、跟随子代同住以及务工地养老四个具体变量测量,同样作为虚拟变量,凡是选择该变量的=1。在社会人口背景分析中,女性作为参照项,男性=1,户籍地址作为分类变量加入分析中,1=东部地区,2=中部地区,3=西部地区。同时本研究也考察了农民工的工作稳定性,作为定序变量,定序变量,按照1—4排序,1=今年没有换过;2=换过1次;3=换过2次;4=换过3次及以上,月收入同样作为定序变量按照1—4排序,1=1000元以下;2=1001—3000元;3=3001—5000元;4=5000元以上。务工动机的考察上按照从众心理、家庭需求、个体自我发展和城市向往四个虚拟变量进行设置,选择该变量的均=1。

表5-12 其他变量设置

变量	变量设置
被解释变量	
未来生活预期	定序变量(1—5),1=非常担忧,5=充满希望
保险预期	定序变量(1—5),1=完全没用,5=非常有用
养老方式选择:	
子女养老	虚拟变量(选择子女养老=1)
自我养老	虚拟变量(选择自我养老=1)
养老院养老	虚拟变量(选择养老院养老=1)

续表

变量	变量设置
政府养老	虚拟变量(选择政府养老=1)
养老担忧:	
缺少资金	虚拟变量(担忧养老时缺乏资金=1)
缺乏子女照料	虚拟变量(担忧养老时缺乏子女照料=1)
身体不好	虚拟变量(担忧养老时身体不好=1)
缺乏养老地点	虚拟变量(担忧养老时缺乏养老地点=1)
设施较差	虚拟变量(担忧养老时养老设施较差=1)
养老地点选择:	
返乡养老	虚拟变量(期望回农村老家养老=1)
城镇养老	虚拟变量(期望在老家的县城或镇上养老=1)
子女养老	虚拟变量(期望回老家与儿女住在一起养老=1)
养老院养老	虚拟变量(期望住在养老院养老=1)
务工地养老	虚拟变量(期望在务工所在地养老=1)
社会人口背景	
性别	虚拟变量(以女性为参照项,男性=1)
户籍地	分类变量(1=东部地区,2=中部地区,3=西部地区)
工作稳定性	定序变量(1—4),1=今年没有换过;2=换过1次;3=换过2次;4=换过3次及以上
月收入	定序变量(1—4),1=1000元以下;2=1001—3000元;3=3001—5000元;4=5000元以上
务工动机:	
从众	虚拟变量(因从众心理外出务工=1)
家庭发展	虚拟变量(为改善家庭条件而外出务工=1)
发展机会	虚拟变量(追求发展机会而外出务工=1)
向往城市	虚拟变量(向往城市而外出务工=1)

表5-13　变量描述性统计

变量	观测	均值	标准差	最小值	最大值
人力资本	2308	0.393	0.284	0	1
金融资本	2308	0.609	0.264	0	1
社会资本	2308	0.117	0.174	0	1

续表

变量	观测	均值	标准差	最小值	最大值
物质资本	2308	0. 485	0. 412	0	1
自然资本	2308	0. 224	0. 278	0	1
生计资本	2308	0. 272	0. 145	. 009	. 928
性别(女性为参照)	2302	0. 743	0. 437	0	1
户籍地(东部为参照):					
中部地区	2307	0. 482	0. 500	0	1
西部地区	2307	0. 179	0. 383	0	1
工作稳定性	2165	3. 514	0. 923	1	4
月收入	2281	0. 289	0. 453	0	1
务工动机(从众为参照):					
家庭发展	2281	0. 654	0. 476	0	1
发展机会	2281	0. 235	0. 424	0	1
向往城市	2281	0. 018	0. 131	0	1
未来生活预期	2265	3. 631	1. 051	1	5
养老保险预期	2292	3. 682	0. 973	1	5
养老办法:					
自我养老	2203	0. 405	0. 491	0	1
养老院养老	2203	0. 026	0. 160	0	1
政府养老	2203	0. 040	0. 197	0	1
养老担忧:					
缺乏子女照料	918	0. 078	0. 269	0	1
身体不好	918	0. 463	0. 499	0	1
缺乏养老地点	918	0. 017	0. 131	0	1
设施较差	918	0. 049	0. 216	0	1
养老安排:					
城镇养老	2247	0. 108	0. 311	0	1
子女养老	2247	0. 181	0. 385	0	1
养老院养老	2247	0. 025	0. 156	0	1
务工地养老	2247	0. 026	0. 160	0	1

从总样本的均值来看,可以将五大资本划分为三个层次,其中金融资本最高(0.609)第二梯队的是物质资本(0.485)和人力资本(0.393),社会资本(0.117)和自然资本(0.224)最低。在户籍地来源上,以东部作为参照项,来源于中部的访谈对象是最多(0.482),在性别上,男性均值为0.74,说明男性访谈对象居多。

第三节　第一代农民工生计资本与生计预期计量分析

一、第一代农民工生计资本与生活预期相关性分析

第一代农民工生计资本与未来生计预期高度相关,生计预期主要体现为他们对于未来的生活态度和对于已有社会保险对其晚年生计的支持作用。第一代农民工年龄都在45岁以上,部分群体年龄在55岁以上,故而其未来生计模式变换明显,且伴随着其年龄日渐增高,劳动能力日渐下降,其未来生活预期存在诸多不确定性,从其现有的生计资本来预测其未来的生活预期有助于了解其未来生活面临的困境及其需要的支持体系。表5-14和表5-15分析了第一代农民工社会保障情况与未来生活预期影响。

表5-14　生计资本对未来生活预期与未来保险预期的影响(ologit)

变量	未来生活预期			未来保险预期		
	or	b	se	or	b	se
人力资本	1.610***	0.476***	0.236	0.701**	-0.356**	0.105
金融资本	1.326*	0.282*	0.221	0.983	-0.018	0.163
社会资本	4.103***	1.412***	0.974	1.014	0.014	0.239
物质资本	1.196*	0.179*	0.117	0.765***	-0.268***	0.075
自然资本	1.169	0.156	0.165	1.120	0.113	0.158

续表

变量	未来生活预期			未来保险预期		
	or	b	se	or	b	se
性别	0.784***	-0.243***	0.073	1.330***	0.285***	0.125
户籍地(东部为参照):						
中部地区	0.943	-0.059	0.085	0.650***	-0.431***	0.059
西部地区	1.291**	0.255**	0.154	0.776**	-0.254**	0.094
工作稳定性	1.115**	0.109**	0.050	1.009	0.009	0.045
月收入	1.134**	0.126**	0.062	0.851***	-0.161***	0.047
务工动机(从众为参照):						
家庭发展	0.953	-0.048	0.133	0.928	-0.075	0.128
发展机会	1.153	0.142	0.177	0.998	-0.002	0.154
向往城市	1.306	0.267	0.437	1.006	0.006	0.316
观测数	2096			2109		
伪 R^2	0.0190			0.0117		
对数似然比	-2884.4			-2816.5		
χ^2	111.7			66.84		
p	0.000			0.000		

注：* p<0.1，** p<0.05，*** p<0.01。

表 5-15 生计资本对未来生活预期与未来保险预期的影响(OLS)

变量	未来生活预期			未来保险预期		
	b	t	se	b	t	se
人力资本	0.276***	3.307	0.083	-0.191**	-2.427	0.079
金融资本	0.166*	1.793	0.092	-0.030	-0.351	0.087
社会资本	0.737***	5.652	0.130	0.016	0.128	0.123
物质资本	0.111**	2.015	0.055	-0.135***	-2.609	0.052
自然资本	0.105	1.308	0.080	0.081	1.067	0.076
性别	-0.138***	-2.665	0.052	0.149***	3.049	0.049
户籍地(东部为参照):						
中部地区	-0.026	-0.516	0.051	-0.199***	-4.156	0.048

续表

变量	未来生活预期			未来保险预期		
	b	t	se	b	t	se
西部地区	0.154**	2.293	0.067	-0.126**	-1.993	0.063
工作稳定性	0.059**	2.387	0.025	0.005	0.211	0.023
月收入	0.080***	2.643	0.030	-0.082***	-2.897	0.028
务工动机(从众为参照):						
家庭发展	-0.028	-0.358	0.078	-0.027	-0.374	0.073
发展机会	0.079	0.914	0.087	-0.011	-0.136	0.081
向往城市	0.104	0.567	0.183	0.042	0.242	0.172
观测数	2096			2109		
F	9.083			4.748		
R^2	0.0537			0.0286		

注：* p<0.1，** p<0.05，*** p<0.01。

表5-14和表5-15分析了第一代农民工生计资本对其未来生计预期及其现有社会保障情况预期影响，其中，表5-14汇报的是ologit模型的估计结果，而表5-15则汇报了OLS的估计结果。比照两种模型的回归结果可以看出，显著性和相关方向无明显差异，分析结果对方法不敏感，从而说明本研究结论具有较好的解释效力，基本反映了生计资本对生计预期的影响。总体而言，第一代农民工的人力资本、社会资本、金融资本、物质资本正向影响未来生活预期。分析显示出，第一代农民工的人力资本对于其未来生活有显著性影响，人力资本的表现优势直接体现在农民工能够获得相对稳定的职业以及劳动收入，与此相关的是他们能够获得相对较高的社会经济地位，①因此人力资本越高的农民工对于其未来生活乐观态度越高。

在本研究中，人力资本主要包含受教育程度、务工年限和劳动合同签订情

① 叶鹏飞：《农民工的城市定居意愿研究——基于七省（区）调查数据的实证分析》，《社会》2011年第31卷第2期。

况,从已有研究文献来看,人力资本高意味着生计能力较强,在市场中的交换地位也会处于较高的位置。正规教育与技能培训都可以提高农村劳动力的人力资本,人力资本显著影响其正规就业的概率和工资水平。年龄较大的农村劳动力其人力资本相对较低,接受教育与技能培训的概率低,工资水平较低且进入非正规就业部门的概率大。①

农民工群体的知识储备和技能水平虽然整体上都比较低,但是他们个体或群体之间也存在着差异,这种差异性显著体现在农民工的代际差异上,新生代农民工受教育程度比老一代有了明显提高,他们会为从事特定工作进行相关的职业培训,因此在工作单位和职位的选择上会有所差异。由于本研究仅聚焦于第一代农民工的内部差异,故而农民工群体的代际差异问题在本研究中不予重点讨论。

第一代农民工的内部差异主要体现在教育程度和年龄层差异上,虽然同为第一代农民工,他们内部存在年龄层(Cohort-age)。不同年龄层的群体对于未来的预期也有不同,随着自己人生任务的阶段性完成与自己身体机能的逐渐退化,他们更换工种,更换岗位,并调整自己的心理预期与未来规划,直到最后不得不返回村庄。20 世纪 60 年代出生的农民工即便在城市也过着农村生活,难以在城市找到工作从而自然地向农村回流;70 年代出生的农民工在各种生命事件包括结婚生子、更换工作、创业失败等一系列经历中降低自己的生活预期,改变人生规划,直至回村务农;80 年代出生的农民工进城之后在城市生活与农村生活两者间有一定的调整空间。②

总体而言,受教育程度较高的农民工会找到工资待遇较好的工作单位,并且在工作单位中也会处在相对较高的职位上。已有研究表明,受教育程度对

① 展进涛、黄宏伟:《农村劳动力外出务工及其工资水平的决定:正规教育还是技能培训?——基于江苏金湖农户微观数据的实证分析》,《中国农村观察》2016 年第 2 期。

② 袁松、余彪、阳云云:《农民工返乡的生命历程——以湖北沟村为表述对象》,《青年研究》2009 年第 4 期。

第一代农民工工资性收入影响更加显著且教育收益率更高，有技术或手艺的比没有技术或手艺的月工资性收入高24%。①

物质资本主要体现在房屋价值上，即受访者有没有自己的住房，以及对于自己村庄设施认可和家庭交通便利情况分析，房屋价值和交通便利情况均显著提升其对未来生活乐观预期，金融资本同样对于未来的乐观预期产生重要影响。

同时表5-14与表5-15分析显示出第一代农民工在人力资本、社会资本、金融资本、物质资本正向影响未来生活预期，人力资本、物质资本、月收入则显著负向影响其已经缴纳的社会保险预期保障作用。人力资本越高，物质资本越高，新农保的低保障作用就越小，而人力资本越低、物质资本越低即月收入新农保的保障作用则呈现出显著性相关。按照现有的新型农村社会养老保险政策规定，农村人口缴纳社会养老保险在养老保险的缴费分档上，安徽省城乡居民养老保险从2020年1月起设定每年缴费额度，将全省缴费档次标准统一调整为200元、300元、400元、500元、600元、700元、800元、900元、1000元、1500元、2000元、3000元、4000元、5000元、6000元共15个档次。以合肥市目前的政策规定来计算，一位农民工每年假如个人选择年交费2000元，交15年，居民养老保险男女都是60岁退休（重度残疾人可以提前5年退休），算一下60岁退休领取待遇（不考虑退休金涨幅）：

合肥市基础养老金145元。

个人账户养老金：（个人交2000+政府补贴200）×交费15年/139=237.41元②

总共退休金大约是145+237.41=382.4元，一年就是4588元。

---

① 徐文婷、张广胜：《人力资本对农民工工资性收入决定的影响：代际差异的视角》，《农业经济》2011年第8期。

② 该计算公式没有把养老金每年递增考虑进去，因为基数太小，即使考虑到每年增长率因素，第一代农民工最终领取数额也不会有太大差异。

每年 2000 元的缴费在第一代农民工这里几乎是凤毛麟角，在笔者访谈中，大部分第一代农民工养老保险的缴费金额在 100—300 元这个档次，占比为 51.7%，在 351—650 元的这个档次的为 7.1%，与此同时还有约 26.3%的第一代农民工没有缴纳任何养老保险。如果按照 300 元每年缴纳养老保险，可以算一下农民工 60 岁以后退休的养老金：

基础养老金：150 元。

个人账户养老金每月领取：300×15/139＝32.37 元

农民工退休后每月领取的养老金：150+32.37 元＝182.37 元/月，一年总计收入为：1823.7 元。而安徽省合肥城乡居民最低生活保障线为 717 元/月。

由以上分析可以看出，新型农村社会养老保险对于第一代农民工未来的老年生活保障水平是很低的，故而其对于高收入、人力资本高、物质资源高的群体保障作用更为有限。但是其对于低人力资源资本、低金融资本和低物质资本的第一代农民工未来生活预期保障作用则呈现正相关，具有一定的基本生存保障作用，对于部分完全没有收入的群体而言，甚而是一笔不可或缺的收入来源。

二、第一代农民工生计资本与未来养老方式相关性分析

接下来，本研究通过多项 logit 回归模型考察生计资本对农民工预期未来养老办法的影响，结果如表 5-16 所示。模型以预期依靠子女养老为参照类别，分别比较自我养老、养老院养老和依靠政府养老三种养老方式。表 5-6 的第一部分数据结果表明，金融资本对自我养老倾向有显著的正向影响，自我财富准备充分更有信心依靠自己养老。在农民工养老方式的选择上，工作稳定性和月收入对自我养老也有重要的推动作用，同样支持了这一论点。此外，相较于来自东部地区而言，中部及西部地区的农民工自我养老意愿更低。相比之下，自身金融资本存量不足则更寄希望于政府养老。对于养老院养老来说，自身人力资本储备才是最重要的，有显著的正向作用。实际上第一代农民

工已不具备市场竞争的主观条件，但他们依然最大限度地获取务工收入以追求个人收入的最大化，这样除了能够保障自己的物质生活外，还能为自己未来积蓄一定养老资源。参保能力与个体和家庭的经济状况有关，农民工长期处于低收入状态，提高收入水平，缓解子女上学、建房、赡养老人的支出压力是外出务工的首要目的，而养老保险作为一项延时性较强的保障手段，无法为参保人提供即期效用，从参保缴费到享受养老金之间较长的储蓄过程延缓了家庭经济状况的改善①。但工作稳定性和月收入保证了他们经济收入的稳定性和可持续性，这就为自我养老确定了经济基础。以下个案具有一定的普遍性可以佐证该结论：

案例20：陈先生，四川成都人，50岁，修路工带班管理

之前存的钱基本用在生活上，还有女儿读书，儿子结婚还有买房子，还有就是修缮自己屋里的房子，娃娃读书花了10多万，修房子花了14万多，儿子结婚花了七八万。养老的话肯定要准备存点钱嘛，娃娃都结了婚了，现在就只管自己了，挣到的钱就可以存起来了，存多少的话，能挣多少就存多少，挣得多点就存多点，少点就存少点。干不动就回农村了，能做得动肯定要做点副业啊，以后的经济来源的话就自己存的钱，养老金，喂点鸡鸭，种点蔬菜然后做点土地，种点粮食。肯定不会依靠娃娃的，生活不得在一起，养老还是得自己的，除非生活不能自理的话就由娃娃照顾了，也只能由娃娃来照顾了。我现在自己就算一年存一万，65岁退休，都能存15万，再加上养老金，自己再种点土地，完全能够自己生活，跟老婆两个人生活完全足够了。以后儿女肯定有能力赡养我啊，但是我基本上是不需要他们来养我的，我自己能养活自己。

① 文雯：《农民工养老保险的参保状态与相关检验》，《改革》2015年第8期。

进城务工的农民工能够获得更高的收入，可以积累更多的经济资本，他们的经济自主性得以提高，这种进行自我积累的“利己”行为使得他们明显依赖自我养老[①][②]。

此外，相较于来自东部地区的农民工而言，中部及西部地区的农民工自我养老意愿更低。这可能是因为中西部地区的经济情况以及生活水平落后于东部地区，农民工自我养老的能力较低所导致的自我养老意愿降低。东部地区利用区位优势率先发展，农民也较早进入市场就业，积累人力资本，形成了先发优势，中西部县城尽管就业机会不多，本地工资不高，但是消费水平却不低[③]。因而中西部地区农民工所承担的生活压力比东部地区更高，在可支配收入较低的情况下其自我养老意愿更低。

对比之下，自身金融资本存量不足则更寄希望于政府养老。金融资本存量不足的农民家庭若是购买养老保险其不多的现金收入将会减少，对于他们而言，购买养老保险是不划算的，他们面临诸多压力，如市场经济条件下消费主义的压力、子女教育的开支、应对人情等社会消费，这就导致农民工尚缺乏足够多的闲钱用于购买养老保险[④]。因此，在金融资本存量不足的情况下，农民工选择养老模式的空间较小，只能把养老的希望借助于外部，政府养老对于农民工而言成本相对较低且其基本生活可以得到一定的保障。

对于选择养老院养老的群体而言，自身人力资本储备才是最重要的，有显著的正向作用。“养儿防老”的传统式的家本位思想被现代性稀释并逐渐弱化，较充足的人力资本逐渐充当农民工选择养老院养老的中介，即积累的人力

---

① 赵晶晶、李放：《外出务工经历能改变农村老人的养老观念吗?》，《南京农业大学学报（社会科学版）》2020 年第 5 期。

② 孙敏：《大都市近郊“自主养老”模式的机制分析——以上海市近郊 W 村为考察中心》，《南方人口》2017 年第 32 卷第 1 期。

③ 桂华：《城乡“第三极”与县域城镇化风险应对——基于中西部地区与东部地区比较的视野》，《中州学刊》2022 年第 2 期。

④ 夏柱智：《以地养老：应对农村人口老龄化的现实选择》，《南方人口》2018 年第 33 卷第 5 期。

资本会逐渐提高农民工选择养老院养老的依赖程度。

表 5-16　生计资本对未来养老办法的影响(mlogit)

变量	子女养老 vs 自我养老		子女养老 vs 养老院养老		子女养老 vs 政府养老	
	b	se	b	se	b	se
人力资本	0. 193	0. 181	1. 571***	0. 501	0. 130	0. 420
金融资本	0. 375*	0. 203	−0. 107	0. 569	−0. 935**	0. 444
社会资本	0. 073	0. 288	0. 803	0. 680	0. 520	0. 609
物质资本	−0. 088	0. 120	0. 320	0. 346	0. 014	0. 274
自然资本	0. 035	0. 172	0. 298	0. 457	0. 059	0. 392
性别	−0. 059	0. 114	−0. 195	0. 314	0. 030	0. 259
户籍地(东部为参照):						
中部地区	−0. 783***	0. 108	−0. 385	0. 305	0. 438	0. 282
西部地区	−0. 913***	0. 150	−1. 215**	0. 517	−0. 404	0. 411
工作稳定性	0. 143***	0. 055	−0. 145	0. 135	−0. 124	0. 106
月收入	0. 395***	0. 066	0. 074	0. 190	0. 162	0. 152
务工动机(从众为参照):						
家庭发展	0. 132	0. 170	0. 035	0. 500	0. 225	0. 392
发展机会	0. 279	0. 188	0. 343	0. 534	−0. 276	0. 468
向往城市	0. 556	0. 411	1. 036	0. 896	−12. 511	484. 831
截距项	−1. 791***	0. 322	−3. 274***	0. 868	−2. 445***	0. 692
观测数	2030					
伪 R^2	0. 0565					
对数似然比	−1799. 7					
χ^2	215. 5					
p	0. 000					

注：* p<0. 1，** p<0. 05，*** p<0. 01。

本研究通过多项 logit 回归模型考察生计资本对农民工未来养老地点的影响，结果如表 5-17 所示。表 5-17 的数据结果表明，相较于返乡养老而言，人力、社会、物质资本显著促进城镇养老意愿，物质、自然资本显著促进选择子女作为自己养老地区的想法，与此同时，丰富的社会资本及贫乏的物质资本促进养老院养老意愿，对比之下，人力、社会、自然资本显著促进务工地就地养老的想法。人力资本使农民工既预期务工地就地养老也预期返乡后城镇养老，可能的原因在于第一代农民工通过人力资本的建构对养老地的选择做“两手准备”，这是基于人力资本做出的理性选择。第一代农民工选择在务工地就地养老的可能原因是这部分人群在务工城市长时间的生活场域中获得了一定的融入感，这种多年的务工生活使农民工适应并愿意选择城市生活。即便不能在务工地城市养老，也可以基于人力资本存量退回到家乡的城镇养老。社会资本正向影响了城镇养老、务工地就地养老及养老院养老这些自我养老或社会型养老方式的选择；可能的原因是第一代农民工在务工流动的过程中积攒了适应多方面养老方式的社会资本，其社会资本存量越高，传统观念越弱，农民工未来养老方式的选择越多样化。与社会联系较为紧密的农民工自我意识与社会意识较强，这就为他们破除自我养老或社会养老困境提供了保障，这是他们选择自我养老或社会养老的直接原因。随着自我养老和社会养老方式的逐渐成熟，社会资本同时表征了第一代农民工拥有相应的社会资源。农民工即可有效对接自我养老和社会养老带来的经济供养、生活照料、精神慰藉等多方面的基本而可靠的养老资源的供给。①

自然资本则对子女养老和务工地就地养老有显著的正向影响。农户农业就业和非农就业在工资回报上存在巨大差别，在我国，农户的非农业性收入为主要来源的工资性收入占据主导地位。② 当第一代农民工在劳动力市场中不占据主导优势时，他们的经济收入显著性下滑，这点可从疫情期间农民工收入断崖式下跌得出结论。随着年龄的增长，其获得工资性收入的可能性越低，即

---

① 陆淑珍、卢璐：《“养”与“工”——超龄农民工养老模式的探索性研究》，《南方人口》2015 年第 30 卷第 6 期。

② 杨晶、邓悦：《中国农村养老保险制度对农户收入不平等影响研究》，《数量经济技术经济研究》2020 年第 37 卷第 10 期。

便农民工拥有一定量的自然资源储备，且自然资源在第一代农民工彻底失去劳动力后，其价值对于失去劳动能力的人而言为零，他们的生活不得不依靠其他群体，因此，农民工在养老方式上必然倾向于子女养老。

物质资本存量影响具有一定的异质性，正向促进了城镇或子女养老的意愿，但削弱了养老院养老的选择。随着年龄增长，第一代农民工对物质资本的需求和依赖程度逐渐增强。物质资本是家庭成员赖以生存的基础。① 在本研究中，物质资本操作化为“住房估值”、“基础设施”，农民工若拥有这些生存的物质基础，则会代替养老院养老的选择，倾向于城镇或子女养老。

表 5-17　生计资本对未来养老安排的影响（mlogit）

变量	模型 1	模型 2	模型 3	模型 4
	返乡 vs 城镇	返乡 vs 子女	返乡 vs 养老院	返乡 vs 务工地
人力资本	1.092*** (0.269)	0.188 (0.223)	0.379 (0.527)	1.310*** (0.494)
金融资本	0.254 (0.301)	-0.046 (0.245)	0.503 (0.601)	-0.348 (0.553)
社会资本	1.028*** (0.377)	0.297 (0.344)	1.489** (0.663)	1.143* (0.674)
物质资本	0.533*** (0.181)	0.524*** (0.148)	-0.854** (0.373)	-0.297 (0.344)
自然资本	0.000 (0.281)	1.231*** (0.190)	0.288 (0.499)	0.999** (0.418)
性别	-0.320* (0.164)	-0.259* (0.138)	-0.477 (0.306)	-1.157*** (0.289)
户籍地（东部为参照）：				
中部地区	0.609*** (0.191)	0.523*** (0.139)	1.399*** (0.400)	0.719** (0.324)
西部地区	1.437*** (0.209)	0.282 (0.190)	0.757 (0.535)	-0.847 (0.650)

① 李树茁、徐洁等：《农村老年人的生计、福祉与家庭支持政策——一个可持续生计分析框架》，《当代经济科学》2017 年第 4 期。

续表

变量	模型 1	模型 2	模型 3	模型 4
	返乡 vs 城镇	返乡 vs 子女	返乡 vs 养老院	返乡 vs 务工地
工作稳定性	0.019 (0.079)	-0.076 (0.063)	0.091 (0.165)	0.155 (0.172)
月收入	0.089 (0.102)	0.140* (0.081)	0.014 (0.191)	0.247 (0.192)
务工动机(从众为参照):				
家庭发展	-0.047 (0.247)	0.669*** (0.250)	-0.553 (0.448)	0.065 (0.500)
发展机会	-0.080 (0.275)	0.538** (0.271)	0.414 (0.456)	0.172 (0.540)
向往城市	-0.823 (0.782)	0.736 (0.483)	-12.940 (584.603)	0.798 (0.885)
观测数	2078			
伪 R^2	0.066			
对数似然比	-1991.931			
χ^2	281.218			
p	0.000			

注:1. * p<0.1, ** p<0.05, *** p<0.01;2. 括号中为标准误。

表 5-18 多项 logit 回归模型以身体健康状况作为参照类别,考察生计资本与第一代农民工对生存资金来源、晚年有无照料者、住所情况以及生活设施四个方面的未来生存担忧的影响因素。表 5-18 的模型 1 数据结果表明,相较于对自身健康状况的担忧而言,金融资本的匮乏对于未来生活资金担忧更加显著,在模型 2 中,相较于对自身健康状况而言,金融资本和社会资本充分群体对于子代照料者问题更加担忧。在住所和生活施舍方面的担忧较低,说明第一代农民工的住所情况较为乐观。

具体来说,金融资本负向影响了第一代农民工对资金缺乏的担忧,自身财务准备越充分则对预期资金状况越有信心;金融资本的多少直接影响农民工的养老担忧,可能的原因在于金融资本存量是第一代农民工养老规划的基础,实施可行养老计划的保障,是应对未来养老风险的准备。而金融资本的缺乏,则会增加农民工关于养老的危机感;反之,自身财务准备充分则会降低该种危机感,对未来养老消费的预期有一个更加积极的态度。

在笔者调研中,若按家庭生命周期可将第一代农民工分为两类,一是已完成子女结婚等家庭重要事项的农民工,二是未完成但已计划完成子女结婚等家庭重要事项的农民工。无论哪一类,农民工普遍存在储蓄的意识及行为,也或多或少地有一定的养老规划,但农民工一般不会将此种"打算"视为养老计划。有金融资本的农民工并不对未来养老存有担心,反之则因自身财务准备不充分表现出一定的养老担忧。以下两类个案可分别印证这一普遍现象:

案例 30:黄先生,47 岁,月薪 8000 元,四川成都人

我今年 47 岁,做的是建筑。有存一些钱,买了车子以后还剩下八九万;现在存下来的钱计划以后买房子;这些年我在房子上面就花了二三十万,我儿子结婚大概花了五六万,供他读书这些年大概花了有十几万吧;现在还在计划存养老金,把房子买好以后,我再打两年工,存点养老金养老。完全够我们的养老,就算儿女他们不补贴我们,也够我们两口子养老了。我们还计划以后就把钱存起来收利息,应该也够生活了。

这种未雨绸缪的理性决策既反映了金融资本影响农民工对资金缺乏的担忧度,也表现出财务准备的充分性对养老预期资金状况的信心程度。而以下个案则显示出金融资本提高了农民工对资金缺乏的担忧度,自身财务准备的不充分性对养老预期资金状况的低信心。

案例 40:S 女士,河南焦作人

我今年 67 岁,做环卫。(养老保险)交的农村的新农合。退休后有这个养老金,就是(一年)有 1000 块钱也能顾着你说是不是。

环卫处没交,年龄大了不给交。除了工资那没有别的收入。现在国家不是交农村老人的养老,养老是60岁,这是75元钱,一个月75元钱,涨了7年,现在130。这农村这人,那城市上班的工人,每年涨,都挣几千,这农村的人,75元钱。没有工资高,总是有个保障。没有(存钱养老),那剩下点了你能存了一点,但是你这每月的开销都不剩几个。我也没有存钱以后养老。这点收入你哪能存下钱呢。现在都不种地了,肥料贵,啥都贵,没有利还赔了。农村的人,没有办法啊。没文化,想干啥你也干不了。老了就是回农村,没地了,地给包出去了,包出去一年给点钱。那一亩地长几年才能给几千块钱啊。你挣的钱就只能维持个基本生活水平,你没办法,你没有呼吁。辛苦得很啊。我们这农村的到老了都无依无靠,有啥办法。

除金融资本外,养老照料缺乏的担忧还显著受到社会资本的影响,与社会的紧密连接可以缓解第一代农民工对缺乏照料的担忧。农民工对未来养老的担忧可以说是对未来养老的不确定性带来的风险性担忧,这种不确定性越大,当下对未来养老感知的风险越大。就养老照料而言,农民工与社会联系越是紧密,有效化解养老照料缺乏的合理途径越多,提供社会性养老照料的资源越多,不确定性的概率越小,可预期的未来养老感知的风险越小,越有效缓解农民工对缺乏照料的担忧。

表5-18　生计资本对未来养老担忧的影响(mlogit)

变量	模型1	模型2	模型3	模型4
	身体 vs 资金	身体 vs 照料	身体 vs 住所	身体 vs 设施
人力资本	-0.112 (0.268)	0.229 (0.468)	-0.861 (0.996)	0.087 (0.592)
金融资本	-1.031*** (0.292)	1.089* (0.559)	-0.240 (1.030)	-1.056 (0.645)
社会资本	-0.211 (0.442)	1.208* (0.638)	1.652 (1.118)	1.173 (0.766)

续表

变量	模型 1	模型 2	模型 3	模型 4
	身体 vs 资金	身体 vs 照料	身体 vs 住所	身体 vs 设施
物质资本	0. 124 (0. 184)	-0. 129 (0. 323)	-0. 283 (0. 649)	0. 508 (0. 416)
自然资本	-0. 003 (0. 192)	-0. 006 (0. 333)	-0. 322 (0. 673)	0. 032 (0. 425)
性别	0. 057 (0. 169)	0. 017 (0. 295)	0. 749 (0. 681)	0. 454 (0. 410)
户籍地(东部为参照):				
中部地区	0. 151 (0. 177)	-0. 061 (0. 313)	1. 768* (1. 050)	0. 426 (0. 429)
西部地区	0. 273 (0. 260)	0. 498 (0. 420)	1. 517 (1. 252)	0. 855 (0. 556)
工作稳定性	-0. 158* (0. 082)	-0. 046 (0. 150)	-0. 056 (0. 279)	0. 028 (0. 198)
月收入	0. 026 (0. 102)	-0. 196 (0. 178)	-0. 219 (0. 339)	0. 272 (0. 234)
务工动机(从众为参照):				
家庭发展	0. 467 (0. 293)	0. 299 (0. 481)	13. 390 (640. 883)	-0. 360 (0. 535)
发展机会	0. 268 (0. 320)	0. 122 (0. 522)	13. 533 (640. 883)	-0. 180 (0. 581)
向往城市	-0. 329 (0. 670)	-0. 332 (1. 154)	14. 875 (640. 884)	-18. 798 (9765. 308)
观测数	856			
伪 R^2	0. 036			
对数似然比	-942. 845			
χ^2	71. 359			
p	0. 039			

注:1. * p<0. 1, ** p<0. 05, *** p<0. 01;2. 括号中为标准误。

第四节　本章小结

综上所述，第一代农民工的生计资本主要聚集在人力资本、社会关系网络、金融资本和物质资产。从调查情况看，第一代农民工的社会关系网络主要聚集在同乡和原有的社会关系网络中，外出务工并没有拓展其社会关系网络，即第一代农民工的社会关系网络同质性高，异质性弱，按照林南的社会网络理论，这种高同质性网络关系对于农民工的生存性需求有较大的支持作用，但是对于其发展性需求则支持不足。因为同质性的社会关系网络意味着社会位置相同，社会职业相近，对于改变第一代农民工的职业特征帮助不大，故而，在事实上第一代农民工的职业发展呈现出内卷特色。即只能在自己的职业务工生涯内部不停地寻求更高的待遇和工作场所，而无法突破自身的职业位置和技能限制。第一代农民工的生计资本与他们生计未来预期高度相关，他们现有的生计资本在对未来的预期支撑方面都显示出低支撑，即现有的生计资本对于其未来的生计可持续的支持力度不足。通过以上分析可以看出，第一代农民工缴纳的新型农村社会养老保险无法支持其未来生活预期，也无法对其未来的生活有较好的支撑效果。故而，现有的新型农村社会养老保险无法起到应有的保险作用。同时第一代农民工的生计资本在应对其晚年的生计选择方面主要体现在依靠子女和政策，其中，第一代农民工拥有的物质资本起到较大的影响因素。

第六章　第一代农民工可持续生计策略解析

第一节　第一代农民工生计策略及其阐释

一、生计策略及其溯源阐释

在对传统农民行动逻辑和生计策略的解释中，学术界一直存在着二重性争议，即农民的行动逻辑和生计策略是社会理性还是经济理性的争议，这一争议伴随着"斯科特—波普金论题"的提出而达到顶峰。

在现代化进程中，农民在维持自己生计过程中以何种策略进行，即农民是以何种面貌呈现在研究者的视野中，是小农"社会理性"与"经济理性"探讨的焦点，这两大理论传统分别以詹姆斯·C.斯科特和塞缪尔·L.波普金两位学者为代表展开了各自的论述。1976年，美国社会学家詹姆斯·C.斯科特依据其在越南农村社会的调查研究，对于农民的"生存伦理"和"安全第一"生存策略原则进行了详细的阐释和论述①，并形成了"农民道义经济学"的解释维度。斯科特认为，农民个体生存的目标是风险最小化。在生存压力下，东南亚农民

① 家詹姆斯·C.斯科特：《农民的道义经济学：东南亚的反叛与生存》，程立显等译，译林出版社2013年版。

的生计策略是坚持生存取向而非利益取向，他们坚持用社会理性作为自己生计策略的指导原则①。塞缪尔·波普金则用经济理性以小农阐释了他对于越南农民生存策略认知②，他认为农民生计策略在于解决其实质问题。他认为农民一方面要保障生存，另一方面他们还要在最大程度上维持利益，他呼吁读者要尊重农民的智力水平，这些智力水平在解决资源分配、权威、冲突等复杂问题上面体现出了农民追逐经济理性的生计策略③。而在中国农民日常行为的研究中，中国社会结构与家庭结构的独特性与西方社会或者是该区域之外的社会结构是不同的，中国家国同构的一体化社会结构形式恰似一根纵向的轴线把国家、家庭、个人紧密串联在一起。因而个人日常行为牵涉的面会更加广泛，也会更加具有中国“只可意会、不可言传”的理解性的默会实践。施坚雅则认为中国农民的生计策略奉行经济理性策略，他们在日常经济行为中依附于市场体系，通过市场交易来获得相应的生活资源。他认为农村集市的形成是按照当地的地理位置而定的，农民在这种混合性的市场—社会二元体系中，他们以生存为目的来进行相应的经济行为，因而他们的生计策略在一定程度上呈现出“传统惯习”与“非理性”特征。黄宗智认为，中国小农生计策略具有多种面貌，是多种生计理性混合的类型④。杜赞奇认为社会理性小农和经济理性小农都不能准确概括出华北农民生计策略，但是斯科特和波普金所强调的不同生计策略却在华北乡村社会生活中可以和平相处，并且在农民身上也没有出现不可调和的实践悖论。⑤

由上分析可知，对于农民生计策略的种种表述如“社会理性”、“道德经

① 鹏进：《农民经济行为的文化逻辑》，《中国农村观察》2006年第1期。

② Samuel.L.Popkin, *The Rational Peasant*: *The Politiral Economy of Rural Societyin Vietnam*, University of California Press, 1979.

③ 郭于华：《重读农民学经典论题——“道义经济”还是“理性小农”》，《读书》2002年第5期。

④ 黄宗智：《华北的小农经济与社会变迁》，中华书局2000年版。

⑤ ［美］杜赞奇：《文化、权力与国家1900—1924年的华北农村》，王福明译，江苏人民出版社2012年版。

济”或是“经济理性”，都是对农民日常生活世界中生计策略单维度的概括。这些特征都存在于农民日常生计策略某一个维度上，他们并不能对农民日常生活行为进行全面的囊括。恰亚诺夫建构的农民社会理性这一理性类型，也恰如同马克斯·韦伯提出的“理想类型”一样，试图将这种分析结构作为认识社会的工具。故而对于农民行为的认识应是多维度的分析，单纯的落脚于一处是没有意义的。有的学者认为无论是小农的社会理性或是经济理性，这些概念都是相关学者建构出来的一种认识农民社会的分析工具，这些工具为我们描绘出了农民日常世界的种种现象和生活情境，而这些工具的背后依然是农民日常生活中错综复杂的生活体系和精神价值体系，这些体系对于他们的日常生活绝不是一个工具概念可以概括出来的。这些概念对于解放前的中国农村社会的适应性也只是一个方面，那么面对今天社会日益转型的乡村社会的解释力亦存在着相应的制约。

在当代中国城乡二元分割社会结构下，城市化的快速推进和乡村的空心化同步演化背景下，都显示出了那些建立在西方工业文明基础和逻辑上的分析框架对于当下中国农村、农民生计模式、生计策略的解释存在着水土不服的问题。中国乡土社会的内生性和原子化的农村社会面临着陌生化的趋势，在现实生存和发展的压力下，农民生计策略具有更加灵活性特征，他们一方面深受西方经济理性的影响，另一方面传统在他们身上也留下了较为显著的特征，因而在他们的生计策略及其实践表现是复杂和多变的。在围绕日常的生存问题方面，农民的生计策略在传统与现代之间摇摆，导致他们的日常行为具有复杂混合的理性状态，确切地说是传统的理性与现代经济理性混合搅拌在一起的产物。因而他们的生计策略行为不能简单地界定为哪一种理性，进而为其定义和僵化。小农的经济行为理性化视角为我们提供了理解农民生计策略一个较好的视角切入，也为我们认识当下农村社会现实提供了相应的理论基础。

在学界关于农民工生计策略的研究中首先体现在国内系列村治研究中，学者们基于自下而上的研究视角，对于农民的日常行为做出了多视角的解读，为了解中国农民的日常行动作出了卓越的贡献。但是这些研究在解析农民生计策略的具体行为方面依然缺少相应的主体性视角，尤其是在对农民群体的实践研究中，他们更加注重村庄—国家勾连下的基层社会系统的解释，进而勾连出农村基层组织的行动逻辑，缺少了对于特殊群体的关注，过于纠结在村治逻辑和国家政策层面的互构，没有进一步深入农民日常生活的现场探析他们的日常生活实践中的深层逻辑，尤其是在理性小农和道义小农的二元争论中没有就该问题做出相应的理论回应，因而他们的研究也就缺少了与经典研究的对话。在关于农民工外出务工的生计策略解读方面较有影响力和生命力的是文军教授提出的“社会理性”观点。文军认为中国历史上，农民生计策略的选择受到生产力水平和制度双重制约。1949 年以前的中国农村人口之所以在流出条件已基本具备的历史环境下依然选择了滞留于乡土，其主要是因为受生存伦理和乡土情结等传统文化的支配力远远超出了其经济理性或社会理性选择的驱动力，生存理性选择更为突出；而在 1949—1979 年也没有发生大规模的农民外出或转移，主要原因是受制度性安排的影响。在解释农民生计策略转型上，他认为现有的生存动机难以充分解释农民工外出务工策略过程。长期以来，中国农村从总体上说走了一条“过密化”的道路，其文化层面上的原因就是传统农村人口还没有条件对不同的谋生方式进行比较能力，而且更多地笼罩在传统的生存原则之中；而在社会经济层面上是由于生产力过于落后，生存压力过大而使得传统农民还无法超越生存理性选择而进行经济理性选择或社会理性选择①。可以看出，在关于农民日常生计策略选择的研究中，中国学者逐步摆脱了对西方理论的路径依赖，开始建构起适合中国国情的本土化的分析路径和相应的理论框架。

---

① 文军：《从生存理性到社会理性选择：当代中国农民外出就业动因的社会学分析》，《社会学研究》2001 年第 6 期。

二、第一代农民工家庭生计策略变迁

第一代农民工出生在20世纪50—70年代，成长于70—80年代，这些年代正是中国社会转型的重要阶段，在随后的几十年中，中国社会发生了巨大的变迁，社会成员的生活和生产方式亦随之而变迁，第一代农民工及其家庭生计形式也在社会变迁中不断适应和发展。随着社会变迁，第一代农民工的微观生命历程嵌入特定时空背景下改革的历史阶段和巨变的社会环境中，嵌入到了转型的社会结构与变化的空间地域中，相应地，第一代农民工的生命历程与其家庭发展也深受影响。这种影响体现在家庭层面，则是家庭生计策略的转变，兼业化是中国农民维持生计的惯常策略。① 在新的社会背景下，农民维持生计策略的兼业模式更加显性化。具体而言，第一代农民工家庭生计策略的兼业模式为“务工—农业生产”，女性则在“家庭—农业生产—农村打零工”之间协调。有学者认为以往“男外女内”的性别分工逻辑不仅没有调整，反而进行了“现代化包装”，显得更加隐蔽，物理空间上第一代农民工“外”从乡村拓展到了城镇，“内”则从家庭拓展到了乡村；经济空间生产上“外”从农业延展到务工上，“内”从家庭延展到打零工以赚取经济报酬，在此过程中，男性始终“把持”或者“占有”优势经济部门，也始终“主导”家庭生计的优劣。②

从农村家庭对于劳动力的配置来看，这些配置方式都反映了他们在一定社会结构条件下的生存策略。③ “男工女耕”式的家庭生计模式是在两性之间合理划分家庭责任，女性以从事劳动农业、养育子代、照顾老人为主，男性以务工为主并有时兼农业生产活动。第一代农民工重构家庭生计模式的原因在于

---

① 宁夏、叶敬忠：《改革开放以来的农民工流动—— 一个政治经济学的国内研究综述》，《政治经济学评论》2016年第1期。

② 蔡弘、陈思、黄鹂：《“工女耕”下务农妇女生活满意度研究——基于安徽省1367个女性样本的分析》，《农林经济管理学报》2019年第2期。

③ 任守云、叶敬忠：《市场化背景下李村的换工与雇工现象分析——兼与禄村之比较》，《中国农村经济》2011年第6期。

以下几个方面:其一,生理上的天然分工,由于男女两性自然生理结构上的差异,女性在养育孩子、照顾家庭方面的工作具有不可替代性,生理上限制了女性的活动范围和务工能力,故而他们在家庭生计分工中还是局限于家庭内部;其二,传统文化上讲求“男主外,女主内”“男耕女织”等传统劳动性别分工的文化体系中,由女性哺育后代和照顾老人更能够得到文化上的认同;其三,经济上,家庭作为一个“经济共同体”,经济收入是家庭首要考虑的因素。加上农民文化资本不足,进城打工的农民主要集中在制造业和建筑业等体力劳动领域,这种就业方式使得女性在就业机会和收入上远远少于男性。故而在中国家庭生计策略转变过程中,虽然女性的经济贡献程度有所提高,其活动范围有所扩大,但是在实质上,女性还是以家庭内部分工作为家庭生计的承担者。

农民工家庭生计策略的转变不仅仅体现在两性分工的适应性变迁,还同时体现在家庭代际分工模式的变化。中国家庭制度的主要特点就在于它作为经营单位所具有的能力与弹性,因此得以最大限度地调动家庭的人力物力,并最好地利用外部的机会。① 在中青年农民工外出务工的过程中,家庭留守人员必然要承担起家庭照护责任,家庭照护仅靠留守女性显然无法完成,此时代际分工模式日渐凸显,农民工的父代群体开始由养老模式进入承担家庭照顾责任模式。父代的隔代照顾已经成为中国广大农村家庭生活常态,尤其是在家庭农业生产方面,农民工家庭的父代承担了家庭农业生产的全部任务,出现“老人农业”现象。老人农业既是现代化的被动现象,也是农村社会家庭应对社会变迁进行代际分工策略的主动体现,故而,“老人农业”在促进社会流动和农村家庭可持续生计的情境中不断地被重塑和强化。从宏观层面讲,老人农业是非均衡快速城市化进程的产物,从微观层面讲,是小规模农户家庭基于

① [美]阎云翔:《私人生活的变革——一个中国村庄里的爱情、家庭与亲密关系 1949—1999》,龚小夏译,上海书店出版社 2006 年版,第 6 页。

收益最大化的分工结果①，贺雪峰等认为老人农业是保持中国社会弹性结构的社会自适应。②

可见农村家庭不论是性别分工还是代际分工，其生计策略最终目的在于“过日子”，“过日子”不只是一个词，而是代表一套“以家庭为中心的生产生活方式”，好好过日子，过上好日子，让孩子过上好日子是中国人的基本生活理想，只有更好地理解人们经营家庭生活的策略和方法，才能更深入地理解“家”在中国人生活中的地位和作用，此时，“家本位”就不再是一个抽象的文化符号，而是人们行动的指南，是指导生活的“方法论”。③

访谈对象4，张先生，46岁，建筑工地，山东新泰

> 家里还得种着地，孩子他妈种地，我就出去干活，原来农忙加收秋我就回来。地少了，也不值钱，一家子都靠在地里面用不完人，一年到头地里不是每天都有活干。再说，她一个人也干得过来，真不行，找几个人帮帮忙，付工钱也行。不忙秋我不回来，除非家里有事我回来一趟。家里一个人，外面一个人，两头都顾得了。她在家里除了种地，还有小孩，老人。老人倒是不用太伺候，但也得过去看看，带点菜过去，缺什么东西了也照望照望，我回来的时候过去转转。打工不易，家里也不易，地里、孩子、人情、老人都得照望，事多。反正我也不管，不想管吧也没有办法，我管好挣钱就行了，我也不管家里这些事。

农村家庭“男工女耕”和“老人农业”这种内外兼顾生计策略选择既为家

---

① 董欢、郭晓鸣：《传统农区“老人农业”的生成动因与发展空间》，《中洲学刊》2015年第9期。

② 贺雪峰：《乡村振兴要服务“老人农业”》，《决策》2018年第8期。

③ 陈辉：《过日子：农民的生活伦理——关中黄炎村日常生活叙事》，社会科学文献出版社2005年版，第2—10页。

庭经济活动等日常开销提供了生计来源,又兼顾到整个家庭的良性运转,从第一代农民工家庭而言,通过家庭代际和性别生计模式的分工获得经济收入与家庭正常运转“双赢”。说明他们采取的生计策略对家庭日常生产生活具有重要的作用,是可取的生计策略模式。虽然第一代农民工进城对家庭造成的最大的问题是家庭的分离,但此种家庭生计策略使得第一代农民工可以不顾及家庭日常而顺利完成劳动力商品化的经济收入。第一代农民工在外务工的经济收入可以使家庭生活质量提高,即生活得比较“体面”。代际分工和性别分工的生计策略使得家庭收入来源多元化,收入显著提高,同时提供了稳定的基础生存支持,实现家庭生计的最大化和基本生计保障。

中国是一个“家本位”的社会,家庭在个人成长和个人选择中起到重要作用,在此结构下家庭生计方式的选择对个人生命历程也具有重要作用,“半工半耕”的生计结构适应了农户家庭结构的内在需求和国家宏观经济形式的外在限制,成为农户维持家庭再生产的重要经济基础。①

三、第一代农民工生计策略形成

伴随着现代化进程的推进,农村人口的生计目标也从生存目标向发展诉求变迁,从宏观社会层面来讨论农村社会流动的均以结构功能主义视角解读城乡变迁过程中的社会功能性变迁而引致农村人口的巨大流动,微观层面上的讨论多从流动过程、内容特征等方面开展研究。尤其是第一代农民工外出务工动机选择更具有微观与宏观的社会性因素。第一代农民工外出务工实质是一种生计策略选择的过程。在学者看来为什么在中国传统社会中,农民宁愿选择过密化或内卷化(Involution)生活方式甚而是自我剥削的生计方式,也不去开辟或创造非农行业里的就业机会?② 农民外出务工是一种“个人行为”

① 刘升:《家庭结构视角下的“半工半耕”及其功能》,《北京社会科学》2015 年第 3 期。

② 文军:《从生存理性到社会理性选择:当代中国农民外出就业动因的社会学分析》,《社会学研究》2001 年第 6 期。

也即农民工个人和家庭的生计策略的选择过程。这种生计策略选择过程以实现个人和家庭利益最大化作为核心目标。农民工生计策略的选择是一个复杂的过程,利益最大化不仅仅是经济利益最大化,也包含家庭和个体机会和发展利益最大化。诚如科尔曼(J.S.Coleman)所说:"理性行动是为达到一定目的而通过人际交往或社会交换所表现出来的社会性行动,这种行动需要理性地考虑(或计算)对其目的有影响的各种因素。但是判断'理性'与'非理性'不能以局外人的标准而是要用行动者的眼光来衡量。"①黄平认为农民工外出务工不是盲目的行动,他们都是具有明确的策略和目标,他们的策略也在务工过程中不断调整,他们在务工过程中不断地对自己的行动加以合理化解释,也不断地反思自己的行动来及时调整自己的生计策略。正是因为农民工在务工过程中在不断地反思、调整自己生计策略,故农民工务工过程并非能实现自己预期的策略结果,同时在已有的结果中也不一定都是他们生计策略中的美好预期结果,也有一些意料之外的结果。②

在农民工外出务工生计策略选择影响因素方面,解决家庭生存压力是第一代农民工家庭做出外出务工生计策略转型的核心因素。也是第一代农民工外出务工的最大推力。自然条件方面的压力主要表现为人地关系的紧张,即在现实的生产经营条件和技术水平条件下农村的生产资源难以创造出维持农村人口生存和发展的劳动成果。不仅如此,耕地面积的递减,劳动力数量的递增,生产手段的不断提高使得农村中相对"剩余"的人口日益增多,生存压力也由此不断增加。为谋求生存而实现外出就业便成为农民必须要考虑的首要因素。经验研究也表明,人地关系越紧张、生存压力越大的地区,农村人口外出就业的动机就会越强烈。"农民工的生计策略不仅仅在于解决家庭生存危机,家庭的生存危机解决之后,其生计策略也开始转型。他们总是为了自己和

① Coleman,J.S, *Foundation of Social Theory*, Cambridge: Belknap Press of Harvard University Press,1990,p.33.

② 黄平:《寻求生存——当代农村外出人口的社会学研究》,云南人民出版社 1997 年版。

家庭的生存而不断地试错、不断地选择、不断地行动着”①。第一代农民工生计策略从20世纪80年代的以田为生到乡镇企业再到广州珠海等南方城市，第一代农民工在一步一步地通过自己的生计策略逐渐在有意无意之间改变着行为规则和制度的约束，也改变着资源的组合方式，满足了家庭生存需求。在生存需求之外，第一代农民工的生计策略也在逐渐改变，追求生存之外的需求成为很多第一代农民工的后期生计策略的主要方面。因此第一代农民工外出务工生计策略标准不是最大和最优，而是“差不多”的标准。“差不多”的生计策略对于第一代农民工应对当下生存压力非常有用，促使他们找到更多的工作机会和更多的挣钱机会，及时补充家庭的生存需求。

四、第一代农民工生计策略维度阐释

应该说每一个农民工生计策略都是立体和多元化选择的结果，但是从第一代农民工的务工选择过程来看其生计策略大体上可以分为经济行为选择策略、社会关系建构策略以及对现有政策的应对策略三个维度。这些不同的生计策略在第一代农民工的不同务工阶段或是其不同生活场景中都有不同的呈现，他们也不是截然分离或是单一取向，而是在第一代农民工外出务工过程中的多元融合。

社会关系网络是影响第一代农民工外出务工生计策略的重要因素，对于很多农民工而言，其务工消息来源几乎都是来自自己周边社会关系网络。很多学者在研究农民工社会关系网络发现，农民工关系网络同质性高异质性低。他们关系网络多集中在自己村庄和系统内部。很少向外拓展自己关系网络。农民工一方面维护自己关系网络，另一方面积极构建自己务工所在地与同事、老板的关系。目前学术界关于农民工社会支持研究主要集中在农民工社会支

---

① 黄平:《寻求生存——当代农村外出人口的社会学研究》，云南人民出版社1997年版，第81页。

持网络、农民工社会支持体系和社会支持效果等方面研究。王晓莹等认为农民工获得实际支持越丰富,其社会参与度也会越高。同时,当农民工遇见困境时候,如果其救助渠道和参与平台较多也会增加他们的城市参与度和认可度。在农民工社会网络范围上,农民工社会关系网络越脱离农村原有社会关系网络,其对于务工所在地认同会越高。但是王晓莹等并没有区分第一代农民工和第二代农民工社会关系网络的影响和作用,实际上第一代农民工的社会关系网络和第二代农民工的社会关系网络差异性极大,而且对农民工的影响作用也不同。① 人力资本和社会资本对于第一代农民工的务工历程几乎具有决定性意义。

访谈对象3，何先生,57岁,外出务工30年,安徽人

刚出来打工时候,一个庄子里面要是有一个人出来打工,那不得了啊,赚钱回家又多,说话都不一样。别人想出去,那不得好好求着人家的,你自己两眼一抹黑,出去往哪里去啊,字都不认识,也没坐过火车,就听他在那里说火车什么的,羡慕得不行。我们家条件也不好,父母孩子多,都在家里吃闲饭。我就寻思着想跟他一起出去,过年人家回家,我就跟在后面不停地说,你带我出去呗,一起干活,人家一开始不愿意的,说有风险,万一出什么事了,你爸爸找我要人,我上哪弄啊。我父亲母亲都到了他家拍着胸脯保证,孩子出去一切都自己负责,和他一点关系没有。人家才敢带我出来。我后来干着就熟悉了,就不要人带了自己也敢跑了。还有的人自己出来挣钱,他就不带自己庄上的人,只带自己家亲戚出去打工,什么样的人都有。

据数据分析统计显示,与老板和务工地同事关系较好的,自身对于未来的预期也较好。从表6-1可以看出,第一代农民工无外出务工与务工所在地的

---

① 王晓莹、罗教讲:《农民工的社会支持、社会参与和身份认同》,《中国劳动关系学院学报》2017年第31卷第2期。

工友关系维持较高的互动关系，有 59. 9%的农民工表示关系很好，会联系。与雇主关系 37. 3%的农民工表示保持较好的关系，这些都表明农民工的社会关系网络已经有了再生功能，这些再生功能在他们的第二次职业寻求中发挥了重要的变化。在对比第一次找工作和第二次找工作的关系网络上，我们可以看出第一次找工作的主要渠道是聚集在自己的亲戚和乡村已有的社会关系网络上，占比为 70. 7%，依靠其他朋友介绍的仅占据 1. 5%。在经历二次重新找工作后，其找工作的途径已经发生了巨大变化，亲戚和同村人介绍占比仅为 25. 4%，而依据自己务工期间形成的社会关系网络对于其找工作的帮助是 47. 7%。雇主给予帮助的占 4. 2%。有 29. 6%的农民工表示雇主能在平时给自己帮助。这些都说明第一代农民工外出务工对于其社会关系网络的拓展有较大的帮助。在相关性分析中，第一代农民工与雇主和工友的关系与其对未来的生活态度都有显著性相关。

第二节　第一代农民工生计策略指标描述性分析

为了进一步了解第一代农民工生计策略与其生计资本之间的关系，探讨其生计资本与生计后果之间关系，在第一节对于第一代农民工生计策略做出理论阐释的基础上本部分重点分析第一代农民工生计策略的具体指标，采用定量研究方法具体了解第一代农民工生计策略对于改变其生计状态的有效性与可行性。

一、第一代农民工生计策略指标与分布

在表 6-1 中，本研究对于第一代农民工的生计策略从三个维度上进行探讨，即经济行为策略、政策应对策略及社会关系建构策略。在经济行为指标，具体以农民工停止工作时间和是否存钱养老作为测量其经济行为策略选择主

要指标，作为虚拟变量，相较于选择干到干不动为止，选择60岁以下、65岁以下70岁及以下停止工作的=1；在是否存钱方面考虑上，选择提前存钱养老的=1。

在政策应对策略上，主要考察第一代农民工在面对与其生计相关政策选择上，他们是如何选择性地运用相关政策，在本研究中，主要以第一代农民工养老保险费作为测量指标，测量第一代农民工对于社会养老保险政策的选择性策略，该指标也是其未来生计可持续的重要方面。在具体指标设计上，以没有缴纳养老保险作为参数，选择350元及以下、1500元及以下、1500元及以上三个指标凡是选择该变量=1。在社会关系建构策略上，主要考察其与务工地工友的社会关系网络持续性，定序变量从1至5排序，1=不再联系，5=持续联系。

表6-1　生计策略指标构成与分布

生计策略	测量指标	指标设置	均值	标准差
经济行为	何时停止工作：			
	60岁及以下	虚拟变量（选择60岁以下停止工作=1）	0.139	0.346
	65岁及以下	虚拟变量（选择65岁以下停止工作=1）	0.168	0.374
	70岁及以下	虚拟变量（选择70岁以下停止工作=1）	0.082	0.274
	干不动为止	虚拟变量（选择干不动再停止工作=1）	0.611	0.488
	是否存钱	虚拟变量（提前为养老存钱=1）	0.600	0.490
政策应对	养老保险费用：			
	无	虚拟变量（没有养老保险=1）	0.262	0.440
	350及以下	虚拟变量（年养老保险投入小于350元=1）	0.512	0.500
	1500及以下	虚拟变量（年养老保险投入小于1500元=1）	0.130	0.337
	1500以上	虚拟变量（年养老保险投入大于1500元=1）	0.096	0.295
关系建构	持续联系	定序变量（1—5），1=不再联系，5=持续联系	3.638	0.867

二、第一代农民工生计策略描述性分析

表6-2至表6-3比较了五种生计资本在经济行为上的差异。其中,表6-2分析了不同时间停止工作意愿的第一代农民工生计资本差异。五种生计资本在停工意愿时间中并非单一方向的变动,而是存在明显关键点。其中,65岁为人力资本、金融资本、社会资本、物质资本、自然资本对停工意愿产生影响的关键节点,65岁及以下退休的农民工在人力资本、金融资本、社会资本、物质资本与自然资本均显著高于其他年龄段停止工作安排的农民工。分析结果表明,除社会资本外,生计资本在不同时间的停工意愿中均存在显著差异。可能的原因是社会资本相对于其他生计资本较客观,社会资本不会随着年龄的增长产生明显的削减或增加。第一代农民工多从事“三低工作”(低收入、低劳动合同签订率、低社会保险参与率),其在退休年龄之前积累的资本有限,并不能支撑他们自由退出劳动生产领域。

除社会资本外,生计资本随着第一代农民工生命周期阶段的不同,其选择继续务工的概率也不同,或者说,第一代农民工的年龄越大生计资本储量越小,继续务工的可能性越低。就人力资本而言,年龄与农民工个体健康状况呈负相关,农民工根据年龄选择持续务工的概率降低,这一点与现实劳动力市场情况也相符。

案例43:李先生,山东泰安人,56岁

还想出去,这个月可能又开工,去莱芜。50岁以上就不年轻了,60岁以上就是老年了,走到哪里一般没有人要,除非建筑工地。工地上没有意外险,在这里干两年,到那里两年,跌着碰着的小毛病家里治治就行了,没人管,没人问的。打工一天最少下来要干9个小时,最多13、14个小时,这是算上加班的,有的时候加班还有加一夜的,白天就不能干了,有的为了多挣两毛钱,也有白天接着干的。咱

年龄大了，身体越来越撑不了，干一天活就累了。我的身体目前来讲还算行吧，没有体检，干建筑这个活没有体检的，你只要能干就行，只要能干就干，不能干就家走。打算干到干不动呗，但凡能干动还是干，就是年龄越大，身体以后肯定越来越不行，咱这个除非是干到人家不要，没法干了，就不能干了。

农民工对劳动力市场给予的劳动价值有一定清晰的预判，即年龄越大获得金融资本的生计能力概率越低。由此农民工在自身年龄的基础上对何时退出劳动力市场也有一个明确的认知，即年龄越大，进入劳动力市场的难度越大。但由于农民工个体的金融资本储量存在不同，个体何时退出劳动力市场的时间也有差异，这种主观认知上的“退市”计划是在获得金融资本多少的基础上做出的“无奈”决策。

农民工在外务工所获得的收入比依赖自然资本获得的收入要高，当农民工进入应该退休的年龄时，自然资本存量是保障农民工获得非劳动性收入的强劲保障。由于我国各地农村发展情况千差万别，各地方农民工存有的自然资本存量相异，自然资本这种“后备箱”式的保障也就对农民工何时停止工作有一定的差异性影响。

65 岁为人力资本、金融资本、物质资本、自然资本对停工意愿产生影响的节点年龄的可能性原因有以下几点：一是从政策上而言，国家法定退休年龄为 60 周岁，天津市规定施工单位与建筑工人签订劳动合同时，应当严格执行国家关于法定退休年龄的规定，对男性超过 60 周岁、女性超过 50 周岁的不得签订劳动合同。① 深圳市、上海市等多个地方也同样对 60 周岁以上的农民工实行“清退令”。二是从劳动力市场缴纳保险规定的年龄而言，雇主很难为 60 周岁以上的农民工缴纳意外险，由此 60 周岁以上的农民工并不受到雇主欢迎。三是农民工个体的身体抗压能力下降。第一代农民工的生命历程一半甚

① 天津市住房和城乡建设委员会，http://zfcxjs.tj.gov.cn/xxgk_70/tzgg/202110/t20211027_5666227.html。

至以上都伴随繁重的务工历程,他们的身体机能在60周岁之后普遍下降并不再适应劳动力市场中的工作。

表6-2　经济行为与生计资本(之一)

	何时停止工作				ANOVA	
	60岁及以下	65岁及以下	70岁及以下	干不动为止	F	*p*
人力资本	0.462 (0.300)	0.398 (0.286)	0.415 (0.285)	0.371 (0.275)	9.54	***
金融资本	0.651 (0.261)	0.606 (0.256)	0.632 (0.269)	0.597 (0.265)	4.18	***
社会资本	0.132 (0.186)	0.118 (0.186)	0.128 (0.171)	0.111 (0.166)	1.58	ns
物质资本	0.516 (0.413)	0.464 (0.409)	0.566 (0.411)	0.470 (0.411)	3.98	***
自然资本	0.302 (0.362)	0.251 (0.309)	0.276 (0.310)	0.193 (0.234)	17.72	***

注:1. nsp>=0.1, * p<0.1, ** p<0.05, *** p<0.01;2. 括号中为标准差。

表6-3　经济行为与生计资本(之二)

	存钱养老			T检验	
	总体	否	是	*t*	*p*
人力资本	0.393 (0.284)	0.429 (0.297)	0.372 (0.273)	4.70	***
金融资本	0.609 (0.264)	0.672 (0.251)	0.575 (0.261)	8.81	***
社会资本	0.117 (0.174)	0.145 (0.201)	0.100 (0.152)	6.15	***
物质资本	0.485 (0.412)	0.539 (0.413)	0.455 (0.408)	4.78	***
自然资本	0.224 (0.278)	0.236 (0.307)	0.218 (0.260)	1.51	*

注:1. nsp>=0.1, * p<0.1, ** p<0.05, *** p<0.01;2. 括号中为标准差;3. t检验比较是否存钱养老两组之间的差异。

表6-3提供的是总体样本和是否存钱养老的农民工五类生计资本存量的描述性统计，以及比较两组子样本差异的 t 检验。可以发现，表示没有特别为养老做钱准备的农民工各类资本存量都显著高于总体样本及选择存钱养老的样本，且存在显著差异。

相较生计资本含量充足的未存钱养老的第一代农民工，生计资本薄弱的第一代农民工因当前生计资本状况不佳促使其尽早为养老生活做物质与金钱等方面的保障，如选择资金储蓄作为老年保障形式。对大部分农民工来说，家庭生计策略优先于个人理性决策成为农民工在外务工的首要目标，对子女投资、家庭幸福的考量远大于对个人老年生活的担忧，绝大多数农民工在结束务工生涯后并没有积累本该达到的经济资本水平，加之对养老保险政策认知不足、错误观念导致其养老保障缺乏①。对于生计资本不足的农民工而言，其养老保障更加缺乏，随着停工年龄的增长，资金储蓄越来越成为农民工进入老年期的首要目标。相比较而言，务工经验丰富、技能水平与个体较强适应性的第一代农民工在城市积累了一定生计资本，他们自身积累的生计资本足够保障预期的养老生活。

表6-4 政策应对与生计资本相关性

	养老保险费用				ANOVA	
	无	350元以下	1500及以下	1500元以上	F	p
人力资本	0.372 (0.278)	0.377 (0.278)	0.403 (0.281)	0.528 (0.302)	19.70	***
金融资本	0.547 (0.270)	0.631 (0.253)	0.631 (0.265)	0.637 (0.274)	15.50	***
社会资本	0.115 (0.170)	0.115 (0.175)	0.117 (0.157)	0.138 (0.198)	1.11	ns
物质资本	0.483 (0.412)	0.468 (0.410)	0.501 (0.414)	0.565 (0.412)	3.56	**
自然资本	0.259 (0.299)	0.199 (0.233)	0.228 (0.324)	0.258 (0.348)	7.50	***

注：1. nsp>=0.1，* p<0.1，** p<0.05，*** p<0.01；2. 括号中为标准差。

① 田北海、徐燕：《制度安排与行动逻辑：农民工养老保险参与现状的实证研究——以湖北籍农民工的调查为例》，《学习与实践》2011年第6期。

表6-4比较了五种生计资本在养老保险缴费上的差异。单因素方差分析的结果表明,除社会资本外,农民工其他四类生计资本存量均存在显著差异。

表格显示,五种生计资本在养老保险费用上呈现近似同向变化关系,是正相关关系。金融资本对于农民工养老保险的缴纳起到关键性作用,收入的增加在一定程度上提升了农民工缴纳养老保险的能力,对于农民工家庭而言,现阶段的支出并不会影响其当下生活状态与生活方式。对于达到一定社会阶层与地位的农民工而言,缴纳养老保险与其说是当下支出,更是一种投资,是一种可以预期回报的保障方式。

社会资本及人力资本也在一定程度上影响其对待养老保险的态度。研究显示,在务工初期,对于从乡土走向城市的农民工而言,受制于乡土社会的封闭性及信息传播方式的不流通,更多人把养老保险看作一种社会负担及国家向农民"索取"的方式及手段。随着流入城市后,社会资本与人力资本的增加以及接收信息渠道的畅通,大多数农民工开始意识到养老保险的重要性并开始寻求养老保障。安徽省自2020年1月起养老保险参保缴费标准分为从200元到6000元十五个档次①,从200元到1000元梯度,每梯度按照100元递增;从1000元到2000元梯度,每梯度按照500元递增;从2000元到6000元,每梯度按照1000元递增,这些梯度的设置都是对农民参加新农保政策需求的具体回应,便于农民按照自己的实际情况选择不同的档次。

从表6-4可以看出,物质资本以及自然资本在350元及以下的养老保险费用中呈现一定程度的跳跃性。农村作为在城市务工农民的蓄水池、稳定器,其中土地及住房对于在外打工的农民工而言,不仅仅是乡愁乡情的依托,更是老年生活的社会保障与进城无门的退路所在。丰富的物质及自然资本给予农

---

① 安徽省人民政府,https://www.ah.gov.cn/zmhd/dwzsk1/8295141.html?ivk_sa=1024320u。

民工对老年生活的憧憬与底气，也在相当程度上削弱了其参与养老保险的意愿与行为。

表 6-5　关系建构与生计资本相关性

	关系保持					ANOVA	
	没有	较少	一般	较多	经常	F	*p*
人力资本	0. 461 (0. 296)	0. 219 (0. 246)	0. 387 (0. 280)	0. 435 (0. 292)	0. 395 (0. 269)	16. 19	***
金融资本	0. 486 (0. 232)	0. 595 (0. 228)	0. 639 (0. 258)	0. 627 (0. 265)	0. 546 (0. 262)	10. 64	***
社会资本	0. 162 (0. 205)	0. 068 (0. 098)	0. 103 (0. 157)	0. 132 (0. 184)	0. 143 (0. 205)	7. 71	***
物质资本	0. 310 (0. 375)	0. 323 (0. 372)	0. 456 (0. 407)	0. 518 (0. 413)	0. 548 (0. 412)	10. 31	***
自然资本	0. 168 (0. 068)	0. 188 (0. 185)	0. 217 (0. 277)	0. 242 (0. 297)	0. 228 (0. 278)	1. 57	ns

注：1. nsp>=0. 1，* p<0. 1，** p<0. 05，*** p<0. 01；2. 括号中为标准差。

表 6-5 显示了农民工五类生计资本存量与其关系建构的相关性统计，比较五组子样本差异的单因素方差分析。可以发现，除了自然资本之外，农民工各类资本存量都在不同关系建构间均存在显著差异。

人力资本在农民工与工友关系保持方面呈现非线性趋势，与工友关系保持较多与没有保持联系的两个程度比其他关系程度表现出更多的人力资本含量。一方面，农民工流入城市所建构的工友关系网未从根本上改变其围绕地缘、血缘、亲缘形成的“三缘关系网络”格局①，这一网络的局限性与同质性限制其向上流动，同时也影响其金融与物质资本的增加。另一方面，对于没有与

① 卢海阳、郑逸芳、钱文荣《农民工融入城市行为分析——基于 1632 个农民工的调查数据》，《农业技术经济》2016 年第 1 期。

工友保持联系的农民工而言，跳出固守阶层之外接受教育与培训是导致其人力资本增加的主要原因，同样人力资本增加也将作用于金融和社会资本。与工友关系保持一般与较多联系的农民工其金融资本含量显著高于其他关系保持程度的农民工。在结束务工历程后，农民工与工友仍保持密切联系有利于增强其工友关系网内社会资本，对于大多数结束务工历程并选择返乡的农民工来说，其在城市构建的关系网络虽基于“三缘关系网络”而展开，但相较农村社会空间的密闭化，仍具备一定程度的复杂性，乡土社会单一且同质化的社会关系不能为农民工提供个人关系网络扩大的契机。

物质资本与关系建构具备一定的同向增长关系，经常与工友保持联系的农民工物质资本明显高于其他关系程度的农民工。对于农民工而言，物质资本包括土地、住房、其他劳动工具及生产材料。掌握充裕资本的部分农民工在职业选择上拥有更大程度的自主性，更有可能从事一定规模的个体化经营，这也反过来增强其物质资本水平。此外，相关研究发现，返乡创业农民工的成功在很大程度上也得益于在城市务工期间所建构的社会关系。乡村社会关系网的缺乏与个体资本的弱化促使他们把目光看向城市，工友圈所提供信息返乡创业农民工减轻了创业成本，提高了他们创业成功的概率。

第三节　第一代农民工生计策略、生计资本及生计预期计量分析

一、第一代农民工生计资本与生计策略相关性分析

第一代农民工的生计资本状况会影响其生计策略的选择，即第一代农民工的生计策略选择在很大程度上受到他们已有的生计资本影响。

第一代农民工的生计资本对其经济行为和政策应对以及生活关系建构等方面都有显著性影响，具体关系见表6-6。

表 6-6　生计资本对生计策略的影响

变量	经济行为				政策应对			关系建构
	何时停止工作(mlogit)			存钱养老(logit)	养老保险费用(mlogit)			关系保持(ologit)
	60岁及以下	65岁及以下	70岁及以下		350元以下	1500元及以下	1500元以上	
人力资本	0.982*** (0.243)	0.255 (0.229)	0.160 (0.305)	0.726* (0.125)	0.129 (0.207)	0.549* (0.282)	1.750*** (0.305)	2.183*** (0.335)
金融资本	0.658** (0.278)	0.028 (0.251)	0.542 (0.341)	0.263*** (0.052)	1.254*** (0.222)	1.591*** (0.315)	0.680** (0.338)	0.803 (0.137)
社会资本	0.188 (0.371)	0.163 (0.353)	-0.144 (0.476)	0.275*** (0.074)	0.528 (0.323)	0.354 (0.444)	0.409 (0.461)	2.676*** (0.639)
物质资本	0.187 (0.164)	-0.078 (0.151)	0.501** (0.203)	0.650*** (0.075)	0.045 (0.133)	0.199 (0.184)	0.453** (0.206)	1.559*** (0.159)
自然资本	1.212*** (0.216)	0.892*** (0.212)	1.054*** (0.268)	0.936 (0.155)	-0.683*** (0.192)	-0.307 (0.261)	0.046 (0.272)	1.160 (0.169)
性别	-0.620*** (0.145)	-0.193 (0.142)	-0.019 (0.195)	1.377*** (0.148)	0.176 (0.124)	0.203 (0.172)	-0.257 (0.186)	1.143 (0.109)
户籍地(东部为参照):								
中部地区	0.130 (0.153)	-0.051 (0.137)	0.222 (0.197)	0.857 (0.091)	-0.735*** (0.130)	-0.429** (0.175)	-0.377* (0.199)	1.195* (0.113)
西部地区	-0.003 (0.206)	-0.123 (0.185)	0.548** (0.239)	0.814 (0.115)	-1.181*** (0.160)	-1.098*** (0.233)	-0.833*** (0.254)	1.324** (0.166)
工作稳定性	0.038 (0.075)	0.050 (0.069)	-0.129 (0.083)	0.930 (0.048)	0.081 (0.058)	-0.111 (0.075)	0.136 (0.096)	0.965 (0.042)
月收入	-0.035 (0.090)	0.041 (0.082)	0.153 (0.112)	0.868** (0.055)	-0.062 (0.073)	-0.340*** (0.101)	0.223* (0.118)	0.812*** (0.046)
务工动机(从众为参照):								
家庭发展	-0.226 (0.230)	-0.148 (0.211)	0.084 (0.304)	1.200 (0.195)	0.072 (0.193)	0.055 (0.262)	-0.317 (0.283)	0.904 (0.128)
发展机会	0.072 (0.251)	0.091 (0.232)	0.220 (0.332)	0.991 (0.177)	-0.204 (0.212)	-0.110 (0.289)	-0.374 (0.309)	0.859 (0.135)
向往城市	0.678 (0.451)	-0.693 (0.651)	0.206 (0.688)	0.920 (0.342)	-0.196 (0.437)	-0.418 (0.644)	-0.665 (0.717)	0.487** (0.176)
常数项	-2.264*** (0.434)	-1.612*** (0.395)	-3.212*** (0.534)	9.243*** (2.869)	0.280 (0.348)	-0.296 (0.462)	-2.796*** (0.566)	
观测数	2094.000			2087.000	2119.000			2052.000

续表

变量	经济行为				政策应对			关系建构
	何时停止工作(mlogit)			存钱养老(logit)	养老保险费用(mlogit)			关系保持(ologit)
	60岁及以下	65岁及以下	70岁及以下		350元以下	1500元及以下	1500元以上	
伪 R^2	0.029			0.054	0.049			0.021
对数似然比	−2197.651			−1325.260	−2403.503			−2460.141
$\chi2$	132.342			152.184	247.180			105.578
p	0.000			0.000	0.000			0.000

表6-6汇报了生计资本对生计策略的影响。人力资本、金融资本及自然资本与停止工作的时间选择呈显著负相关,资本存量越丰富越期望更晚停止工作。可能的原因是相较于资本存量不足的农民工被劳动力市场抛弃,具备丰富资本存量的农民工在劳动力就业市场中存在显著优势,并且其所获得的收益远高于返回家乡务农收益,在家庭和个人的经济刺激下,这部分第一代农民工有极大动力持续保持务工状态,以期在尽可能短的时间内获得更多的经济报酬。同时本研究的定性访谈资料也佐证了定量研究的结论。

人力、金融、社会、物质资本显著负向影响存钱养老意愿,资本越缺乏越可能通过金钱准备来抵御养老面临的风险。对于第一代农民工而言,资本薄弱通过多种形式表征于其日常生活轨迹,存钱养老是面临生计风险下所做出的理性选择。此外,男性在经济行为方面表现更多,更愿意存钱为养老做准备,越晚停止工作。相关研究证实,女性农民工的人力资本水平显著低于男性农民工,这一事实直接反映在金融资本上,且女性农民工的城市发展意愿明显弱于男性农民工①。男性农民工一直充当家庭经济收入来源的"主力军",而女性农民工在结束务工生涯后更多地将其角色定位于家庭,为子女照看孩子、料理家务是她们实现人生价值的一种方式。在政策应对方面,人力资本、金融资

① 龚冬生、李树茁、李艳:《男女农民工的生计资本对其城市发展意愿的影响》,《城市问题》2019年第2期。

本及物质资本显著促进了养老保险投入。各资本存量充足的农民工与资本薄弱的农民工在对待养老保险的态度上有所不同,并显著影响缴纳养老保险的行为。受教育程度较高的农民工一般具有较高的职业阶层和收入水平,更具备接受新事物和理念的能力,因此参保的概率显著增高。农民工对于参保行为的考虑基于当下与远期预期收益,对于收入水平不高的农民工而言,缴纳养老保险则会影响当下生活,而未来收益则无法预期,学术界称为保得了长远保不了当下的问题,这种不确定性会大大降低其缴纳养老保险的意愿。

关系建构方面,人力资本、社会资本及物质资本显著正向影响农民工的社会关系保持。随着人力资本的增加,农民工关系建构的程度将随之加深,同样,多渠道的信息来源也显著增加了他们提升人力资本的机会。但已有研究也发现新生代农民工工友之间的信任具有较强的地域分隔性,虽具有一定乡土社会的同质性,但仍未形成基于职业关系之上的业缘关系信任,更多只是维持表面上、暂时的关系①,新生代农民工的城市社会关系网络特征同样适用于第一代农民工社会资本状况,对于第一代农民工而言,外出务工仅仅聚焦于经济资源的拓展上,故而其在城市中无力去建构具有实质性关系的社会资本。人力资本、社会资本和物质资本存量相近的农民工处于同一生活空间中,在其生计资本的推动下,农民工之间的社会关系更容易保持。相反,若农民工不在同一生计资本空间环绕的生活中,农民工之间将缺乏联系纽带,则会降低农民工之间往来的频率,关系维持易停滞。

政策应对与关系建构均体现出地区性差异,但相关方向相反,相较于东部地区,中西部养老保险投入更高,关系连接更紧密。目前中国农村已分化为两种典型类型,一种是沿海发达地区或大中城市近郊的农村,这些农村实际上已经成为城市带的一部分,不仅人口没有流出,而且会有外来打工的人口流入,土地非农使用所形成的增值收益被当地农民分享;另一种是广大的中西部的

① 张连德:《生代农民工组织信任状况的实证研究》,《北京交通大学学报(社会科学版)》2015 年第 14 卷第 2 期。

一般农业性的农村,这些农村地区大量人财物流入城市或沿海发达地区,农村逐步空心化,日渐衰落凋敝①。对于东部地区的农民而言,生计资本给予的养老保障已足以替代养老保险所带来的预期收益,中西部地区农民资本薄弱状况促使其考虑日后养老问题,并将养老保险放在非常重要的位置上。

二、第一代农民工生计策略与未来生计预期相关系分析

表6-7与表6-8中关于第一代农民工的生计策略与未来生活预期的相关性方面,对未来生活预期的分析显示,关系构建(持续联系)正向影响未来生活的预期,而经济行为(存钱养老)越强的农民工对未来生活的预期越低。此外,农民工对未来生活的预期还显著受到月收入和就业稳定性的影响。具体来说,月收入越高、就业稳定性越强,农民工对未来生活就越有希望。对未来生活预期的分析显示出,关系构建(持续联系)正向影响社会养老保险未来预期,社会关系会显著影响。农民工的养老社会保险意识不仅受到现有社会政策的影响,也受到其他因素影响,其中农民工的社会支持网络对其影响较大。农民工社会支持网具有规模小、紧密度高、趋同性强、异质性低、网络资源含量较低等特点②,对处于弱势地位的农民工而言,非正式社会支持关系如血缘关系、亲缘关系、地缘关系以及其他社会关系一直发挥着重要的作用③,故而农民工社会支持主要体现在小群体等非正式社会关系中。部分农民工在小群体内部讨论中,主题多集中在养老保险和社会政策等方面,表明农民工对养老保险等社会政策关注度比较高,他们较能获得共鸣,这些方面的观念和态度也较易传播。陶东杰、王军鹏等利用家庭追踪调查数据(CFPS)分析宗族网络对农民参与新农保的影响及其机制,他们在研究中发现,宗族关系强的区域对

① 贺雪峰:《谁是农民:三农政策重点与中国现代农业发展道路选择》,中信出版社2016年版。

② 李良进、风笑天:《试论城市农民工的社会支持系统》,《岭南学刊》2003年第1期。

③ 任义科等:《中国农民工社会网络的凝聚子群结构分析》,《社会》2008年第5期。

于农民参加新农保产生了挤出效应,即宗族关系保障作用替代了新农保的保障作用导致农民参保意愿降低,但有学者研究发现村庄内部良好社会关系会促进农民关于新农保的正向交流感受,并且在村庄内形成参保的一致性行为规范,促进农民参保率。总体上,现有研究表明农村居民年龄越大、受教育水平越高、家庭收入水平越高,对基层干部的信任度越高、农民对养老保险政策的了解越多、其他村民领取新农保的示范效应等对农民参保意愿具有较强正面影响。故而,社会关系网络正向影响了农民工的养老保险的参与及其对于未来的认知。

在农民工养老保险制度开始之初,很多农村居民对于该制度充满疑虑,因此很多人开始没有参加新农保,但是当他们家族其他成员开始陆续收到养老金的时候,在现实案例的刺激下,很多第一代农民工开始积极参加新型农村社会养老保险。访谈对象陈先生就在他的哥哥和嫂子的影响下开始积极参加养老保险的。

案例 26:陈先生,“我们买了养老保险,将来不怕的。每年交 600 多元钱……我跟我老婆现在都买养老保险,过几年我们就可以领了。我们交的是每年 670,拿钱的时候可能没有这么多。因为我大哥交了 4.5 万,开始拿的时候 700 元多,我大嫂 50 多岁就开始拿了,一个月 1000 元多,他们的几万块钱早就拿回来了。他们老了就拿这个钱过日子就可以了。像我们老了,再过几年,就拿这个钱。”

同时,还可以看出地域归属显著影响了农民工对未来保险作用的预期,相较于东部地区而言,来自中西部地区的农民工对新农保的未来保障作用更加信心不足。由于中国地域发展存在差距,东部区域普遍发展较好,农民及其家庭收入较高。且东部部分区域村集体经济较好,此外农村基础养老金在东中西也存在差异,总体而言,东部的基础养老金要高于西部,再加上村集体经济对于农民工的养老保险的补助投入,可能使得来自东部的农民工对于养老保险预期要好一些。由于中西部农民工家庭收入较低,村集体受益也远低于东部，各省份的基础养老金存在差异，中西部要低于东部，此外由于大部分第一代农民工缴纳的养老金数额仅仅是最低标准，故而仅仅依靠新农保的未来保障作用是无法保障其基本生存需求的，故而中西部区域的第一代农民工对于新农保的未来保障作用较为悲观。月收入负向影响保险预期。同样道理，月收入越高，对于新农保的未来预期越低，因为新农保的低替代率在他们的晚年经济来源中几乎无足轻重。而对于低收入群体而言，则完全相反，虽然新农保的养老金较少，但是新农保的替代率在其晚年生活中会起到一定的作用。

表 6-7　生计策略对未来生活预期与未来保险预期的影响(ologit)

变量	未来生活预期			未来保险预期		
	b	or	se	b	or	se
何时停止工作:	−0. 051	0. 951	0. 036	−0. 007	0. 993	0. 036
是否存钱	−0. 463***	0. 629***	0. 086	−0. 091	0. 913	0. 087
养老保险费用:	0. 023	1. 023	0. 034	0. 015	1. 015	0. 034
持续联系	0. 552***	1. 737***	0. 052	0. 084*	1. 087*	0. 050
性别	−0. 212**	0. 809**	0. 097	0. 287***	1. 332***	0. 098
户籍地(东部为参照):						
中部地区	−0. 090	0. 913	0. 092	−0. 496***	0. 609***	0. 094
西部地区	0. 197	1. 217	0. 125	−0. 408***	0. 665***	0. 127
工作稳定性	0. 115**	1. 122**	0. 045	0. 030	1. 030	0. 045
月收入	0. 194***	1. 215***	0. 052	−0. 204***	0. 815***	0. 052
务工动机(从众为参照):						
家庭发展	−0. 058	0. 943	0. 142	−0. 115	0. 891	0. 142
发展机会	0. 199	1. 220	0. 157	−0. 057	0. 945	0. 158
向往城市	0. 533	1. 703	0. 360	0. 089	1. 093	0. 337
观测数	1973			1979		
伪 R^2	0. 0374			0. 0103		
对数似然比	−2663. 5			−2644. 1		
χ^2	206. 8			54. 88		
p	0. 000			0. 000		

注：* p<0. 1，** p<0. 05，*** p<0. 01。

表 6-8　生计策略对未来生活预期与未来保险预期的影响(OLS)

变量	未来生活预期			未来保险预期		
	b	t	se	b	t	se
何时停止工作:						
60 岁及以下	-0.066	-0.821	0.081	0.035	0.453	0.078
65 岁及以下	-0.151	-1.541	0.098	0.015	0.155	0.095
70 岁及以下	-0.115*	-1.711	0.067	-0.002	-0.035	0.065
是否存钱	-0.269***	-5.710	0.047	-0.034	-0.744	0.046
养老保险费用:						
350 元及以下	0.020	0.348	0.057	0.047	0.854	0.055
1500 元及以下	-0.075	-0.987	0.076	0.143*	1.940	0.074
1500 元以上	0.108	1.260	0.086	-0.061	-0.731	0.083
持续联系	0.275***	10.335	0.027	0.032	1.228	0.026
性别	-0.116**	-2.196	0.053	0.141***	2.753	0.051
户籍地(东部为参照):						
中部地区	-0.027	-0.534	0.051	-0.222***	-4.494	0.049
西部地区	0.140**	2.033	0.069	-0.182***	-2.723	0.067
工作稳定性	0.062**	2.530	0.025	0.015	0.644	0.023
月收入	0.122***	4.373	0.028	-0.103***	-3.813	0.027
务工动机(从众为参照):						
家庭发展	-0.028	-0.359	0.078	-0.053	-0.706	0.075
发展机会	0.113	1.311	0.086	-0.039	-0.472	0.083
向往城市	0.283	1.489	0.190	0.081	0.437	0.184
观测数	1973			1979		
χ^2	13.58			3.323		
p	0.1000			0.0264		

注: * p<0.1, ** p<0.05, *** p<0.01。

三、第一代农民工生计策略与未来养老安排相关性分析

表 6-9　生计策略对未来养老安排的影响(mlogit)

变量	模型 1	模型 2	模型 3	模型 4
	返乡 vs 城镇	返乡 vs 子女	返乡 vs 养老院	返乡 vs 务工地
何时停止工作:	-0.282*** (0.063)	-0.292*** (0.052)	0.115 (0.141)	-0.664*** (0.118)
是否存钱	-0.879*** (0.158)	-0.199 (0.129)	-0.279 (0.303)	-0.467 (0.303)
养老保险费用:	-0.091 (0.061)	-0.011 (0.050)	-0.253** (0.120)	0.175 (0.115)
持续联系	-0.090 (0.091)	0.010 (0.074)	-0.005 (0.174)	0.028 (0.182)
性别	-0.250 (0.172)	-0.281** (0.141)	-0.486 (0.316)	-1.052*** (0.303)
户籍地(东部为参照):				
中部地区	0.729*** (0.197)	0.682*** (0.143)	1.305*** (0.402)	0.762** (0.331)
西部地区	1.577*** (0.220)	0.488** (0.197)	0.674 (0.541)	-0.530 (0.654)
工作稳定性	-0.023 (0.081)	-0.061 (0.064)	0.078 (0.166)	0.093 (0.173)
月收入	0.212** (0.096)	0.157** (0.077)	0.118 (0.177)	0.298 (0.184)
务工动机(从众为参照):				
家庭发展	0.077 (0.258)	0.725*** (0.250)	-0.485 (0.473)	0.136 (0.504)
发展机会	0.040 (0.285)	0.514* (0.272)	0.541 (0.480)	0.242 (0.543)
向往城市	-0.533 (0.790)	0.890* (0.493)	-13.090 (736.902)	0.859 (0.912)
观测数	822			
伪 R^2	0.070			

续表

变量	模型 1	模型 2	模型 3	模型 4
	返乡 vs 城镇	返乡 vs 子女	返乡 vs 养老院	返乡 vs 务工地
对数似然比	-1881.550			
χ^2	282.586			
p	0.004			

注：1. * p<0.1, ** p<0.05, *** p<0.01；2. 括号中为标准误。

对于第一代农民工而言，影响其养老选择的因素多元，本研究发现在第一代农民工养老计划经济储备中，是否存钱显著削弱第一代农民工的城镇养老安排，换句话说，第一代农民工不论其是否有存钱养老行为，他们都不愿意在城市养老，他们更愿意返回家乡。同时第一代农民工停止工作时间也与留在城镇养老呈现负相关，第一代农民工停止工作时间越晚，留在城镇的意愿越弱，这恰恰说明了第一代农民工经济资本储备越弱，越需要外出务工，停止工作时间也越晚，故而其留在城镇养老能力也就越弱，也没有意愿留在城镇和务工所在地养老。同时第一代农民工的工作时间也与依靠子代养老成反比例，第一代农民工的务工核心是为了家庭和子代的发展，他们在 60 岁以后继续选择外出务工核心目的在于为自己储备相应的养老资金，在下文中将会有详细论述。50 岁以上的第一代农民工储蓄养老意愿显著高于 50 岁以下农民工，原因在于其家庭代际责任已经完成，他们开始对自我生活有了安排，故而退出工作时间越晚，意味着他们越有能力来获取更多的经济报酬从而实现自我养老保障。在关于第一代农民工缴纳新农保显著削弱养老院养老意愿方面，应该说由于农村社会化养老设施不完善，养老条件较差，受到固有的传统文化影响，农村居民对于去养老院养老普遍持消极态度。同时第一代农民工表示去养老院也需要付钱，作为第一代农民工，他们不愿意把自己辛苦所得作为养老费用交给养老院，他们更愿意把钱留给自己的孩子。在描述性统计中可以看出第一代农民工养老的主要方式还是以子代和自养为主。

表 6-10　第一代农民工未来养老方式

未来养老方式		频率	百分比	有效百分比	累积百分比
有效	靠子女养老	1163	50.4	52.1	52.1
	自己单独过养老	893	38.7	40.0	92.2
	到养老院去生活	58	2.5	2.6	94.8
	希望政府出面能帮助养老	89	3.9	4.0	98.7
	其他	28	1.2	1.3	100.0
	总计	2231	96.7	100.0	
缺失	系统	77	3.3		
总计		2308	100.0		

表 6-10 中显示第一代农民工在选择未来养老方式上，多数是以子女养老和自己单过为主，支持第一代农民工自养的前提是他们有专门的养老储蓄，但从现有研究资料看很多第一代农民工个人养老储蓄并不乐观。

案例 94：张先生，45 岁，湖南人，家庭装修，月薪 5000 元

我是一点没有存钱。存不了啊。现在条件不允许嘛，一年收入就那么多，开销也那么多，哪存得住钱呢，更何况存钱专门养老。没想过啊。或者说没有积蓄吧，赚了就一般都用了。在孩子教育方面花了比较多钱，像大女儿初高中补习啊、资料书啊这些都是不可少，为了她的前途嘛，我现在就是后悔我年轻时候没多读书，所以啊现在就想着一定要把孩子送出去读书，给她们最好的学习条件，好在大女儿读出去了，也算是放了半颗心。

案例 97：王女士，河北人，67 岁，清洁工，月薪 1500 元

我还出来干活，倒也不是因为现在要用钱，哎呀这不是想给以后多存点呗，我也是想着趁现在还能干活就赶紧多攒点钱，万一以后有

个大病手术什么的，自己还能应付，其他又没人给你出钱，虽说有了孩子的帮助，但是也不能总靠她们呐，她们也都成家立业了把他们自己管好就行了，他们也没有很多钱来管我们啊……等到75岁左右再退休回家吧，那时候肯定干不动了，那时候就回老家了平时下下地，有钱买点吃的就行了，再干几年多存点钱。……我养老都自己想好了，自己单独过，我几乎每年都会存点，现在存得比之前多了很多，现在工作的钱就是主要存起来，等老了之后就用。（笑了，现在都老了，人不服老啊）

从以上案例和分析中我们可以看出第一代农民工的养老安排与其生计策略中的养老行为高度相关，第一代农民工在其45—55岁年龄段，其与家庭生命周期高度叠加。他们个体的生命历程和家庭生命周期都同时处于重大转折时期，家庭内部子代教育和结婚花销成为整个家庭核心任务，而这些都需要大笔资金支持，40多岁的农民工父辈的生命历程正处在这样伦理责任的重要时期，外出务工所得基本都是为了子代发展和储备。在现有研究中，大部分文献提及农民工的高储蓄现象，Modigliani 和 Cao 首次提出"中国高储蓄率之谜"①，倪洪福利用CHIPS数据对中国城乡居民的人口结构和储蓄率变化进行研究，发现随着年龄段增长，居民的储蓄率呈现倒"U"形结构，即个体中年时期储蓄最低②。该研究虽然指出了中年储蓄特殊性但并没有给予相应解释。本研究发现中年农民工很少有储蓄余额，定性资料较好地解释了上述研究的疑问，40岁年龄段的农民工群体正处于其家庭生命周期的高付出阶段，其核心任务是为子代的教育和结婚等人生大事提供资金支持，这些几乎消耗了他们以前的储蓄，从而导致他们在此阶段几乎没有储蓄的能力，所有的工资

① Modiglianif, Cao L, "The Chinese saving puzzle andthe life-cycle hypothesis", *Journal of economic literature*, Vol.42, No.1, 2004, pp.145-170.

② 倪红福、李善同、何建武：《人口结构变化对消费结构及储蓄率的影响分析》，《人口与发展》2014年第5期。

收入几乎是即时性投入子代的教育或是结婚等人生大事中。故而他们更无暇为自己养老而储蓄。

第四节　本章小结

由以上分析中可以得知,第一代农民工外出务工过程中其生计策略指引着第一代农民工务工的全部生命历程,且其生计策略也在不同时空阶段呈现出不同取向。生计策略经历了从生存理性到生活理性的转变,过好日子是第一代农民工生计策略的核心。其生计策略的选择过程从解决家庭和个体生存危机到着眼于家庭成员发展尤其是代际支持视角下,以投入到子代教育和后期发展中为目标。第一代农民工的生计策略中包含了家庭代际协调发展的策略,代际分工,由生存到发展的理念。同时,在数据分析中,第一代农民工的生计策略与生计资本的影响呈现出双向性、交互性影响特质。

通过社会网络获取工作之后的第一代农民工必然性地把个体劳动力附加上具有商品化性质的生计手段,这是因为农业生产和农村生活资料商品化后,农民家庭生计中一切活动都是通过金钱作为媒介来开展,同时,官方力量鼓励被塑造成“贫困”、“匮乏”、“落后”的农民群体进入货币经济体系,在这种“强制+鼓励”的双重作用下,留给农民的选择除外出务工挣钱,别无他选。① 农村生计来源匮乏、家庭生活贫困等动机促成了农民寻求生计的真正原因,他们把生计改善的希望寄托于城市,这种希望促成了第一代农民工进城的已然行动。但第一代农民工进城务工不同于单位制形式的固定工作,受工作形式等影响扎根于一个务工地点不再流动并不被抱有期望,第一代农民工欣然接受频繁流动的务工模式,本质原因在于农民工将谋得生计的希望寄托于城市而必须向时代背景、先赋性因素及自致性因素妥协。这种被迫性的选择从农民工个

① 叶敬忠、王维:《改革开放四十年来的劳动力乡城流动与农村留守人口》,《农业经济问题》2018 年第 7 期。

体生命历程角度而言是转折点影响下的生活轨迹发生变化，而此种转折通过家庭这一单位体现出来。总之，第一代农民工通过亲缘与地缘的关系网成功获得进城的“门票”，随着个人经验的积累，原生关系网在城市无法发挥作用，个体通过新建立的关系网获得生计方式，他们的目标是既明确又有希望的，但在务工历程中遭遇到的是漂泊异乡的痛苦、务工滋味的难以言说，唯有在挣扎中继续坚持，因为他们背负着来自家庭的责任。

第七章 第一代农民工可持续生计能力分析

第一节 第一代农民工可持续生计能力阐释

一、可持续生计能力的阐释

能力表现为社会个体具备经常性和稳固性的心理特点和行动效果,它反映了社会个体完成各种既定任务的可能性。在经济学中,能力分析主要包含两层意思:一是有关个体解决其贫困和饥饿问题可行能力探讨;二是宏观层面的可持续发展战略中对可持续发展能力的表述与分析。阿马蒂亚·森用“可行能力”表示一个人有可能实现的、各种可能的功能性活动组合。由此可见,可行能力实质上是一种自由,是实现各种可能的功能性活动组合的实质自由。从社会个体发展来看,社会个体的可持续生计与其所具备的生计能力经常互相作用,从而推动家庭及个体的可持续发展。故而,每一个家庭的生计能力分析也应该从整合、生计资本和管理能力三个层面进行分析。进一步分析可知社会个体的可持续生计能力实质上是由资源整合能力、风险控制能力、环境适应能力和生计创新能力等多元要素组成的。可以说,家庭的整体生计动态能力实质上是家庭主动适应的发展策略。

阿玛蒂亚·森对可行能力的阐释和理解意图在于强调解决贫困问题核心是培育贫困人口的可行性能力并给予其空间与资源的支持。在能力分析范畴之内,可持续发展能力无疑是能力范畴的进一步拓展,可持续发展能力亦称可持续性,联合国《21 世纪议程》阐述了可持续发展能力,"一个国家的可持续发展能力,在很大程度上取决于在其生态和地理条件下人民和体制的能力。具体地说,能力建设包括一个国家在人力、科学、技术、组织、机构和资源方面的能力的培养和增强。"学术界现有研究都表明了能力包含以下特征:第一,能力问题不仅仅是一个战略问题,还是一个策略问题,可以从行动个体的行动策略和路径选择角度对其能力进行相关解析;第二,能力是个体的一种动力机制,是行动主体在行动目标的指引下对其行动的解释型基础;第三,能力是动态变化的,能力可以被塑造,关键在于对个体进行投资以提升其能力水平。

现有研究认为可持续生计是个人和家庭获得的改变自身状况的谋生能力以提高收入水平为核心的行动,包括他们在此过程中所拥有的有形资产和无形资产以及他们获得外部支持体系的情形。可持续生计基本思想来源于 20 世纪 80 年代到 90 年代早期学术界和社会对于贫困问题超越了经济学的解释分析,尤其 Sen、Chambers 和 Conway 在贫困分析视角中创造性地提出了系列分析框架,把对贫困的解释引入到了全新的领域。可持续生计理论创新之处在于对贫困群体生计问题分析的思路,强调要从能力、资产和行动策略入手,而非从生计需求入手,在此基础上形成一个完整的解释框架。在以生计能力、生计资本和生计策略为重点的可持续生计分析和实践中,核心价值在于去除影响研究对象生计发展内外因素,从生计资本、生计策略和生计能力等方面建构起其可持续生计系统,从而实现发展的稳定,生计的可持续。Scoones 认为个人生计策略的实现与否不但取决于个人的能力及其所拥有的生计资本情况,还受到外在社会环境如社会政策、国家体制等影响。Scoones 认为农民的生计策略有三种模式,其一是进行农业生产,农民采取集约化或是粗放化生产方式;其二是农民的生计来源日益多样化,他们开辟其他的生计资源;其三是农村人员向外流动,当农村的生计资源无法满足其生计可持续时,农村人口向外迁移获取新的生计方式便成为生计策略的主要选择。在日益激烈的生存竞争和发展竞争下,农民只有主动或被迫选择生计转型作为实现可持续生计的策略和手段。但是从风险规避和减轻生计脆弱性的效果来看,不同居民家庭之间又存在实质性的差异。已有研究表明,个体及其家庭能否成功实现生计可持续发展越来越依赖于其是否获得足够的条件和资源,是否具有相应的转型意识和能力。学术界把这种居民实现生计空间地域转换而进行的整合、建立以及重构内外资源基础以便适应变化的环境,实现生计稳定高效发展的能力(Ability)称为居民可持续生计动态能力①。

二、可持续生计能力的阐释维度

在学界现有研究中关于生计能力的阐释都是源于研究者对研究对象适应能力的阐释,现有研究认为对生计能力的研究视角递进经历了三个发展阶段。第一阶段,学术界主要聚焦在研究对象的生计脆弱性上,研究者认为个体或家庭的适应能力是个体生计系统中关键要素,它是个体生计系统应对外在影响,争取利益最大化的调整能力,以及在个体生计系统发生转变时候的应对能力②。第二阶段,在英国国际发展署提出的可持续生计概念基础上,学界开始建构可持续生计研究范式,该范式包括外在环境的脆弱性、个体的生计资本、个体生计行动过程采取的生计策略与个体的生计能力诸多要素。③ 在这一范式中,适应能力被单独分析,被认为是应对外在风险的能力,是一种可持续的生计能力,但研究者没有明确界定适应能力与生计能力二者关系。第三阶段,

---

① 赵锋:《持续生计与生计动态能力分析:一个新的理论研究框架》,《经济研究参考》2015年第27期。

② 李雪萍、魏爱春:《摆动型生计:生计能力视域下的生存策略选择——以重庆市M镇易地扶贫搬迁安置点为例》,《吉首大学学报(社会科学版)》2021年第41卷第4期。

③ Smit B.J, Wandel, "Adaptation, adaptive capacity and vulnerability", *Global Environmental Change*, Vol.16, 2006, pp.282-292.

在深入研究可持续生计的基础上，Chambers 对生计能力的范畴做出了明确的界定，他指出生计能力不但包括行动者面对脆弱性环境时的被动调适能力，还同时包括他们个体主动解决问题和创造机会的能力。[①] 在国内研究中，诸多学者把可持续生计能力作为一个分析框架用来分析诸多社会问题。但是在生计能力的解读上亦有不同的认知，有学者将生计能力看作个体在应对脆弱性环境和实现生计可持续的能力[②]。在关于可持续生计分析框架方面，部分学者把生计能力与可行能力放在一起运用，并没有做出区分，并将其操作化为资本获取能力、就业能力及社会风险应对能力[③]。还有学者指出生计能力本身就是一个不断变化的动态过程，将生计能力具体操作化为资源整合能力、风险控制能力、环境适应能力以及生计创新能力[④]。

本章内容主要分析第一代农民的可持续生计能力，按照学术界现有研究成果以及本研究对象第一代农民工的现实情况。在本研究中，笔者把第一代农民工的可持续生计能力具体操作化为三个向度，即风险控制能力、社会环境适应能力和个体自我发展能力。在这三个维度上运用定量资料与描述性分析第一代农民工在生计资本与生计策略的选择下，其生计能力现状及未来生计的支持力度。表 7-1 详细描述了第一代农民工生计能力的各项衡量指标及其定义。在社会适应能力方面，具体用与雇主关系、社会融入度两个二级指标来测量其适应能力；在抗风险能力方面，本研究用家庭风险和健康风险两个维度测量第一代农民工抵抗风险的能力；在继续发展能力方面，本研究从家庭生计机会、家庭收入多样化和技术培训三个二级指标测量第一代农民工的继续发展能力。

---

① Robertc."Vulnerability, Coping and Policy", *Editorial Introduction*, Ids Bulletin, Vol.37, No.4, 2006, pp.33-40.

② 何家军:《水利工程移民生计能力再造研究》,武汉大学博士论文,2014 年。

③ 张峻豪、何家军:《能力再造:可持续生计的能力范式及其理论建构》,《湖北社会科学》2014 年第 9 期。

④ 赵锋:《可持续生计与生计动态能力分析:一个新的理论研究框架》,《经济研究参考》2015 年第 27 期。

表 7-1　第一代农民工生计能力指标构成

资本类型	测量指标	指标定义	熵值权重
环境适应能力	与雇主关系	很差=0.1,较差=0.2,一般=0.3,较好=0.4	0.1563
	社会融入度	是=1,否=0	0.6437
风险应对能力	家庭风险应对	很差=0.1,较差=0.2,一般=0.3,较好=0.4	0.2370
	健康风险能力	很差=0.1,较差=0.2,一般=0.3,较好=0.4,很好=0.5	0.7630
个体发展能力	生计机会	是=1,否=0	0.8308
	收入多样性	计数型	0.0108
	技术培训	是=1,否=0	0.1584

第二节　第一代农民工可持续生计能力向度阐释

一、第一代农民工可持续生计风险控制能力

(一)第一代农民工风险分析

在本章第一节研究中考察了学界现有关于生计能力的分类与解释向度,针对第一代农民工生计能力问题,本研究结合学界已有的研究框架,并结合第一代农民工的自身特点,把其生计能力划分为三个向度,即风险控制能力、社会环境适应能力和个体自身的发展能力,在这些维度上结合定性资料与定量的资料的描述性分析,具体阐释其生计的可持续性。应该说无论是第一代农民工的生计资本抑或其生计策略建构,都最终转换为其可持续生计能力上。在解读第一代农民工的风险应对能力上首先要解读风险内涵及第一代农民工可能会面临的风险。

在关于风险的认知上,学术界亦有较为成熟的研究视角。学术界多把风险与脆弱性作为一对范式加以讨论,Stefan Dercon 在分析个体的脆弱性范畴

中引入了风险分析概念，认为脆弱性正是源于风险的相对集中，故而个体的风险可以界定为收入、资产和福利三大风险源①。Henninger 则认为环境、市场、政治、社会和健康等风险是造就个体脆弱性的重要风险因素。②

对于第一代农民工群体而言，其作为现代社会中高风险群体之一也是学术界重点关注对象。在关于农民工的风险分析中，学术界有两种截然不同的研究视角。一种视角是秩序中心论视角，在该视角下，农民工群体是被作为"当代中国社会的风险源"加以解读，是威胁现代社会秩序的风险因素之一，该观点以贝克（2005）的判断作为典型代表，"当代中国社会，特别是以农民工为代表的国内因巨大的变迁正步入风险社会，甚至将可能进入高风险社会……特别是以农民工为代表的国内大规模移民的出现，在给中国社会注入发展活力和动力的同时，也给社会带来了一些不稳定的因素，加剧了社会风险。"③这种风险分析视角主要聚焦于农民工聚集行为所带来的社会结构性风险，对社会秩序和制度的破坏性行为，在风险的解决思路上遵循的是治理及管理的视角，农民工群体是作为风险源进入研究视野。④⑤⑥

在近几十年中国社会稳定发展的前提下，对于农民工作为社会风险源的判断已经不再具有现实的紧迫性，或者说破解农民工的作为社会风险源的思路发生了根本性变迁，即由管理到服务的价值转变，使得农民工社会政策价值取向也在转变，农民工友好型社会政策的逐步建构，农民工主体性价值日益彰显，对于农民工主体性价值关怀也日益增多，这些转变都体现在有关农民工风

---

① Stefan Dercon，"Vulner ability to Poverty：A Framework for Policy Analysis"，*DFID working paper*，2001.

② Henninger，N，*Mapping and geographicanalysis of human welfar eand poverty-reviewand assessment*，World Resources Institute Washington，1998.

③ 薛晓源、刘国良：《全球风险世界：现在与未来——德国著名社会学家、风险社会理论创始人乌尔里希·贝克教授访谈录》，《马克思主义与现实》2005 年第 1 期。

④ 刘玉蓉：《论城市外来工聚居社区社会风险生成逻辑》，《求索》2013 年第 1 期。

⑤ 于水：《风险社会下农民工群体性事件治理》，《江苏社会科学》2013 年第 2 期。

⑥ 张翼、尉建文：《特大城市农民工群体性事件参与风险分析》，《中国特色社会主义研究》2014 年第 4 期。

险的研究视角上出现了价值转向,即农民工作为风险源转变为农民工作为风险群体。第一代农民工生计方式的转型意味着其同时暴露在传统风险与现代社会风险双重压力之下,其面临的风险也被放大,他们传统的风险应对方式显然已经无法应对。肇自西方世界的工业化生产方式和中国社会转型中的社会管理方式都发生了巨大变迁,这些变迁既蕴含着机会,但也同步带来风险。其生计模式变迁过程中,他们同时也面临着更大的不确定性。

在现代市场经济中,竞争和流动成为常态,而第一代农民工由于其低技能,从而在市场中成为高流动性、低竞争力的典型性人群。在高流动性中,第一代农民工逐渐失去了传统社会中依托于乡土和亲属关系网络的保障体系,他们逐渐从传统相对稳定的社会保障网络中游离出来,成为风险的自由体,即自担风险,风险沿着个体化的发展趋势而弥漫开来,"从前在家庭,在农村社区,及通过求助于村落社会成员或群体得以处置的机会、危险和生活矛盾,渐渐只能由个人独自来掌握、解释及应对。因为现代社会的异常复杂性,在个人还不能以富有智识的、负责任的方式做出必须面对的决定之时,这些'具有风险的自由'现在已被强加于个人身上"①。作为弱势群体,第一代农民工群体在城市务工生命历程遭遇的经济贫困、权利贫困和能力贫困具有普遍性和典型性②,是城市中的新"贫困阶层"。在日常生活中,风险的分配向来不是随机的,也不是偶发的,它与个体或群体的阶层分布相关,阶层越低,抵抗风险的能力也就越弱,风险就越大,诚如贝克所言,"风险总是以层级的或依阶级而定的方式分配。在这种意义上,阶级社会和风险社会存在着很大范围的相互重叠。风险分配的历史表明,像财富一样,风险是附着在阶级模式上的,只不过是以颠倒的方式:财富在上层聚集,而风险在下层聚集。"③由此可见,相较处

① 刘祖云、葛笑如:《农民工群体人生风险的类型与发生逻辑探析》,《南京农业大学学报》2014 年第 14 卷第 3 期。

② 葛笑如:《包容性增长视角下农民工贫困问题再审视》,《大连理工大学学报》2012 年第 6 期。

③ [德]乌尔里希·贝克:《风险社会》,何博闻译,译林出版社 2004 年版,第 87 页。

于上层阶级的群体来说，第一代农民工群体毫无疑问会遭遇更多人生风险。[①]部分学者对农民工面临的风险进行排序以及所面临的风险类型分析后，认为解决农民工群体面临的风险关键在于加强制度建设，建立风险共担机制[②][③]，冯伟认为农民工存在健康风险、劳动力市场风险与社会福利风险[④]。在学术界讨论农民工面临风险困境的同时，学者也在针对农民工个体面对风险的态度及其应对风险的策略和能力开展相关研究[⑤][⑥][⑦]。刘祖云认为从传统社会差序格局中分化出来的第一代农民工，以一种近乎完全个体化生存模式在城市务工，作为城市中的底层和社会政策中的他者角色，进一步加剧了第一代农民工群体面临的风险程度。第一代农民工在外出务工历程中，其生计模式发生改变，故而他们面临的风险也呈现出二重性特征，既受到传统社会风险的压力，同时在流动过程中，他们也面临着现代化和工业社会的风险，面临着较大的不确定性，其应对风险的能力也呈现出多元化，故而，第一代农民工风险的应对能力是其可持续生计的核心要素。

（二）第一代农民工的风险应对能力分析

在学界现有研究中，勾勒了第一代农民工所面临的风险及其应对能力，总体而言，第一代农民工的风险应对能力较弱。本研究结合学术界现有研究观

---

① 葛笑如、卢璇璇：《脆弱性与风险：农民工人生风险的另类分析》，《山西农业大学学报（社会科学版）》2016 年第 15 卷第 9 期。

② 顾永红、杨五洲：《农民工社会风险识别与抗风险能力评估》，《中南财经政法大学学报》2010 年第 1 期。

③ 王慧博：《新生代农民工市民化社会融入风险研究》，《社会科学辑刊》2012 年第 5 期。

④ 冯伟：《城市化进程中农民工风险管理策略研究：基于北京市的实证分析》，《兰州学刊》2009 年 6 月。

⑤ 王道勇、汪立华：《居村农民与农民工的社会风险意识考察》，《学术界》2005 年第 9 卷第 40 期。

⑥ 陈君武：《农村劳动力城市就业社会风险的趋势与化解》，《求索》2009 年第 11 期。

⑦ 邓大松、李玉娇：《新型城镇化进程中农民工就业风险及其规避》，《湘潭大学学报（哲学社会科学版）》2015 年第 39 期。

点,把第一代农民工的风险应对能力具体操作化为两个维度:其一是其家庭风险应对能力,其二是自身健康风险应对能力。

1. **家庭风险低应对能力**

第一代农民工家庭风险应对能力主要表现在应对各种意外发生的能力,从表7-2统计数据来看,其家庭风险应对能力相对较弱。第一代农民工明确表示自己家庭有能力应对各种意外发生的仅占7.4%,有能力应对多项意外事件发生的仅占13.0%,有57.3%的受访者表示仅能应付一些生活基本事件的发生,有8.5%的受访者表示没有能力应对一些生活中基本事件发生。这些都表明第一代农民工家庭的低风险应对能力,或者说其生计风险应对能力较弱。农民工家庭的弱风险应对能力缘由在其市场交换中的低资源获取能力和社会政策中的边缘位置,低报酬、市场中的底层地位使得他们无法在外出务工过程中有实质性能力提高其家庭风险应对能力,应该说他们在外务工在某种程度上弱化了家庭的风险应对能力。

表7-2　第一代农民工家庭风险应对能力

家庭风险应对能力		频率	百分比	有效百分比	累积百分比
有效	有能力应对各种意外事件的发生	166	7.2	7.4	7.4
	有能力应对多项意外事件的发生	292	12.7	13.0	20.5
	没有能力应对多项意外事件的发生,但有能力应对一些生活基本事件的发生	1283	55.6	57.3	77.8
	没有能力应对一些生活基本事件的发生	190	8.2	8.5	86.3
	不清楚	307	13.3	13.7	100.0
	总计	2238	97.0	100.0	
缺失	系统	70	3.0		
总计		2308	100.0		

农民工在市场活动中其生计机会经历了一个被市场排斥到市场低端就业的历程。其生计稳定性不仅源于政策，同时也源于市场对其的友好度。农民没有与外部大市场连接，市场缺乏针对本社区人口创收方式的稳定支撑，农民必然无法逃避外出打工、家人分离的生计安排，也不能幸免于市场经济的漩涡当中。① 经济学家认为，劳动力市场分割可以分为两种视角，内生的市场分割和外生的市场分割，内生的市场分割所造成劳动力市场分割原因是内生的，是由经济力量本身造成的；外生的劳动力市场分割所造成劳动力市场分割的原因是由经济之外的力量造成的。故而在我国市场活动中，受制于我国特有的城乡二元发展格局，劳动力市场是外生性的分割，即被经济因素意外的制度性因素分割，是制度性的壁垒分割。② 分割的劳动力市场使得个人的社会关系网络无缝嵌入经济生活中，而对于低社会关系网络的农民工而言，毫无疑问其市场中的生计机会是微弱的。第一代农民工在以己为中心的“核心区域”、“可靠区域”、“一般区域”等三层次关系圈层的关系网络中“找工作”。③ 第一代农民工呈现出典型的三低一高特征，即低技能、低学历、低收入和高风险。在就业市场中被称为“二等公民”④，他们在城市务工过程中经历了双重排斥的过程，即务工所在地政策排斥和市场交换中的低技术能力排斥，他们在市场中的生计稀缺。

2. 第一代农民工健康风险低应对能力

农民工的市场交换行为几乎都是以体力劳动者的身份进入市场，所从事的都是高体力付出，低收入的工作，在学者的研究中，农民工外出几乎都是在

---

① 叶敬忠：《一分耕耘未必有一分收获——当农民双脚站在市场经济之中》，《中国农业大学学报（社会科学版）》2012 年第 29 卷第 1 期。

② 边燕杰、张顺：《社会网络与劳动力市场》，社会科学文献出版社 2017 年版，第 15—16 页。

③ 边燕杰、张顺：《社会网络与劳动力市场》，社会科学文献出版社 2017 年版，第 96 页。

④ Sylvie Démurger，Marc Gurgand，ShiLi，Ximing Yue，“Migrants as second-class workers in urban China? A decomposition analys”，*Journal of Comparative Economics*，Vol. 37，No. 4，2009，pp. 610-628.

建筑工地上或者是人力装卸行业,这种行业对于农民工的健康损耗都是物理性的器官功能损耗,年轻时候器官没有出现退化,健康维护意识缺乏,也没有足够的休息和恢复时间,机械性、重复性的劳动较多,对于自己的健康能力较差,导致农民工的身体健康出现了累积性损耗。

表 7-3　第一代农民工务工地生病处理

生病处理		频率	百分比	有效百分比	累积百分比
有效	能忍则忍,自己买药处理	1338	58.0	58.5	58.5
	去街头小诊所看	370	16.0	16.2	74.6
	立即去当地大医院看病	273	11.8	11.9	86.5
	返回农村老家看病	308	13.3	13.5	100.0
	总计	2289	99.2	100.0	
缺失	系统	19	0.8		
总计		2308	100.0		

访谈者:男,何某,54 岁,现在建筑工地

我们年轻时候,在广东那边干活,都是在路边等人家来喊,去卸货,一个大包都有 100 多斤,都是一个人肩膀上一扛就走了,回来再扛,你搬几个包裹,给你几个钱啊,一个包裹给 10 块钱,一天能搬个十来次包裹,都是腰要挺着,否则你的腰就压坏了,腰老用力,腰疼,尤其是胳膊疼,都不要去医院看,自己都知道是累的。

表 7-4　在务工地生病去当地医院看病次数

看病次数		频率	百分比	有效百分比	累积百分比
有效	0	1459	63. 2	63. 4	63. 4
	1	383	16. 6	16. 6	80. 1
	2	270	11. 7	11. 7	91. 8
	3	87	3. 8	3. 8	95. 6
	4 次以上	102	4. 4	4. 4	100. 0
	总计	2301	99. 7	100. 0	
缺失	系统	7	0. 3		
总计		2308	100. 0		

在考察第一代农民工健康风险应对能力方面，农民工对生病的处理方式以及看病次数都能反映出其较低的健康维护能力。

表 7-5　第一代农民工当下最担心的问题

担心问题		频率	百分比	有效百分比	累积百分比
有效	身体健康	1412	61. 2	61. 4	61. 4
	家庭经济困难	504	21. 8	21. 9	83. 4
	孩子教育及结婚	275	11. 9	12. 0	95. 3
	自己将来养老	107	4. 6	4. 7	100. 0
	总计	2298	99. 6	100. 0	
缺失	系统	10	0. 4		
总计		2308	100. 0		

从表 7-5 中可以看出，第一代农民工当下最担心的是的健康问题，占比为 61. 4%，可见第一代农民工的健康应对能力亟须得到有效保障。

农民工工作时间越长，健康不平等越严重，医疗保险显著降低了农民工的健康不平等。从区域特征来看，居住在东部地区的农民工健康不平等程度较低，而居住在西部和东北地区的农民工健康不平等程度较高。农民工作为实体产业的主要劳动力来源，为我国工业化和城市化建设作出了巨大贡献，高强度的工作，严重损害了他们的健康。近年来，随着城市对流动人口的一些限制政策的逐步放松，农民工的健康状况得到了重视并逐步改善，但与此同时，农民工的健康差距也开始显现，不同的就业状况和雇佣关系是造成农民工健康不平等的部分原因。因此，有必要采取措施保护农民工的健康，促进农民工的健康平等。提高农民工公共卫生福利的可及性是促进农民工健康更加公平的重要途径。卫生和健康不平等不仅源于遗传因素，也源于个体所处的物理环境和行为习惯，以及公共卫生服务供需不平衡。因此，可以通过风险管理和公共福利均等化来干预健康不平等。通过对农民工进行健康教育，建立健康档案，不仅可以为农民工提供健康知识，改善他们不正确的生活方式，降低疾病发生率，还可以通过科技手段对农民工的健康和疾病进行干预、评估和管理，识别潜在的健康风险，回应健康需求，从而改善农民工的健康状况，缓解农民工的健康不平等。城市的社会保障体系排斥使其无法融入城市的现代化中，也无法分享城市化的红利。市场活动中的低端地位导致其经济收入也处于低端，健康意识和健康识别能力也无法获得有效保障。由于中国的特有的城市化方式和户籍管理政策使得第一代农民工的进入城市过程经历了一个“走向承认的过程”①。在没有承认之前，第一代农民工是在被排斥中走向承认。在就业机会上，由于户口的排斥，他们无法享有公平的就业机会，故而只能选择低端的就业场所，双重排斥下的第一代农民工离开土地进入城市务工，通过短期交换劳动力获得经济报酬。从就业的领域来看，第一代农民工主要集中在劳动密集型企业。调研显示，第一代农民工所从事的大多是高强度、高风险、

① 王小章：《走向承认，浙江农民工——浙江省农民工公民权发展的社会学研究》，浙江大学出版社 2010 年版。

低工资的工作,有些建筑工地上甚至90%左右的工人都是第一代农民工。①

二、第一代农民工社会环境适应能力

Leland 与 Cone 等认为社会个体与其生存环境之间互动形式是理解社会适应的关键,故而社会适应可以看作是个体在与其生存环境互动过程中所形成的对其所处环境中的社会文化、价值观念和生活方式的应对系统②,《社会学词典》认为适应行为是“指个人适应社会环境而产生的行为。个人通过社会化,明白自己的社会权利与义务,形成与社会要求相适应的知识、技能、价值观和性格,就会在社会交往与社会行动中采取符合社会要求的行动。反之,如果不能很好地适应社会环境,就会陷入困惑之中。人的一生是不断地适应环境的过程”③。AAMR(美国智力与落后协会)于2002年对社会适应行为进行了再界定:“个体的适应行为是其在日常生活中所习得的社会和实践技能。”④总体上而言,社会适应是指个体与所处社会环境在互动过程中达成互相协调和认知的实践过程,具有主动性和积极性。故而,对社会个体而言,社会适应只存在适应程度的问题,而非“能”与“否”的问题。在关于某一特殊群体的社会适应分析上,尤其是移民对于新的社会环境的适应分析上,学者从不同视角进行了解读。Golds.cheider.G 认为:“移民的适应可以界定为一个过程,在这个过程中,移民对变化了的政治、经济和社会环境做出反应,从农村到城市常包含了这三方面的变化。”⑤Golds 把适应理解为行为本身,即在变化的环境中移民们所做出不断调整其行为的过程和能力。同样源于进城农民工的特殊身

---

① 越来越老的农民工群体,其实是一座“富矿”,https://new.qq.co[M]/o[M]n/20211016/20211016A05N0K00.html。

② 杨彦平、金瑜:《社会适应性研究述评》,《心理科学》2006年第29卷第5期。

③ 王康:《社会学词典》,山东人民出版社1988年版,第352页。

④ Grossman H.J., *Classification in mental retardation*, Washington DC: American Associationon Mental Retardation, 1983, p.1.

⑤ Goldseheider.G, *Urban Migrants in Developing Nations*, West View Press, 1983, p.45.

份，对他们来说，城市经历是一种过程，在这个过程中，他们必须不断地在工作方式、生活方式、社会交往、社会心理上做出种种调节，从而顺应他们自身所处的生存环境。

国内学者认为社会适应性是个体主动地反作用于环境的过程。郑日昌认为社会适应性是心理适应能力，是个体在与周围环境相互作用、与周围人们相互交往过程中，以一定的行为积极地反作用于周围环境而获得平衡的心理能力①。陈建文、黄希庭对于社会适应能力进行指标化测量，认为公众对于社会适应能力可以通过工作能力、表达能力和社会活动能力等方面加以测量。②

尽管国内外学者关注点不同，但学术界一致认为社会适应性包含三种类型：一是个体在与环境相互作用过程中形成的应对系统；二是适应环境所需的各种技能；三是一种人格品质或心理素质。朱力认为具体到农民工群体而言，农民工对于城市的环境适应则表现为成人的社会化过程。第一代农民工从农村来到城市务工，他们进入了与农村生活环境完全不同的新的生活环境中。在社会角色上，他们也成为一个全新的社会角色。在生活环境和社会角色转变的双重压力下，第一代农民工也在不停地调整自己的行为方式，包括经济活动方式、人际交往方式、价值体系等来主动适应城市的环境③，朱力同时把进城农民工的适应分为三个逐渐递进层次：经济适应、社会适应和心理适应。第一代农民工从农村来到城市的首要任务是实现经济适应，即找到一份工作，满足生存的经济需求，社会适应是第一代农民工满足了经济适应之后进一步社会交往的需要，而心理适应则是精神层次的最高适应，表示农民工开始认可城市生活环境，并主动寻求融入城市。

在农民工的社会适应性研究上，学界现有的研究视角主要聚焦在农民工

---

① 郑日昌：《大学生心理诊断》，山东教育出版社1999年版。

② 陈建文、黄希庭《公众的社会适应观初步调查研究》，《心理科学》2001年第24卷第1期。

③ 朱力：《论城市农民工阶层的城市适应》，《江海学刊》2002年第6期。

社会融合视角探讨农民工的社会适应性。结合学术界现有关于社会适应能力的研究成果，本研究中讨论第一代农民工可持续生计能力中的社会适应能力维度，主要讨论他们在外出务工过程中适应外在环境以及如何利用外在环境的能力。第一代农民工的社会适应能力主要聚焦在他们处理与雇主关系及与当地人的关系，与雇主关系反映了第一代农民工务工过程中处理雇佣关系的能力，也是从此前农业生产过程中自主性到务工过程接受雇主工作安排的服从性，这样的适应能力对于习惯于个体化的农业生产的第一代农民工而言是巨大的适应性挑战。其次他们的适应能力也同时表现在对当地社会关系网络的建构方面，与当地人的社会关系，即社会融入情况，反映了他们在新的环境下能否顺利生活和工作。

三、第一代农民工个体发展能力

学界认为自我发展能力是农民工立足城市并融入城市过程中自身所必须具备的能力，包括就业能力、城市生活适应能力、政治参与和利益表达能力、学习能力等。他们体现了个体面对新的环境进行调整和适应的能力。个体发展能力主要根据社会成员自己的生计资本和现实支撑条件来进行。有学者认为生计创新能力主要体现在生计技术创新、生计策略创新和支撑条件的创新等。张峻豪等对上述 4 个生计能力向度的分析建立了测量社会个体可持续生计动态能力分析的动力学模型①。胡茜认为可持续生计能力主要包括个体自我发展能力、家庭发展能力以及可持续发展能力、社会发展能力四个向度。农民工生计体系得以运转关键在于其是否具备自我发展能力。在农民工自我发展具体指标测量上，学术界通常把个体自我发展能力具体操作化为年龄、健康状况、文化程度、技能水平、工作能力等多个维度。在关于农民工家庭自我发展能力指标界定方面，现有研究依据区域经济发展基础，把家庭自我发展能力概

① 张峻豪、何家军：《能力再造：可持续生计的能力范式及其理论建构》，《湖北社会科学》2014 年第 9 期。

念具体操作化为以下指标，他们分别是家庭人力资本、家庭社会资本、家庭经济资本、家庭自然资本。胡茜认为由于农村生计模式的改变，因而农民工所处的内外环境都发生了显著性变化，在测量农村居民的可持续发展能力方面，应该把其操作化为“受教育培训能力、专业技术能力、信息获取及处理能力、配置资源能力”四个具体二级指标。①

学界对于可持续生计能力及社会成员自我个体发展能力的阐释相对完善，但是缺乏对于第一代农民工个体发展能力的阐释向度，作为生计能力重要的维度，个体自我发展能力直接影响了农民工的可持续生计，故而在本研究中，笔者结合第一代农民工的实际情况，即社会政策影响，对第一代农民工的个体自我发展能力做了相应的阐释。在本研究中，个体的自我发展能力被具体操作化为生计机会、收入多样性和技术培训三个维度，具体维度分析过程见下节的定量分析，当然个体特征也是第一代农民工可持续生计能力测量的重要指标，由于在学术界大多把个体特征如教育程度、年龄、健康等视为人力资源部分，本部分在能力分析部分就不再把第一代农民工的人力资本纳入到可持续能力分析范畴之内。

从已有的数据来看，访谈中第一代民工仅有 22.8%表示自己接受过技术支持，有 67.4%的农民工表示自己没有接受过任何技术支持方面培训，说明第一代农民工较少接受技术培训，也说明其可持续发展能力弱。

表 7-6　第一代农民工接受技术支持情况

技术支持		频率	百分比	有效百分比	累积百分比
有效	是	527	22.8	25.3	25.3
	否	1556	67.4	74.7	100.0
	总计	2083	90.3	100.0	

① 胡茜：《我国农村地区劳动力自我发展能力构成要素及现状分析——基于贵州省农村地区发展视角》，《产业创新研究》2020 年第 22 期。

续表

技术支持		频率	百分比	有效百分比	累积百分比
缺失	系统	225	9.7		
总计		2308	100.0		

第一代农民工在20世纪60—70年代,恰逢农村社会遭遇冲突和知识无用论的社会氛围,他们很少受到系统教育。故而,60年代出生的农民工文化水平仅有小学程度,70年代出生的农民工其文化水平最高的也就是初中水平,且很多初中毕业也仅仅是名义初中毕业。他们没有受过任何系统的技术教育,外出务工唯一可以进行市场交换的就是劳动力。但是在廉价劳动力年代,他们劳动力与所获取的经济报酬并没有匹配,出卖劳动力所得仅仅够维持家庭基本生活。在市场当中,他们没有议价权,在市场交换中是弱者,仅仅依靠劳动力作为交换价值,在劳动力贬值的时代,他们劳动所得异常微薄。所得收入全部用来维持家庭基本的生存需求,自己在外务工所得并没有转换为自己个人的发展资本,而是投入到了家庭孩子的教育和发展中,或是乡村的建房竞争中。当他们在中年阶段后却遭遇了城市工作离场危机,工作的不稳定性和找不到工作成为他们的常态。很多人都成为了打零工状态,建筑工地成为容纳第一代农民工的主要场所。据国家计生卫健委流动人口动态监测2016年数据显示,自雇或自营身份按出生年份划分1980年以前占比为58.9%%,比1980年及以后的41.0%高近18%,他雇身份1980年及以后比1980年以前则要高出近20%。

第三节　第一代农民工可持续生计能力计量分析

基于前面两节内容从整体上对可持续生计能力做出理论溯源及其学术解

析,并对第一代农民工可持续生计能力进行相关解读和分析。在此基础上,本节内容拟对第一代农民工可持续生计能力与生计资本进行相关性分析,以从定量数据上找出第一代农民工的可持续生计资本对于生计能力的影响,并对第一代农民工的生计能力做出相关判断。

一、可持续生计能力的指标解析

在本研究中可持续生计能力对应的分别为环境适应能力、风险应对能力和个体发展能力。在环境适应能力维度上,本研究把环境适应能力具体操作化为进城后与雇主的关系、与当地人的关系作为两个指标,在与雇主关系的指标定义中,表示很差的=1.2,较差=0.2,一般=0.3,较好=0.4;在考察与当地人的关系中作为社会融入的一个指标,与当地人有交流的=1,没有交流的=0。

在风险应对能力方面,本研究具体策略指标分为家庭风险应对能力和健康风险应对能力两个维度。家庭风险应对能力很差=0.1,较差的=0.2,一般的=0.3,较好的=0.4,很好的=0.5。在健康风险应对能力方面,以参加体检次数作为测量指标。没有参加过任何体检的视为很差=0.1,参加过1次体检的是较差=0.2,参加过2次体检的一般=0.3,参加过3—5次体检的较好=0.4,每年一次体检的很好=0.5。在个体发展能力方面,具体指标测量为家乡附近的生计机会,家庭收入多样性和本人是否参加技术培训三个维度,生计机会方面有=1,无=0,收入多样性方面用计数型数据显示,在个体参加技术培训方面,是=1,否=0。同时本研究还以熵值法计算了指标权重,由此生成风险应对能力指数,具体熵值权重见表7-6对应部分。信息熵是对不确定性的度量,代表了指标内部的无序程度和离散程度。信息熵越大,则指标内部的离散程度和无序程度越高,该指标对综合得分的影响也就越大。从熵值权重分布来看,社会融入度、健康风险能力和生计机会权重较高,这意味着该指标内部离散程度较高,即农民工在社会融入和健康风险应对能力和生计机会的获取上存在着较大的内部异质性，显示出生计能力获得上的不平等。这也与本文的分析相一致，体现出农民工可持续生计的困顿与挣扎。表 7-7 描述性统计中，这三个指标的标准差均显著提高，体现了同样的机制。

表 7-7　第一代农民工生计能力指标构成和权重

资本类型	测量指标	指标定义	熵值权重
环境适应能力	与雇主关系	很差 = 0. 1，较差 = 0. 2，一般 = 0. 3，较好 = 0. 4	0. 1563
	社会融入度	是 = 1，否 = 0	0. 6437
风险应对能力	家庭风险应对	很差 = 0. 1，较差 = 0. 2，一般 = 0. 3，较好 = 0. 4	0. 2370
	健康风险能力	很差 = 0. 1，较差 = 0. 2，一般 = 0. 3，较好 = 0. 4，很好 = 0. 5	0. 7630
个体发展能力	生计机会	是 = 1，否 = 0	0. 8308
	收入多样性	计数型	0. 0108
	技术培训	是 = 1，否 = 0	0. 1584

表 7-8　生计能力指标变量描述性统计

变量	观测	均值	标准差	最小值	最大值
与雇主关系	2142	0. 253	0. 083	0. 1	0. 4
社会融入度	2263	0. 217	0. 412	0	1
环境适应能力	2308	0. 253	0. 347	0	1
家庭风险应对	1931	0. 278	0. 074	0. 1	0. 4
健康风险能力	2296	0. 198	0. 137	0. 1	0. 5
风险应对能力	2308	0. 303	0. 271	0	1
生计机会	295	0. 000	0. 000	0	0
收入多样性	2308	1. 591	0. 707	0	5
技术培训	2083	0. 253	0. 435	0	1
个体发展能力	2308	0. 040	0. 067	0	0. 169

二、第一代农民工生计资本与生计能力相关性分析

表 7-9　第一代农民工生计资本对生计能力的影响(OLS)

变量	环境适应能力		风险应对能力		个体发展能力	
	b	se	b	se	b	se
人力资本	0.018	0.029	0.160***	0.021	0.036***	0.005
金融资本	0.084***	0.031	0.008	0.023	-0.003	0.006
社会资本	0.005	0.045	0.008	0.033	0.056***	0.008
物质资本	0.014	0.019	0.019	0.014	0.013***	0.003
自然资本	-0.030	0.027	0.158***	0.020	0.022***	0.005
性别	0.017	0.018	-0.051***	0.013	0.000	0.003
户籍地(东部为参照):						
中部地区	0.019	0.017	-0.045***	0.013	0.003	0.003
西部地区	0.003	0.023	-0.083***	0.017	0.008*	0.004
工作稳定性	-0.001	0.008	0.003	0.006	-0.002	0.002
月收入	-0.014	0.010	0.027***	0.008	0.001	0.002
务工动机(从众为参照):						
家庭发展	-0.041	0.027	0.007	0.020	-0.006	0.005
发展机会	-0.084***	0.030	0.003	0.022	0.000	0.005
向往城市	-0.027	0.063	0.057	0.047	-0.003	0.012
截距项	0.269***	0.049	0.173***	0.037	0.017*	0.009
N	2122		2122		2122	
R^2	0.0102		0.0857		0.0815	
F	1.665		15.20		14.38	

注:* p<0.1,** p<0.05,*** p<0.01。

表 7-8 及表 7-9 汇报了生计资本对生计能力的影响,表 7-8 的结果基于 OLS 模型。金融资本对农民工环境适应能力产生至关重要的作用,财富的丰沛可以在很大程度上帮助农民工对抗不利环境;缺乏发展机会则很大程度上限制了对环境的适应。在风险应对能力方面,人力资本和自然资本有显著的

正向影响,更高的月收入也是如此。这种能力还存在着显著的地区差异和性别差异。具体而言,相较于东部地区而言,来自中西部的农民工对风险的抵抗力更低;个体发展能力则受到人力资本、社会资本、物质资本和自然资本的多重影响,但却与自身金融资本没有很强的相关性。

值得注意的是,各种能力并非是界限分明的,而通常是相互关联的,并统一在个人的整体能力之下。因此,对方程组进行似不相关回(Seemingly Unrelated Regression,SUR),以提高估计效率。表 7-9 汇报了似不相关的结果,BP 检验表明可以在 1%的显著度水平上拒绝各方程的扰动项相互独立的原假设,因此确有必要使用 SUR 进行系统估计。不过,比较 OLS 及 SUR 的估计系数及显著度,可以发现两者基本一致。本书的分析具有较高的可信度。

表 7-10　第一代农民工生计资本对生计能力的影响(似不相关回归)

变量	环境适应能力		风险应对能力		个体发展能力	
	b	se	b	se	b	se
人力资本	0.018	0.028	0.160***	0.021	0.036***	0.005
金融资本	0.084***	0.031	0.008	0.023	-0.003	0.006
社会资本	0.005	0.044	0.008	0.033	0.056***	0.008
物质资本	0.014	0.019	0.019	0.014	0.013***	0.003
自然资本	-0.030	0.027	0.158***	0.020	0.022***	0.005
性别	0.017	0.018	-0.051***	0.013	0.000	0.003
户籍地(东部为参照):						
中部地区	0.019	0.017	-0.045***	0.013	0.003	0.003
西部地区	0.003	0.023	-0.083***	0.017	0.008*	0.004
工作稳定性	-0.001	0.008	0.003	0.006	-0.002	0.002
月收入	-0.014	0.010	0.027***	0.008	0.001	0.002
务工动机(从众为参照):						
家庭发展	-0.041	0.027	0.007	0.020	-0.006	0.005

续表

变量	环境适应能力		风险应对能力		个体发展能力	
	b	se	b	se	b	se
发展机会	-0.084***	0.029	0.003	0.022	0.000	0.005
向往城市	-0.027	0.062	0.057	0.047	-0.003	0.012
截距项	0.269***	0.049	0.173***	0.037	0.017*	0.009
N	2122		2122		2122	
R^2	0.0102		0.0857		0.0815	
chi2_bp	13.53					

三、类别化视角下第一代农民工生计能力相关性分析

表 7-11 第一代农民工内部不同世代的生计能力差异

	世代			ANOVA	
	61 岁及以上	51—60 岁	41—50 岁	F	p
环境适应能力	0.267 (0.357)	0.238 (0.336)	0.261 (0.353)	1.28	ns
风险应对能力	0.232 (0.235)	0.273 (0.256)	0.340 (0.282)	26.19	***
个体发展能力	0.024 (0.053)	0.035 (0.063)	0.046 (0.071)	15.95	***

表 7-12 第一代农民工内部不同教育程度的生计能力差异

	受教育程度				ANOVA	
	小学及以下	初中	高中	大专及以上	F	*p*
环境适应能力	0.244 (0.337)	0.266 (0.359)	0.253 (0.348)	0.207 (0.310)	1.36	ns
风险应对能力	0.278 (0.250)	0.301 (0.273)	0.339 (0.289)	0.450 (0.305)	16.33	***
个体发展能力	0.030 (0.059)	0.040 (0.067)	0.056 (0.075)	0.071 (0.079)	21.44	***

表 7-13　第一代农民工内部不同职业的生计能力差异

	不同职业				ANOVA	
	自营	建筑工	服务人员	技术工人	F	*p*
环境适应能力	0.169 (0.297)	0.265 (0.352)	0.274 (0.359)	0.277 (0.356)	8.55	***
风险应对能力	0.353 (0.278)	0.230 (0.227)	0.327 (0.281)	0.406 (0.297)	55.11	***
个体发展能力	0.046 (0.070)	0.032 (0.061)	0.035 (0.064)	0.056 (0.075)	15.56	***

表 7-10 和表 7-11 比较了生计能力在不同人口学特征层面的差异。总体而言,环境适应能力在世代、受教育程度方面都不存在显著差异,因为第一代农民工的世代差异不明显,在外出务工的过程,他们几乎都同处于一个共同的时空之下,面临着共同的外部政策环境和生活环境。同时,第一代农民工的受教育程度也以小学和初中为主,在受教育程度上本身差异不明显,故而他们的环境适应能力差别不大。但年龄差异对于他们的风险控制能力影响因自我个体发展能力有显著差异。但不同职业的农民工对于环境适应能力存在差异,说明第一代农民工职业对于他们外出务工过程的影响非常大。但是在风险应对能力和个体发展能力方面,教育程度则显著影响二者,说明教育程度较高的群体更容易抵抗各种风险,抓住机会使自己获得发展机会。

由此可见,第一代农民工的职业风险应对能力与世代、受教育程度和职业的关联都非常显著,可以发现年轻世代与受教育程度较高的群体抗逆力更强;个体发展能力方面,年轻的、受教育程度高的群体更有发展潜力,技术工人和自营从业者个体发展能力也显著强于建筑工人和服务业从业者。

第四节　本章小结

本章对第一代农民工的可持续生计能力进行相关性分析,关于可持续生计能力的研究方面,学术界基于不同视角对于可持续生计能力进行界定和维度分析,并提出了不同的测量指标。本研究基于第一代农民工的现实情况,从抗风险能力、环境适应能力和个人发展能力三个维度来具体测量其适应能力。并且通过系列二级指标界定了不同维度的可持续生计能力。在第一代农民工可持续生计能力阐释上,本研究结合定量和定性研究描述性分析了第一代农民工的抗风险能力,事实上,第一代农民工作为高风险群体,其抗风险能力是可持续生计的重要维度。第一代农民工的抗风险能力主要体现在应对家庭风险能力测量上,另外一个重要的测量指标是其自身的健康风险应对能力,本研究以是否参加体检作为其健康风险应对能力具体指标。在定性分析中,以访谈形式解释了第一代农民工的健康风险的低应对能力。在第一代农民工社会环境适应能力阐释方面,本研究主要以其社会关系的建构作为重要衡量标准。具体而言,其一,与雇主关系的程度反映了第一代农民工进城后的人际关系建构能力;其二,融入当地社会的能力指标,以其在务工所在地有无获得支持的朋友最为具体分析指标。在关于农民工的个体发展能力指标阐释方面,本研究以家乡的生计机会、个体受到技术培训和家庭收入多样化来作为具体的阐释指标。

在阐释和界定第一代农民工可持续生计指标基础上,本研究进一步对第一代农民工的可持续生计指标与生计资本即生计能力与第一代农民工个体因素进行相关分析。分析结果表明生计资本对于不同人口学特征的生计能力有相关性。

第八章 第一代农民工社会脆弱性与生活理性二元性

自然界中没有真正普遍的机会和风险,但取而代之的是一系列不平等的机会和不平等的风险暴露是社会经济制度的结果……与解释自然系统相比,辨别人类系统本身如何将人与人之间以及与环境之间的关系转变为更复杂的关系更为重要。

第一节 第一代农民工社会脆弱性阐释

基于前面研究中对第一代农民工生计资本、生计策略和生计能力的分析可以看出,第一代农民工在可持续生计上存在明显的现实困境,生计可持续性面临诸多挑战,即其存在生计脆弱性特质,同时,在已有的研究中,可以看出第一代农民工生计脆弱性更多体现在社会层面,故而其生计脆弱性体现为社会—个体生计脆弱性双重特征。

一、脆弱性概念的厘清

脆弱性概念起源于20世纪60—70年代针对自然灾害及其后果的研究,学术界在考察自然灾害造成的后果中发现,不同的人群应对同样自然灾害的能力和影响不同，学术界谓之应对灾害的敏感性和风险暴露差异性。故而，脆弱性分析最初目的在于确定人群中那些最脆弱、最易受到风险影响的群体，并据此寻求这些群体应对灾难的机制（Turner, Matsondetal, 2003）①。伴随着人类面临风险的不确定性扩大，脆弱性的应用范围也在日益扩大。伴随着学术界关于脆弱性概念和研究框架的深耕，脆弱性概念变得越来便于操作。Martin Prowse 将这些脆弱性分析框架重新进行整合形成了更加完善和具体的脆弱性分析框架：暴露、能力和后果三维框架。② Martin Prowse 对暴露进行了非常详细的分析，同时他也对脆弱主体的应对能力具体概念化为风险应对机制、资产情况、社会权利和个体能力等四个要素。在风险暴露和应对能力的综合作用下，其产生的后果则包括生计策略改变和贫困加剧生计脆弱性。③AdgerWN 认为脆弱性实质是由于环境和社会变化所带来的压力以及缺乏适应能力而易受伤害的状态④，故而脆弱性概念一直是一个强有力的分析工具，可以用来描述物质和社会系统的受伤害资格、无能为力和边缘化的状态，并指导对通过减少风险增进福祉的行动进行规范性分析。

伴随着脆弱性研究的深入，脆弱性分析框架逐步成熟，通常而言，脆弱性被界定为“对给定打击受损失的不同敏感性”，⑤在关于贫困的研究视角中，脆弱性研究更多地针对特殊群体面临的社会风险应对、生计风险来源、风险影响后果的分析。同时这些群体应对风险的能力也是核心关注点。在学术界围绕脆弱性的分析中，亦衍生出了大量的专业性术语和研究框架。其中，引用最为

① Turner IIBL, Matso PA, Mc Carthye JJ, etal.,“Illus-tratingthecoupled human-environment system for vulner-Ability analysis: three case studies”. *Pnas*, Vol.100, No.14, 2003, pp.8080-8085.

② Martin Prowse.“Towards clearer understanding of‘vulnerability’in relation to chronic poverty”, *PRC Working Paper*, No.24, 2003.

③ 唐丽霞、李小云、左停：《社会排斥、脆弱性和可持续生计：贫困的三种分析框架及比较》，《贵州社会科学》2010 年第 12 期。

④ Adger WN., Vulnerability. *Globl Environmental Change*, Vol.16, No.3, 2006, pp.268-281.

⑤ Kasperson, J. X. and R. E. Kasperson (eds.). *Global Environmental Risk*, NewYork: United Nations University Press, 2001.

广泛的是 Adger(2006)年对脆弱性三个维度的分析，他认为脆弱性是由风险的暴露、敏感性以及适应能力三个维度组成。暴露是指个体或群体经历的环境或社会政治压力的性质和程度，压力的大小、频次、延续的时段和形成危害的波及范围。敏感性是指个体或群体在被影响和被改变情形下的反应程度；适应能力是指一个系统为了适应环境变化或政策变化而做出的改变能力。① SEI 和克拉克大学基于上述三个概念建立了一个综合性的脆弱性分析框架。该框架概括了社会、经济、政治和环境条件如何影响和规定脆弱性及其维度②。在脆弱性研究中，社会性因素逐渐成为重要的分析视角，阿玛蒂亚森认为自然灾害的后果是从解释不同类型的自然灾害及其对社会造成影响之间的共性出发的，自然灾害和社会现象(例如权利失效导致饥荒和自然灾害)是相互关联的③。虽然一些饥荒可能是由极端气候事件引发的，例如干旱或洪灾等，但伴随着脆弱性深入分析，研究人员越来越多地发现，饥荒和粮食不安全更多的是由疾病、战争或其他因素造成的④⑤。可以说阿玛蒂亚·森建立一个关于脆弱性的全新解释框架，他引入了社会排斥和社会权利的解释框架，建立在社会权利基础上脆弱性的解释侧重于社会机构、社会福祉等社会领域以及阶级、社会地位和性别等重要变量。通过权利理论，饥荒被解释为一系列相互联系的经济和体制因素，而非自然因素。他进一步提出了应享权利概念，他认为应享权利是个人根据自己的生产、资产或互惠安排可获得的实际或潜在

① Adger W.N."Vulnerability".*Global Environmental Change*,Vol.16,No.3,2006,pp.268–281.

② Kasperson, JeanneX. and Roger E. Kasperson. "International Workshopon Vulnerability and Global Environmental Change,17–19 May 2001:A Workshop Summary".*International Workshopon Vulnerability and Global Environ-mental Change*.Stockholm,2001.

③ Sen,A.K.,*Poverty and Famines:An Essay on Entitlement and Deprivation*,Clarendon,Oxford,1981.Sen,A.K.,Resources,Values and Development.Blackwell,Oxford.1984;Smith,K.,*Environmental Hazards:Assessing Riskand Reducing Disaster*,Seconded.Routledge,London,1996.

④ Swift,J.,"Why are rura lpeople vulnerable to famine?"*IDS Bulletin*,Vol.20,No.2,1989,pp.8–15.

⑤ Blaikie,P.,Cannon,T.,Davis,I.,Wisner,B.,*At Risk:Natural Hazards,People's Vulnerability and Disasters*,Routledge,London,1994.

资源。因此,饥荒是人类共同活动导致的后果,这种后果可以通过适当的行为和政治干预来防止。阿玛蒂亚森认为脆弱性是人类积极参与过程的结果,他们几乎总是可以防止这些过程。在针对贫困群体的分析中,生计脆弱性逐渐成为主要的分析框架,生计脆弱性由“生计”和“脆弱性”两个词汇融合而来。生计是一种建立在能力、资产和活动基础之上的谋生方式,其中资产既包括物质资源也包括权利在内的非物质资源。① 故而学术界认为生计脆弱性是家庭及其成员生计活动过程中,其生计结构发生变化或面临风险时不稳定和易遭受损失的状态,界定和理解生计脆弱性主要有两个方面:一是“能力受损”,生计脆弱性被界定为应对谋生环境变化时个体或群体所表现出来的敏感性,以及生计无以为继的无力状态;二是潜在损失,是指由于缺乏足够有效的生计资本或者由于生计资本结构性障碍导致生计风险增加的可能性。② 生计脆弱性作为可持续生计发展的背景受到学术界的关注,当个体或群体受到外部压力时会影响并导致个体和家庭难以继续维持现有的生计模式,从而使得家庭呈现出生计脆弱性现象。因此,学术界认为降低个体的生计脆弱性关键在于架构起完善的可持续生计体系③。

二、社会脆弱性概念学术演进

脆弱性概念初始内涵是对群体或系统所处的自然环境或物质环境给予关注,聚焦于环境带来的自然风险和自然灾难,而社会群体、组织与制度等社会层面的脆弱性特征被忽视。在此情况下,部分学者在讨论特殊群体贫困状态时发现,其贫困问题的成因上不仅仅是自然因素脆弱与物质匮乏,背后更是一

---

① Chambers R, Conway G. *Sustainable Rural Livelihoods: Practical Concepts for the 21st Century*, Brighton: IDS, 1992.

② 赵峰、杨云彦:《外力冲击下水库移民的生计脆弱性及其解决——以南水北调中线工程库区移民为例》,《人口与发展》2009 年第 4 期。

③ 童磊、郑珂、苏飞:《生计脆弱性概念、分析框架与评价方法》,《地球科学进展》2020 年第 35 卷第 2 期。

系列社会性因素在发挥作用，故而，在脆弱性分析基础上衍生出了社会脆弱性，O'KEEFE 等人在 *Nature* 上首次提出社会脆弱性概念，探讨了社会层面因素对人口和社会系统的影响①，同时相关学者也从不同视角对社会脆弱性的概念进行了界定。Cutter 认为在探讨一些群体脆弱性发生机理过程中，不仅要关注外部系统因素对该群体的扰动和影响，而且还要分析该脆弱性群体所处的社会系统内部结构特征，群体的脆弱性部分原因在于其所处的社会系统存在失衡和高敏感性所致（如社会权利缺失、社会位置边缘化以及遭遇了社会排斥等）②。作为新的研究范式，社会脆弱性研究在学术界尚未形成较为成熟的分析框架和解释范式，故而社会脆弱性的解释和探讨视角呈现多元化取向。黄晓军等基于国内外研究基础上尝试对社会脆弱性的概念和研究框架进行探讨，并初步建立了社会脆弱性分析框架，但是他并没有把该研究框架进一步拓展，用于相关实证分析③。Galea 等认为社会脆弱性应进一步聚焦于社会中最脆弱群体，侧重探讨导致人类群体容易受到损害的政治、经济、制度和文化因素，以及提高社会系统适应力与恢复力的人文机制和对策④。黄晓军认为社会脆弱性概念明确了特定人群和社会结构性关系是脆弱性分析的重点，厘清处于风险之中的群体，界定他们遭遇的损失。社会脆弱性概念实质上是以对于社会性因素的解释性理解作为该框架的逻辑结构，即"暴露在风险区域内的所有人都是脆弱的，但风险对社会的影响是不均衡的，这取决于不同人群的应对能力，如穷人、儿童、老年人、少数族裔和残疾人等往往是更加脆弱的

---

① O'KEEFEP，WESTGATEK，WISNERB."Taking the naturalness out of natural disasters"，*Nature*，Vol.260，1976，pp.566-567.

② Cutter，SL，"The Vulnerability of Science and the science of vulnerability.Annals of the Association of American"，*Geographers*，VoL.93，No.1，2003，pp.1-12.

③ 黄晓军、黄馨、崔彩兰、杨新军：《社会脆弱性概念、分析框架与评价方法》，《地理科学进展》2014 年第 11 期。

④ Galea S，Ahern J，Karpati A."A model of underlying socioeconomic vulnerability in human populations：evidence from variability in population health and implications for public health"，*Social Science & Medicine*，Vol.60，No.11，2005，pp.2417-2430.

社会群体,因为这些群体由于自身特征而缺乏对风险事件的应对能力,在遭受灾难后,又缺乏必要的知识、社会和政治等资源,难以从灾害中恢复"①。实质上,自然灾害脆弱性的根源是社区定居和发展的原有模式,包括持续的社会秩序、它环境的日常关系以及更大的历史环境②。例如,自然事件对任何特定社区的影响不是随机的,而是由社会互动和组织的日常模式决定的,特别是由此产生的决定资源获取的分层范式③。因此,对任何一个特定家庭的影响都是由一系列复杂的相互作用的条件造成的,有些条件与地理和位置有关,有些条件与住所有关,还有一些条件与居住在那里的人的社会和经济特征有关,外部影响是导致特定社会群体社会脆弱性的关键诱因,Morrow 认为社会脆弱性是特定群体所处的社会结构导致的结构性问题,故而灾害本身就是一种社会建构再生产的过程,在实质上,社会脆弱性体现了现有的社会不平等现象,也是社会排斥的产物。④ 故而社会脆弱性包含了两个基本命题:其一是风险的不平等,其二是社会分化。⑤ 从以上论述可以看出,虽然学术界已经把社会脆弱性概念和分析框架运用于社会系统的研究中,但是其关注点依然聚焦在灾害风险过程的研究。

三、第一代农民工生计系统中的社会脆弱性结论

本研究基于以上各章内容分析的基础上,提炼出第一代农民工可持续生计建构中影响最大的因素是社会性因素这一关键结论。

---

① 黄晓军、黄馨、崔彩兰、杨新军:《社会脆弱性概念、分析框架与评价方法》,《地理科学进展》2014 年第 11 期。

② Hewitt, K., "The Idea of Calamity in a Technocratic Age". In K. Hewitt (ed.) *Interpretations of Calamity: From the Viewpoint of Human Ecology*. Allenand Unwin, London, 1983.

③ Maskrey, A. *Disaster Mitigation: A Community-Based Approach. Development Guidelines* Oxfam, Oxford, 1989.

④ Morrow BH., "Identifying and mapping community vul-nerability". *Disasters*, Vol. 23, No. 1, 1999, pp. 1-18.

⑤ 周利敏:《从自然脆弱性到社会脆弱性:灾害研究的范式转型》,《思想战线》2012 年第 2 期。

(一)生计资本的社会扰动性显著

从生计资本对于未来生计预期的影响和生计资本对于第一代农民工未来生计模式的影响看,都与第一代农民工外在的社会性影响高度相关。在影响第一代农民工生计预期和生计选择中,金融资本无疑是最关键的资本,他都与各种选择和预期高度相关。从个体角度看,金融资本是第一代农民工的个体因素,但是从宏观角度看,第一代农民工金融资本的形成都是社会环境塑造的结果。彭红碧认为,“农民工工资都是生存性工资,仅与维持第一代农民工的基本生活资料价值相当”。[①] 由于第一代农民工的生存性工资实质导致第一代农民工无力承担再生产其劳动力所需的全部生活资料的价值,也不可能支撑其本人及家庭成员的基本生活,故而,在事实上,第一代农民工的工资仅能维持其本人在城市的基本生活。之所以农民工可以将自己的部分收入带回家中,是因为以第一代农民工在城市中把自己的需求压缩到了仅仅维持生存的地步而节省下来的部分资金。据中国青年报 1994 年报道在江苏省无锡市务工的农民工收入为 4403 元/年,寄回家中是 2000 元,占比为 45%,食宿费用为 2000 元以下,占比为 45%,娱乐费用为 50 元,占比 1. 1%,学习费用为 150 元,占比为 3. 4%。[②] 第一代农民工生存型工资的形成是城乡差异的二元化体制形塑的结果,是社会政策的二元分割因素形成,基于比较收益,虽然第一代农民工在城市的收入仅是生存型工资,但是对于农村社会成员而言依然十分可观,他们计算的标准不是自己被雇主拿走多少工资,而是雇主为自己能留下多少工资,诚如斯科特笔下的东南亚的小农一样,只要留下的还高于农村务农所得,他们依然会寻求留在城市忍受和接受生存型工资待遇。

---

① 彭红碧:《中国农民工工资形成机制》,经济管理出版社 2017 年版,第 148 页。

② 《中国农村剩余劳动力调查报告——流动地追踪之五》,《中国青年报》1994 年 3 月 8 日。

其次，在第一代农民工生计中同样有重要影响的社会资本中，第一代农民工的社会资本由于城市的低接纳和排斥，他们的社会关系网络呈现内卷化特质，依然聚集在乡土和同乡关系中，高同质性、低异质性，这些同质性社会资本无助于他们取得进一步的资源和支持，即使第一代农民工在城市务工几十年，他们所积累的社会资本同样没有获得实质性拓展。导致第一代农民工内聚性特质社会资本关键因素在于城市社会福利体系的缺位及社会保障机制缺失，当他们遇见困境时可以求助的仅限于其依附于乡土关系之上的社会关系网络，无法获得其他有效的社会资源，作为一个群体，他们整体性地被排斥在务工所在地的社会体系之外，从而形成了各具特色的浙江村等务工区域性聚集地。

（二）第一代农民工的生计策略选择受制于社会性因素

第一代农民工的生计策略上即在退休选择和社会政策应对两个方面都体现出社会性干扰。由于缺乏足够的工资和储蓄支持，第一代农民工的养老几乎难以为继，故而在他们完成家庭代际责任之后，才有能力继续为自己的养老积蓄相应的资金以期满足老年生活需求，在缺乏外在社会保障和生计支持背景下，自我储蓄养老以及自我养老成为第一代农民工在经济方面应对策略，为了达成这一目标，第一代农民工不得不尽可能地延长其务工生命时间段，以求获得更多的经济来源，所以他们大部分人在退休选择上选择工作到失去劳动力为止，是学术界所描述的农民工的“无休状态”，基于家庭和自身生活的压力，他们是不能退休的人①。同时在关于社会政策应对策略上，第一代农民工的主要策略是选择缴纳低水平的新型农村社会合作养老保险，诚如前面分析所言，有近半数的第一代农民工表示不知道有企业职工养老保险，在社会政策作为关键的保障和兜底作用下，第一代农民工却由于政策设置的模糊性和雇

---

① 刘杰:《不敢“退休”的农民工》,《农民日报》2022 年 4 月 26 日。

主的信息不对称情况下不知道如何运用社会保障政策维护自己的合法权益，从而沦为社会保障政策的边缘人群。同样作为第一代农民工家庭生计策略的选择中，其家庭生计策略的抉择过程也和社会因素息息相关，无论是家庭的代际分工或是性别分工，都是在城乡二元化、户籍分割或社会政策排斥性视角下的主动选择以获得生存保障。即使在进入21世纪后，第一代农民工家庭的半耕—半工的家庭分工模式依然无法在社会性相关因素的影响下得以持续而稳定。一旦社会政策发生变化或在社会环境、经济环境的影响下，他们生计策略失效或失能明显。

（三）第一代农民工生计能力的社会性弱势

第一代农民工的生计能力包含抗风险能力、社会适应能力和个体自我发展能力。第一代农民工及其家庭抗风险能力取决于多方面因素，其中包括现有社会保障体系完善程度，也包括个体经济自我积累的能力以及其可以动用的社会资源和关系网络。在第一代农民工健康风险中，第一代农民工的低健康维护能力既是其自身健康知识匮乏的结果，同时更是在城市务工中经历的医疗保险政策排斥性后果。

外出农民工的流动性特征和务工经历使其面临的生计风险与传统农村社会居民面对的风险有较大的区别。其一，流动性特征大大降低了其对自然资源的依赖程度和自然风险系数，其与家庭所在地的自然资源联系紧密程度大大弱化；其二，第一代农民工由于长年在外务工，从事重体力劳动较多，其健康风险放大，且健康风险成为威胁其晚年生活的重要风险来源；其三，第一代农民工的生计风险还体现在其晚年生计困顿中，生计困顿更多的是子代的社会照顾风险，作为第一代外出务工的农民工，其外出务工，疏于对子代的照护，导致子代与其感情淡漠，且子代的自我发展动机强烈，居住地点与父代相隔较远，子代无心也无力去照顾年迈的父母亲，这些风险的风险源都在于其社会脆弱性因素。

从表8-1中可以看出第一代农民工最为担心的问题是身体健康和家庭的经济困难,两者合计占比为83.4%,可见健康风险的低应对能力是农民工普遍性困境,同时由于外在风险扰动的不确定性,第一代农民工的生计也同样面临着不确定性,故而其家庭生计也会陷入困境。家庭农业生产收入已经难以维持农村家庭的基本支出,尤其土地资源匮乏的农户,其家庭收入有80%以上来源务工所得。

表8-1　第一代农民工最担心问题

担心的问题		频率	百分比	有效百分比	累积百分比
有效	身体健康	1412	61.2	61.4	61.4
	家庭经济困难	504	21.8	21.9	83.4
	孩子教育及结婚	275	11.9	12.0	95.3
	自己将来养老	107	4.6	4.7	100.0
	总计	2298	99.6	100.0	
缺失	系统	10	0.4		
总计		2308	100.0		

同时在第一代农民工的社会适应上也存在社会性因素过度干扰情况,在第一代农民工的社会适应维度上,其社会关系由于同质性强,导致第一代农民工的生计能力的社会性弱势。

(四)第一代农民工生计风险的社会性

在从农业社会向工业社会转型的过程中,农民群体面对的风险源也发生了变迁。有学者认为农民工城市流动过程中的风险是源于特定的社会政策结果,即"社会为实现自身的经济、政治和社会目标而有意达成的一种制度安排或政策设定之上"。故而传统社会的风险主要是一种"外生性"风险,即大部分是由独立于社会的外部因素而造成的,是可以计算、预测和可控制的,更是一个科学和技术相互合作以解决风险的过程。而随着现代工业社会的发展，基于人类自身活动的需要，围绕着这些需要，人类内在地创造了系列的规则并逐步以制度和政策形式固化，在此情境下，人类的决策和行为通过创造出来的制度而不断转化着传统社会的风险，使之成为“被制造出来的风险”①。这种被“制造”的风险就因为现有人为地设计的制度或政策中有意无意的缺陷或排斥，从而使得部分政策对部分群体失灵，部分群体被笼罩在特定或人为制造出来的风险之下，所以是社会“内生性”的风险。吉登斯认为如今“被制造出来的风险”已经成为人类社会最主要的风险②。农业转移人口城市流动系统性风险作为风险的一种形态，是由僵化的户籍制度和城乡二元结构所导致的结构性风险与制度性风险并存的内生性风险。第一代农民工面临的风险主要是由进入城市后的就业模式和社会阶层地位所决定，第一代农民工多聚集在次级劳动力市场，从事的劳动强度高、操作机械化、危险性高但收入低且不稳定等特征，这就使得他们所面临的风险结构和风险类型已经与传统社会中的小农经济体制下的“自然经济风险”完全不同，他们的风险源是市场化、工业化和阶层化的现代社会结构风险。诚如 Cannon 所指出的自然界中没有真正普遍的机会和风险，但取而代之的是一系列不平等的机会和不平等的风险暴露是社会经济制度的结果……与解释自然系统相比，辨别人类系统本身如何将人与人之间以及与环境之间的关系转变为更复杂的关系更为重要③。

综上所述，本研究尝试把社会脆弱性研究思路运用于第一代农民工的生计脆弱性分析，作为城市中弱势群体和底层群体的农民工，他们受户籍制度、

① 孔祥利、师艺文：《农业转移人口城市流动系统性风险的分析与化解》，《学术交流》2021年第2期。

② 安东尼·吉登斯：《失控的世界——全球化如何重塑我们的生活》，周红云译，江西人民出版社2001年版，第23页。

③ Cannon, T., “Vulnerability Analysis and the Explanation of Natural Disasters”. In A. Varley (ed.) *Disasters, Development and Environment. Wiley*, New York, 1994.

教育制度、就业制度、保险制度、市场规则等制约，其生计呈现不稳定状态，生计脆弱性显著，其生计极易受到社会风险的冲击。故而，从脆弱性视角探讨农民工的生计问题及其发展成为国内学者研究的新思路。农民工进城务工是为了获得更多的收入，改善生活状态，以便能够在城市定居。但是，受我国特有的户籍制度限制，农民工在城市不能享受到与市民同样的待遇，自身权益无法得到保障。同时，作为市场中低端劳动力供给者，其自身人力资本匮乏，缺乏技能，限制了其在市场中的选择性，只能成为被选择群体，从而造成其只能在次级市场就业，且工作不稳定，收入低下。正是这种不稳定性和缺乏持续性的收入造就农民工生计脆弱性。在分析农民工生计脆弱性中最重要的分析视角是其面临的社会脆弱性特征，社会脆弱性与农民工面临的生计脆弱性具有天然的解释性和高度契合性。农民工面临的生计困境与其自然因素关联度不高，因为他们已经脱离了原有的生活环境，原有自然资源及其衍生的灾害对他们的生计影响不大。对于农民工而言，对其生计造成最大困扰的就是社会性因素，故而，社会脆弱是对他们生计脆弱最为贴切的描述。他们的社会脆弱表现在诸多方面，最为典型地表现在农民工被社会政策排斥、社会资本匮乏、劳动保护措施匮乏、福利缺失。同时第一代农民工人力资本薄弱条件造就了第一代农民工内部的个体因素的生计脆弱性，由于现有的社会政策没有对第一代农民工薄弱的人力资本给予有效的补缺和托底保障，从而使得第一代农民工个人内在弱势被进一步放大，并与社会性因素互相形塑，从而造就了第一代农民工社会—个体双重性的生计脆弱性特征。这些社会脆弱性使农民工生计资本存量积累受阻，在理解农民工社会脆弱性和生计脆弱性发生和应对机制的基础上，进一步评估农民工社会脆弱性而导致其生计脆弱性水平是关于农民工生计脆弱性研究的重要内容，其关键环节是建构边界清晰、结构明了的要素体系，对生计脆弱性进行科学、合理的描述。以评估第一代农民工有效应对风险的能力，为可持续生计体系的建构提供科学、有效的支持。

四、第一代农民工社会—生计脆弱性分析框架

综上分析,第一代农民工由于其面临着年龄老龄化和技能弱势的现实困境,作为劳动力的供给者,其生计风险必然伴随着劳动力的消逝而不断强化和显著。具体而言,第一代农民工的脆弱体现在两个层次:其一是社会脆弱性层次,第一代农民工的社会脆弱性体现在他们所处的社会环境对其造成的社会排斥,保护性社会政策不足,福利性社会政策支持缺位;第二个层次的脆弱性体现在其生计的脆弱性上,生计脆弱性主要体现在农民工个体的健康风险、经济不稳定风险、未来生存风险等方面。

本研究重点是对第一代农民工的脆弱性研究从单纯自然系统脆弱性演化到社会脆弱性特征,经过与研究对象情况契合,并结合社会脆弱性与生计脆弱性两个层次分析,构建了适合研究对象的分析框架。分析第一代农民工社会脆弱性的形成因素以及社会系统在降低农民工脆弱性中的作用,并将人与社会的主动适应性作为脆弱性评价的核心问题①。

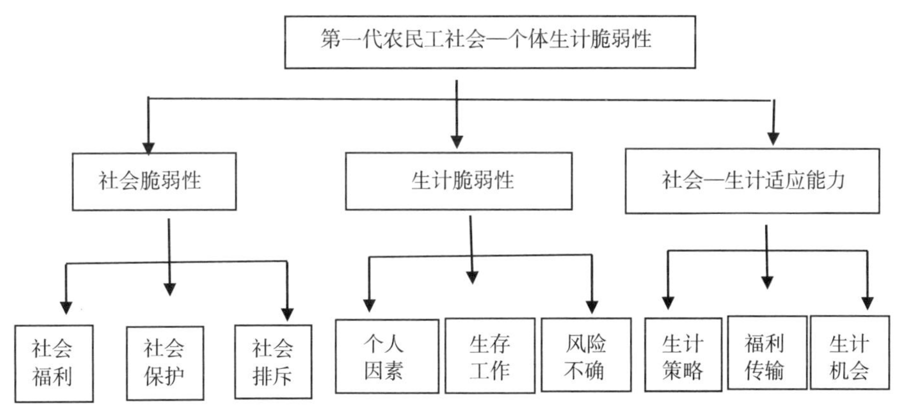

图 8-1　第一代农民工的社会脆弱性图示

① Eakin.H, Luers. AL., "Assessing the vulnerability of social environmental systems", *Annual Review of Environment and Resources*, Vol.31, 2006, pp.365-394.

大部分第一代农民工进入城市已经超过20年，在20年的城市务工历程中，他们的生计资本也在逐步变迁。虽然其社会资本相较于外出之前有所提升，但是伴随着年龄渐增，人力资本却呈现逐步下降的趋势，物质资本方面也没有累积到足够支撑起未来生活的数量，依然呈现出相对匮乏状态。他们同时也没金融资本的累计，金融资本也极度匮乏，这些匮乏和缺失都导致农民工生计资本的脆弱性问题，该脆弱性既指农民工在应对外来冲击时的无力，也指农民工所拥有的各项生计资本与需要之间的不匹配。[①][②] 第一代农民工生计资本的拥有量影响他们应对生计困境的模式选择。农民工处于乡村—城市的二元化生活状态导致他们应对生计困境的生存模式选择呈现出内卷化特质。首先，在家庭作为单元的生计模式选择上，在以家庭为单位的前提下，农民工家庭分工是建立在代际分工基础上，呈现出半工半耕的生产模式，这几乎是当代农民工家庭普遍性的生计选择方式，这种生计选择方式没有有效提升农民工家庭的综合资产，仅仅是第一代农民工在城乡二元迁移中以老年父母辛苦付出为代价获得的家庭生存最后保障。留守老人承担了家庭农业的全部生产过程，依靠土地所获得的财产性收入偏低偏少，该部分收入可以说“有名无实”，经营土地的农业生产成本总体上呈现较快的增长态势，但农产品价格增长乏力或呈现较大波动。其次，第一代农民工在日常生活中采取的抵御城市排斥规则的“弱者抵抗”实践、自我空间隔离的社会性防御、资产回流的呆滞性投资是农民工个体回应生计困境的策略选择[③][④][⑤]。衡量第一代农民工经济能力可以财产性、工资性及经营性收入为指标，而农民务工流动性强、稳定

---

① 郑永兰、许泽宁：《从互斥到共生：新型城镇化背景下农民工与城市关系重构》，《中州学刊》2019年第10期。

② 汪超：《可持续生计理论对农民工资产贫困的理解与公共政策启迪》，《理论月刊》2019年第6期。

③ 夏柱智、贺雪峰：《半工半耕与中国渐进城镇化模式》，《中国社会科学》2017年第12期。

④ 刘升：《家庭结构视角下的“半工半耕”及其功能》，《北京社会科学》2015年第3期。

⑤ 靳小怡、李成华等：《可持续生计分析框架应用的新领域：农民工生计研究》，《当代经济科学》2011年第33卷第3期。

性差,收入时高时低,工资性收入增长也面临较为凸显的制约。①②③ 劳动时间越长的农民工健康状况越差,健康状况又进一步对农民工收入水平有显著的正向影响,这是由于缺乏知识和谋生技能的支持使他们在城市的身体空间受限,而被迫“盘踞”在建筑工地、工厂厂区等劣质劳动空间中,加之个人教育等在生命历程中的缺席导致人力资本匮乏的大多数农民工处于职业与收入金字塔的底部。④⑤⑥⑦ 农民工脆弱性人力与生计资本的社会排斥致其与新型城镇化互斥裂痕的产生致农民工返乡。⑧⑨

简单理解就是农民工老了干不动了,便回到农村,但满足家庭消费的主要开支来源于在城市进行的劳动力生产,在土地上进行的劳动无法满足他们的经济生活,而金融体系、市场空间等限制又决定了农村为返乡农民工所提供资源空间的狭窄性。⑩ 农民工所拥有的生计资本是催动其返乡自雇就业的主要动力。⑪ 而在务工中积累的经济存量多用于修盖房屋、供养子代

① 聂飞:《农业人口非农化转移背景下农民家庭生计资本研究》,《湖北社会科学》2017 年第 5 期。

② 姜长云、李俊茹等:《近年来我国农民收入增长的特点、问题与未来选择》,《南京农业大学学报(社会科学版)》2021 年第 21 卷第 3 期。

③ 姜长云:《当前农民收入增长趋势的变化及启示》,《人民论坛 · 学术前沿》2016 年第 14 期。

④ 王琼、叶静怡:《进城务工人员健康状况、收入与超时劳动》,《中国农村经济》2016 年第 2 期。

⑤ 文军、田珺:《身体、话语和权力:“农民工”群体的污名化建构过程分析》,《学术界》2017 年第 9 期。

⑥ 高焕清:《户籍制、个体化与脱嵌:农民工脆弱性贫困机理》,《中国矿业大学学报(社会科学版)》2020 年第 22 卷第 5 期。

⑦ 周恩毅、聂思言:《城市边缘区失地农户生计策略选择》,《西北农林科技大学学报(社会科学版)》2021 年第 21 卷第 6 期。

⑧ 栾驭、任义科、赵亚男:《农民工生计资本与社会融合》,《山东社会科学》2012 年第 11 期。

⑨ 李敏、阎晓博、黄晓慧:《人力资本对农民工返乡行为的影响——基于代际差异视角的分析》,《华中农业大学学报(社会科学版)》2021 年第 1 期。

⑩ 潘毅、卢晖临等:《农民工:未完成的无产阶级化》,《开放时代》2009 年第 6 期。

⑪ 任义科、杜海峰、白萌:《生计资本对农民工返乡自雇就业的影响》,《西安交通大学学报(社会科学版)》2011 年第 31 卷第 4 期。

等家庭生活开支,几乎毫无积蓄①。作为维持返乡农民工生计的自然资源——土地现在也出现了无田可种、田不好种的问题。② 在社会养老保险上,从理论上看,现有制度安排能够实现农民工群体全覆盖,而实际情况却不甚理想。③ 农民工职工参加社会养老保险的比例较低,与性别、年龄、婚姻状况、流动原因等变量呈现正相关关系。④ 新农保的低保障水平对于他们未来保障效果寥寥,低参与职工养老保险放大了第一代农民工面临的社会风险。⑤

故而以上的分析中,可以看出第一代农民工面临着严重的社会——个体生计脆弱性问题,第一代农民工生计困境关键在于现有的社会性排斥问题,由于中国社会转型持续推进,二元化经济体系将长期存在,只要二元化经济体制长期存在,工农收益差异化,农村劳动力的城市流动将长期存在,即使在农村自然资源禀赋等因素较好的情况下。但农产品没有实质性收益增长,大部分农民工在经济理性刺激下会源源不断地从农村流向城市,到城市寻求生计资源,寻求经济报酬等,故而农民工的困境不在农村,而在城市的排斥性政策,学者讨论农民工从排斥走向承认的过程,其实质是从社会政策排斥逐步走向社会政策承认的过程。故而其生计脆弱性更多体现的是社会脆弱性,在现有政策安排下,农民工依然没有获得政策的完全承认,没有获得社会的完全承认。相反,在政策设置上,对于农民工群体并没有纳入劳动力的统一管理体制内,依然局限于户籍城乡二元化管理和服务供给上。他们在社会生活中是脆弱的,这种脆弱性是社会性因素、社会排斥的结果,故而,基于以上各章

---

① 贺雪峰:《政府不应鼓吹农民工返乡创业》,《中国乡村发现》2012 年第 1 期。

② 贺雪峰:《如何应对农民工返乡》,《中国社会科学报》2015 年 12 月 9 日。

③ 朱艳婷、钱俊月:《农民工流动和养老保险参与》,《华南农业大学学报(社会科学版)》2018 年第 17 卷第 6 期。

④ 汤兆云:《农民工养老保险体制构建的困境及解决思路——基于 2016 年全国流动人口卫生计生动态监测调查广东省数据》,《学术交流》2019 年第 8 期。

⑤ 郑拓:《我国农民工养老实然困境分析与应然路径突破》,《政治经济学评论》2020 年第 11 卷第 5 期。

分析,本研究认为农民工的生计困境实质在于社会政策困境,其生计脆弱性是社会脆弱性的折射。

第一代农民工在社会—个体生计脆弱性环境中并非毫无能力,他们依靠自身及其周遭环境努力建构自己的生计资源,他们遵循一定的策略,通过务工选择、社会关系建构等在生存第一的原则下积极进行自己的生活过程,故而从这里也可以看出第一代农民工务工生命历程的主体性所在。具体而言,指导他们务工选择的就是生活理性原则。

可见,作为行动者的第一代农民工其虽然具有较强的主动性日常实践以获得生计机会和生存利益的最大化,且他们在市场化中的日常生活实践不是简单地把家庭资产和资源进行组合与拆分,而是按照利益最大化进行自由选择的过程,但是这个自由选择的过程是嵌入在特定的社会结构关系里面,他们的行动自然也受到了社会结构的制约和影响[①],而第一代农民工能做的是在既有的社会结构中进行见缝插针式生计活动,布迪厄认为社会主体的行为习性是其在日常生活实践中的即兴发挥,是前反思的,他们无力跳出既有的日常生活场域和实践类型去反思自己的行为,而只能依靠实践者的行为习性去进行实践,在这个过程中,他们无力改变社会结构中的不平等和自身的弱势位置,即两难困境抵抗可能走向异化,屈服也许是通往解放,作为被支配者,他们无力摆脱这一困境[②]。故而在此情形下,第一代农民工的可持续生计与社会结构勾连之后,其可持续生计有了自己的鲜明的时代特色。

---

① 郭伟和:《"身份之争"转型中的北京社区生活模式和生计策略研究》,北京大学出版社 2010 年版,第 60 页。同时图 8-2 的第一代农民工社会结构中的生计模式依附性也借鉴了该书第 60 页的理论框架。

② [法]皮埃尔·布迪厄、华康德:《实践与反思——反思社会学导论》,李猛、李康译,中央编译出版社 1998 年版,第 25 页。

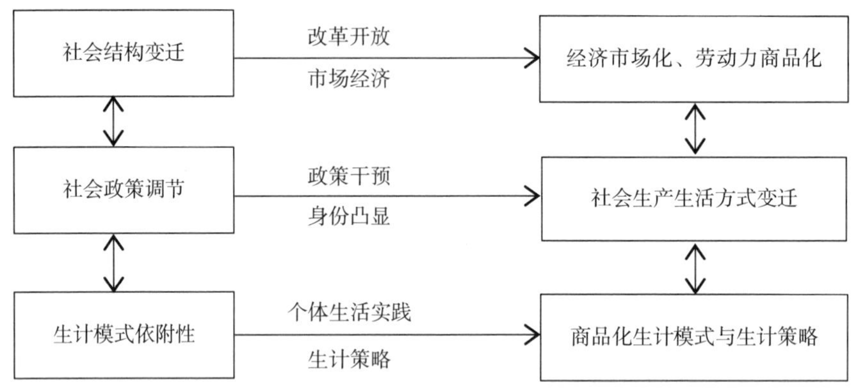

图 8-2　第一代农民社会结构中的生计模式依附性

第二节　第一代农民工生活理性的二元属性

一、生活理性文本阐释

在对传统农民行动逻辑的解释中，在学术界一直存在着二重性争议，即农民的行动逻辑是社会理性还是经济理性的争议，这一争议伴随着“斯科特—波普金论题”的提出而达到顶峰。

在现代化进程中，农民如何实现自己角色的建构，事实上，在不同的研究者视野中的小农社会属性和角色建构具有较大的分野，也是当代关于小农研究的两大理论传统即“社会理性”与“经济理性”探讨的焦点，这两大理论以詹姆斯·C.斯科特和塞缪尔·L.波普金为代表展开了各自的论述。1976年，社会学家詹姆斯·C.斯科特出版了《农民的道义经济学：东南亚的反叛与生存》一书。在该书中，斯科特对于农民的“生存伦理”和“安全第一”生存原则进行了详细的阐释和论述，并形成了“农民道义经济学”的解释维度。斯科特认为，东南亚农民个体生存的目标是风险最小化。在生存压力下，东南亚农民坚持的是生存取向而非利益取向，他们坚持的是社会理性，即首要保障自己的生存[①]。塞缪尔·波普金则以《理性的小农:越南农村社会政治经济学》一书来表明自己的立场。他提出了农民的理性在于解决问题的实质论断:他认为农民一方面要保障生存,同时他们还要在最大程度上维持利益,他呼吁读者要尊重农民的智力水平,这些智力水平在解决资源分配、权威、冲突等复杂问题上面体现出了农民的经济理性[②]。而在中国农民日常行为的研究中,中国社会结构与家庭结构的独特性与西方社会该区域之外的社会结构是不同的,中国家国同构的一体化社会结构形式恰似一根纵向的轴线把国家、家庭、个人紧密串在一起。因而个人的日常行为牵涉的面会更加广泛,也会更加具有中国"只可意会、不可言传"的理解性的默会实践。

施坚雅则认为农民是经济理性小农,他们在日常经济行为中依附于市场体系,来获得相应的生活资源。他认为农村集市的形成是按照当地的地理位置而定的,农民在这种混合性的市场—社会二元体系中,他们以生存为目的来进行相应的经济行为,因而他们的行为在一定程度上呈现出"传统惯习"与"非理性"特征。黄宗智在《华北的小农经济与社会变迁》一书中认为,中国的小农具有多种面貌,是多种理性混合的生存类型。杜赞奇在《文化、权力与国家 1900—1924 年的华北农村》后记中认为社会理性小农和经济理性小农都不能准确概括出华北农民的行为特征,但是斯科特和波普金所强调的不同因素却在华北乡村社会生活中可以和平相处,并且在农民身上也没有出现不可调和的实践悖论。[③]

由上分析可知,对于农民行为逻辑的种种表述如"社会理性"、"道德经济"或是"经济理性",都是对农民日常生活世界的单向维度的概括。这些特征都是存在于农民日常生活的某一个维度上,他们并不能对农民日常生活行

---

① 黄鹏进:《农民经济行为的文化逻辑》,《中国农村观察》2006 年第 1 期。

② 郭于华:《重读农民学经典论题——"道义经济"还是"理性小农"》,《读书》2002 年第 5 期。

③ [美]杜赞奇:《文化、权力与国家 1900—1924 年的华北农村》,王福明译,江苏人民出版社 2012 年版。

为进行全面的囊括。恰亚诺夫建构的农民的社会理性这一理性类型，也恰如同马克斯·韦伯提出的“理想类型”一样，试图将这种分析结构作为认识社会的工具。故而对于农民行为的认识应是多维度的分析，单纯地落脚于一处是没有意义的。有的学者认为无论是小农的社会理性或是经济理性，这些概念都是相关学者建构出来的一种认识农民社会的分析工具，这些工具为我们描绘出了农民日常世界的种种现象和生活情境，而这些工具背后依然是农民日常生活中错综复杂的生活体系和精神价值体系，这些体系对于他们的日常生活绝不是一个工具概念可以概括出来的。这些概念对于解放前的中国农村社会的适应性也只是一个方面，那么面对今天社会日益转型的乡村社会的解释力亦存在着相应的制约。

在当代中国城乡二元分割的社会结构下，城市化的快速推进和乡村的空心化同步演化的背景下，也都显示出了那些建立在西方工业文明基础和逻辑上的分析框架对于当下中国农村、农民行动的解释力存在着水土不服的问题。中国乡土社会和熟人社会面临着原子化和陌生化的趋势，农民的日常生活实践活动向具有更加灵活性方向变迁，他们一方面深受西方经济理性的影响，另一方面传统在他们身上留下了较为显著的特征，因而在他们的生活实践中行为表现是复杂和多变的。在围绕日常的生存问题方面，农民的行为在传统与现代之间摇摆，他们的日常行为具有复杂混合的理性状态，确切地说是传统的理性与现代经济理性混合搅拌在一起的产物。因而他们的理性行为不能简单地界定为哪一种理性，进而为其定义和僵化。小农经济行为理性化视角为我们提供了一个较好理解农民日常行为的视角切入，也为我们认识当下农村社会现实提供了相应的理论基础。故而作者认为在中国当下社会研究中，对于农民群体的研究理性原则依然存在，但是其理性却存在多向度的解释。“生活理性”就是在这样模糊、默然的日常生活实践过程中生成的，呈现出其特有的特征。

首先，它具有默会的和模糊的特性。在场域系统内部，布迪厄用“无意识”而非“意识”作为个体间理解与沟通的桥梁，并认为“‘意识之相通’意味着‘无意识之一致’”①。因此作为实践知识的“生活理性”展现出“默会性”特点，在日常生活中，面对日常互动的群体是不需要太多的语言来解释动机和逻辑的，“一切尽在不言中”便是最好的解释。“生活理性”的这一默会性特点使得个体的日常生活实践更加偏重于常识，而非理论的引导。人们在日常生活实践中会理所当然地运用内化于自身的传统、经验和认知来指导自己的行动。事实上，也确实如此，李村老人在日常生活实践中，并没有什么宏观大论来论述他们日常生活实践的理论性，他们只会说一句“就应该是这样的啊，本来如此吗”，意即人人都知道的事情，何必非要说出一堆理由来，那不就是成废话了吗？

其次，生活理性包含着常识性的价值取向。作为在日常生活中的日常实践取向而获得的知识是一种生活常识，而非系统化的理论知识。因此日常实践是其知识体系的基础，常识性是其核心所在。这些实践知识不需要去论证其正当性和内涵，而是在社会个体的日常生活中形成，在其日常生活中，这些实践知识是可以应付自如的。“生活理性”是农村老人在日常生活中形成，依托于他们的内在感知和外在需求，在内在感知上，传统的社会价值观依然是他们日常实践模式的逻辑起点，即传统的价值观已经深深内化在李村老人的日常生活实践中。他们的日常生活实践在思维向度上没有超越传统价值观的束缚，如家庭中的家族主义理想，人生意义的归宿和寄托。邓正来教授提出了“生存性智慧”的分析框架，认为生存性智慧是中国当前特有的中国人实践行动，他基于哲学意义上的探讨为本研究的“生活理性”积淀了足够的理论自信和学术自觉。邓正来认为，“‘生存性智慧’在时间上既是传统的，又是当下的，甚至还经由想象而成为未来的，是中国传统文化当中一直存在并流淌在中国人血液里的一种哈耶克意义上的‘默会智慧’”。故而，生活理性在其解释

① ［法］布迪厄：《实践感》，蒋梓骅译，译林出版社2012年版。

维度上也就有三个维度,即生活理性是日常性、复合性和权益性的合成。

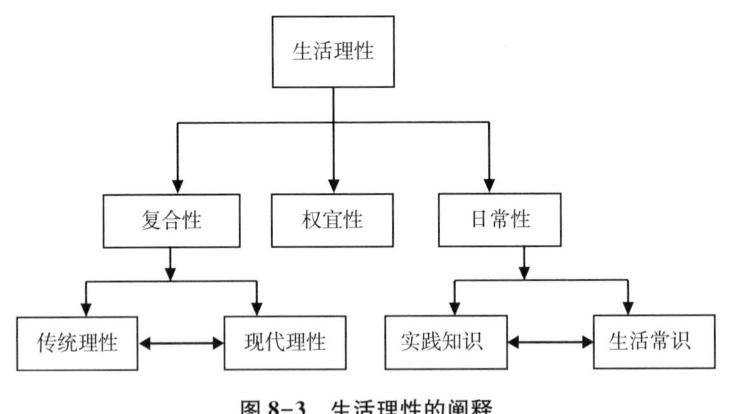

图 8-3 生活理性的阐释

在传统与现代、实践与认知、伦理与机会的现实抉择过程中无不处处体现出经验的模糊性,故而这些生活的默会知识,生活的应然选择大都成为农村居民非常自然的选择,而无需去抉择。你到一个熟悉的老农家里去买菜,老农说你只管自己拔便是了,拔好了数一数,给我钱就行了。别人问"你怎么不怕他多拿菜,少给钱呢? 你也可以趁他拔下菜多要钱。"老农说:"来我这里买菜的都是十里八乡的熟人,我看都不看,他拿着菜来还钱,我还跟着防贼一样跟着他? 那还叫什么熟人啊,他拔了菜多了,我也不能就多要钱了,那以后还怎么做人?"老农卖菜是典型的经济行为,但是在交易过程中,却完全遵循传统伦理价值,他信任买菜人自行摘菜是因为都是庄里人,其他人随便来拿菜不问价格不怕老农漫天开价,因为他们是熟人社会,熟人社会中的心理契约对于个体束缚要比市场中的经济契约有更高的自律性。在这样的经济行为中,交易的双方都是在完全信任的环境下,没有在场监督情况下完成交易行为。

二、第一代农民工从生存理性到生活理性选择

在学术界已有的研究中,生存理性成为第一代农民工外出务工的核心选择,为了实现经济目标,第一代农民工的务工行为选择和策略也是紧紧围绕能

否获得相应的经济报酬而展开。在黄平看来,农村人口外出就业,绝不是盲目的,相反,他们总是具有明确的动因和目标,一开始他们也许大多是为了从非农化活动中挣得更多现金收入以补贴务农收入的不足。但不论他们的动因和目标是多么明确,他们总是在外出或转移过程中不断地对自己的行动加以合理化解释,总是不断地反思自己的行动,调整自己的策略。① 第一代农民工外出务工的核心在于获取经济报酬,以缓解其家庭面临的生存危机,故而,对于他们而言,获得相应的经济报酬是其外出务工的核心动机,在经济动机的支配下,第一代农民工为了获得相应的经济报酬,他们在经济理性支配下采取相应的经济行动,为自己带来最大收益机会。决定第一代农民工离职或继续工作的核心因素是工资的高低而非劳动条件。由于劳动力市场的二元化,在劳动力市场中存在首要市场和次要市场。第一代农民工几乎都聚集在次要市场中,在次要市场只能作为低端劳动力供给者,为了多获取收益,他们必须适应城市次要市场中的规则和习惯。第一代农民工经济理性中的行动选择包括经济目标和生存手段的适应性调试,同时也包含在面对未预期事件或超出自己处理能力之外事件的理性化处理,一切以是否能挣到钱为核心准则。在生存理性刺激下,第一代农民工外出务工源于其家庭经济收益低下,在二元经济对比下,工业化的生产和及时支付远比农业生产漫长的周期回报要有吸引力得多。而且在完全不同的生产和生活环境下,城市的一切都是新奇和有价值的,其经济目标也仅在于赚一些比在家里更多的钱,哪怕就是多一点也可以,他们没有太高期望。尤其是第一次外出务工中,由于不熟悉,他们在经济报酬上不议价,老板给多少他们就接受多少。作为卖方市场,劳动力的过剩让他们在劳动力市场处于失声群体,没有任何发言权。

但是当他们在外务工一年之后,很多第一代农民工开始有了自己的经济规划和经济目标,什么样的工作最能赚钱,什么样的工作最能帮他们找到更多

① 黄平:《寻求生存:当代中国农村人口外出的社会学研究》,云南人民出版社 1997 年版。

的工作机会成为他们寻找工作的重要考量。韦伯曾经指出处于"传统主义"下的农民,其追求的并不是得到最多,而只是追求为得到够用而付出的最少(韦伯,1987:42)①,在早期农民理性认知上,斯科特认为农民的生存理性是道义经济代表,追求经济理性不是他们的首选,他们的首选是风险最低,他们宁愿放弃高额的但风险高的收入机会而选择收入低下但是风险较低的收入方式。斯科特的这些观点在实质上也存在一个解释困境,无论农民选择什么样的机会,实质都是为了保障自己的收益稳定化,从这个角度来说农民也同样是具有经济理性选择,这个经济理性是保障生存,保障基本收益。农民工开始外出务工选择也是安全第一,他们选择的工作是保证能拿到钱就行,这个工作可以长期做。但是当他们逐渐熟悉所在工作的行业和务工所在地,他们的目标开始发生变化,仅仅保障性生存收入已经不能满足他们的需求,他们同时也在慢慢地学习,为以后的转型或是换工作做好准备。在生活层次上也开始追求更高的生活水准,例如在子女的教育上,他们最初的想法是给孩子提供基本的生存保障,但是伴随着自己务工处境和见识的提高,他们最为直观地见识了知识在经济中的价值,故而他们的目标不再是仅仅限于保障孩子顺利长大成人、结婚生子,而是期望孩子可以读书,上大学,改变自己的命运,摆脱他们的人生境遇。从第一代农民工的务工选择来看,生存理性已经逐步退却,而经济诉求、代际发展甚而是自己人生追求的另外一种生活诉求日渐成为他们外出务工的主导。这样的指导原则在他们的生计策略选择中有了充分的体现。同时这种选择在他们的日常生活中是一种常态,也是一种本能,这种选择已经不同于生存理性的经济核心选择,第一代农民工务工逻辑从追求生存到追求发展的视角,同时与其外出务工过中的"安全第一"选择深度融合。在本研究中笔者用生活理性概念来概括第一代农民工务工逻辑及其生计策略的选择。第一代农民工的"生活理性"中也蕴含着邓正来教授所谓的"生存性智慧"。"生活

① 转引自文军:《从生存理性到社会理性选择:当代中国农民外出就业动因的社会学分析》,《社会学研究》2001年第6期。

理性”在他们日常实践中的运用而他们浑然不自觉，这就是所谓的“默会知识”，在外出务工过程中，他们坚持追求经济理性的效益最大化，但是刻在他们身上的文化痕迹依然存在，即传统的伦理制约在他们身上影响深刻。他们在外务工过程中的社会关系建构中核心准则是价值伦理性。即他们在自己的生活圈子内部遵循着基本的价值伦理，家乡的人，视为自己的朋友，以朴素的“道义”伦理作为关系建构的原则，而且在与雇主交往中，也掺杂了感情与责任意识。在家庭代际关系上，伦理性更加凸显，如传宗接代，把子女的婚事当成自己人生的重大任务。只要子女尚没有成家，那么他们的任务就没有完成，这些都是传统价值在日常生活中的内化。但是这些伦理内化行为又会伴随着关系的远近和对自我价值的大小而会有所区别。

案例 3：何先生，58 岁，深圳务工，工厂后勤管理人员

我是 20 世纪 90 年代出来打工的，我是高中毕业生，没有考上大学，又不想在家种地，家里太穷了，我有三个弟弟，三个姐姐。7 个孩子，你说就指望我父母那土里刨食，都养不活我们几个孩子啊。那时候小麦就卖 3 角钱一斤，一亩小麦也就收个 500 斤，卖人家 150 元钱，再去掉化肥磷肥，家里就一分钱都没有了。那时候农民是苦啊，我结婚了，就想着我是男孩子里面老大，不能在家蹲着，就跟着附近庄子上的熟人到上海打工，上海那时候正在开发浦东新区，到处都是建房子，我们都去那里了干了。一天给 10 元钱，一个月都有 200 元了，很多钱啊，在家里面没有钱啊。就是累，后来浦东那边的老板走了，我们也就跟着老板走了，到深圳了，也是在工地上干。我高中学历啊，我就想着我这高中还能一辈子就和人家那没有上过学的过的日子一样吗？我得改一下啊，老板看着我也不是那种大老粗的人，就让我干轻一点活，记账，做饭，我都认真干，干就干好。我现在这个老板和那个老板关系好，看见我了，说问我要不要到他那厂里面干活，

他那是工厂，我想着也换一下，看看，就一直跟着这个老板干到现在，二十多年了啊。当时出来时候家里两个男孩子，一个 4 岁，一个是 2 岁，家里穷得揭不开锅啊，我老婆就在家里带孩子干活，我出来，我当时就想着，到外面挣钱寄回家，让孩子过日子舒坦一点，也不让人家看不起啊。后来孩子大了，要到城里上学，那花钱更多，我想着去城里上学也好，能考上大学多好啊，我在外面这辈子拼死地干活，不就是为了孩子好吗。我爱人就在城里面租房子带着两个孩子上学。我有十年没有回过家，过年别人都回家，老板就让我看仓库，看厂房，这样能多给工钱啊。有一次我老婆暑假来我这里，晚上，我和老婆爬到深圳的一个小山坡上，看着下面万家灯火，我当时就说了一句："真想着这城里面的灯光后面有一家是我儿子的家啊"。我老婆还打了我说我打工打傻了，做梦。我在那个工厂里面自己考了开叉车资格证，又考了会计资格证，这都是现成的例子，有知识的人不一样，他会想，能看到远。我后来就一门心思学啊，我现在都不干重活了，可以给老板管账了。有知识还是不一样的，我后来就想着让孩子考大学，现在两个孩子都考上大学毕业。我觉着我这辈子过得也值啊，我要是不出来，说不准小孩也就在家里面蹲着，现在也打工了呢。

本研究对第一代民工生活理性的解读包括四个方面：第一，通过定量数据来测量第一代农民工个体及其家庭生活理性的选择。第二，运用定性资料主观衡量第一代农民工在生计选择过程中的策略，主观测量超越了定量的自上而下的审视视角，并允许通过特定环境或其生活背景及其他影响因素来分析生活理性在其生计选择过程中生活理性的选择过程。第三，本研究分析运用可视化和解释结果的方法，并确定建立第一代农民工生计选择的具体行动。通过实证案例研究，本研究试图说明在生活环境、生活资源或政策变迁等外在背景下，第一代农民工的生活理性是以家庭代际分工为基础的生计策略以最大可能维持和改善他们的生计机会和福祉的抉择过程。故而，生计方法也是生活理性的一部分,它通过承认人们的环境、文化、价值观以及认知从而影响了他们的生计适应能力。生活理性也是家庭成员或个人在面临压力时使用的应对策略,这些应对策略可以是自发的,但经常涉及计划和准备以应对一定的外部冲击。应对策略是一种特定的反应或活动,为了适应不断变化的条件,无论是短期的还是长期的,本研究中的结论和认知都基于定性访谈和半结构化的调查来获得第一代农民工关于生计策略的选择过程,生活理性的主观资料分析超越了自上而下的客观度量,生活理性强调了人的作用、生计行动和资产获取方面的综合关系和家庭如何建立生计恢复力。①

三、第一代农民工生计策略建构中的生活理性维度阐释

(一)生存逻辑下的经济理性核心

第一代农民工外出务工逻辑在于生存型逻辑,其外出务工核心在于改善家庭生活条件,满足家庭生存的基本要素,在访谈中涉及关于农民工外出务工的动机中,有65.3%的访谈者认为家庭贫困外出挣钱是其外出的务工的动机,其他因素等占比为32.8%。可见对于第一代农民工而言,外出务工核心目的在改变自己的生活状况。

第一代农民工流动的推力要源于“家本位”以及单一生计渠道的家庭、生计动力。虽然农村社会在改革开放之后,私人生活空间增大,代际关系呈现变化,但乡土社会中的“家底蕴”并没有发生根本性变化,它在与现代化力量的碰撞中发挥了重要作用。② 这种底蕴表现为农民“家本位”的生活观念,个体的利益融入家庭的利益中,如何让家庭过上“好日子”是必须要思考的内容,具体而言则是将全部之力放在完成人生的任务——子女身上。现代性侵入了

① 张明:《“自己人”视野下农民工的社会支持与行为选择》,《江汉论坛》2011年第11期。

② 杨善华、孙飞宇:《“社会底蕴”:田野经验与思考》,《社会》2015年第35卷第1期。

作为无意识生活的日常。① 农民在日常生活中是理性的，他们应对乡村生存机会的渺茫，他们懂得利用“乡土网”扩展自己的生计渠道，在完全陌生的城市他们建构自己的“生计网”，同时利用家庭这一经营单位形成男工女耕式的生计模式，这一切都是农民在日常生活中的理性“算计”。依据对第一代农民工的访谈，多是“为了挣钱”而选择外出，这是生活型外出，基于直接的生活压力，温饱不成问题，但收入增长困难，具有某种被迫性，即由于家庭或个人生活方面遇到某些困难，为了摆脱这些困难选择了外出就业。②

在农村进行的改革并没有使得释放的生产力促进农村的经济发展，而在城市进行的改革却如火如荼。由于农村与城市之间巨大的鸿沟，城乡分割日益严重。高耸的企业、遍地的厂址无不向农民展现着生活的“好日子”，进城务工成了广大农民塑造美好生活的机会。国家在城市施行的一切经济改革进一步加剧了城乡间的经济差距，农村依然停留在传统的小农社会，而城市则成为现代化经济发展的“代名词”。不可否认，农村在现代化发展中一步一步被淘汰。在农村成长起来的第一代农民工深切感知城乡差距，为了生活，他们向往城市的务工机会。城市的高工资收入是吸引劳动力选择流动的重要因素，也是城市对农民具有高吸引力的重要原因。从城市对农民工的“拉力”作用来说，工资高低是农民工是否意愿流入城市务工的首要性因素。“活好容易挣钱”是第一代农民工选择务工地点的最主要原因，也就是说务工地的务工条件同样影响农民的流动。城市不仅提供了就业岗位，而且这些岗位带来的经济效益比土地劳作要高得多，有可能支持家庭实现优势累积。工业化的发展、城市化的发展都对农村劳动力产生巨大的需求，生存是第一代农民工最大的生活理性，也是指导他们务工生命历程中各项选择的核心指导原则。

---

① ［英］本·海默尔：《日常生活与文化理论导向》，王志宏译，商务印书馆 2008 年版，第 13—14 页。

② 赵树凯：《农民的新命》，商务印书馆 2018 年版，第 15—16 页。

(二)“安全稳定第一”前提下的务工选择

家庭联产承包责任制的实施虽然解决了农村劳动力积极性问题,但中国人均土地较少,有限的土地与充足的劳动力之间形成不平衡问题,造成农业过密化经营模式。人均农业资源缺乏、农业生产规模化不足、农业生产效率低下,农业产品价格的不稳定,很难让家庭进行资本的积累,小农生产在市场化链条中处于末端,家庭单位在市场竞争中的谈判力度很低,这些原因导致农业生产的低效益。农业生产的季节性、农产品的不易储存性、农产品市场需求缺乏弹性等特征不断地排斥劳动力,并向城市工业化“推”动劳动力流动。随着农村改革的推进、深入,农村劳动力过剩的问题由原先的隐性状态日益转为显性状态,农村对剩余劳动力的“推力”更加显现,日后所谓的“农民工”问题开始以“农村劳动力转移”的问题形式呈现在人们眼前。① 21 世纪初,中国加入 WTO 后,农村被裹挟进商品化潮流中,在如此宏大的改革开放浪潮中,农村发展被“边缘化”。农村发展空间的有限性不断推动农村劳动力外出寻找更好的发展空间、发展机会。城市代表了更大的发展空间,更多的发展机会,农业收入的略薄“推”动着第一代农民工走向城市就业,增加自己的收入。在城市,工业园区的生产线、制造加工工厂的低端岗位和临时岗、建筑工地和餐饮等底端服务业等岗位需要大量工人,这些工作时间很长、报酬极低,且行业领域很狭窄,这些岗位代表着技术要求低、劳动强度大、工资水平低于平均工资,城市劳动力往往不愿意从事这些贴有“低端”标签的岗位。② 但对于第一代农民工而言,这些岗位比起在农村从事农业生产所获经济收益要多得多,这是他们获得生计资本的重要渠道。詹姆斯·斯科特通过对 20 世纪 70 年代东南亚

---

① 王小章、冯婷:《从身份壁垒到市场性门槛:农民工政策 40 年》,《浙江社会科学》2018 年第 1 期。

② 李培林:《农民工——中国进城农民工的经济社会分析》,社会科学文献出版社 2003 年版,第 118 页。

农民行动逻辑和道德准则的提炼，提出了生存伦理（Subsistence Ethics）概念。斯科特认为，农民的行动是为了生存而非发展或利益最大化，构成了农民的生存逻辑，农民的理性是“以生存为中心”的生存取向，而不是利益取向。这是因为在前资本主义农业社会严酷的生存压力面前，对食物短缺的恐惧，使得农民只能选择保守的“安全第一”的生存和反抗策略，规避风险，避免发生威胁生存的最大损失。这种“生存伦理”和“安全第一”的实践原则，是农民在极端贫困、连基本生存都无法保障的情况下的生计策略选择，既是日常农业生产实践的原则，也是考量统治者道德的标准，是一种道义经济。①

案例 79：曲先生，山东济南人，青岛装卸工人

自己算算在家种土豆、玉米等庄稼收入太少了，自己索性外出。从那时开始在外面干起来，钱来得比较容易，干着干着就上瘾了。在家里的收入和在外面没法比，家里就是靠这点庄稼，那个时候没有什么来钱项，现在还能找到点零活，那时候全靠地，面朝黄土背朝天，顶多饿不死，城里面能干的多啊，一来二去地就开始慢慢在外面务工。

案例 34：高先生，山东泰安，贵州工地务工

当时为了多混钱，在家里混钱少，家里没活，出去也行，收入低了也不行。看着别人出去干都干得挺好，咱也出去吧。这边有不少让我们出去干的，都是邻居。当时出去不害怕，为了挣钱养家，只有企业选择你，你没有权利选择企业。为了叫家庭好一点，现在家庭也不是好，但是努力去让它好一点，没有别的出路，只能出去看看能不能混钱。家里有一份合适的工资，肯定是愿意在家里的，就算比外面少

① 郝彩虹：《老一代农民工的主体策略与身份再生产——基于 E 地铁工地农民工的考察》，《北京科技大学学报（社会科学版）》2018 年第 34 卷第 1 期。

一点也愿意在家里。问题是家里的钱太少了，半年的工资不知道顶那一个月吧。

案例 76：孔先生，山东曲阜人，济南工地务工

刚开始出去干是因为在家里赚得少，在外面赚得多，一开始就是干的建筑。在家里就是靠天吃饭呐，混不上吃，不管指望什么也指望不上。家里也穷，更指望不上。当时出去就是为了混钱，没有突发情况。刚开始出去打工就是想家，也没有什么感觉，人家出去得早，咱出去得晚一点，也没有什么，咱就是跟着他们出去早的打工。农村穷，(农民)也跟着穷，城市是好啊，到处都有高楼，吃的、玩的也多，那个和咱无关，咱除了赚钱也没有别的想法。在城里干一个月能顶在家里干两个多月，甚至半年，一是庄里没活，二是钱少，划不来。

第一代农民工外出务工的根本原因是农业生产的收入不足以维持一家人的生活，农业产出无法满足家庭中教育、医疗、养老以及住房改善的需求。他们外出务工始于最原始的生存动机，是一种生存理性策略。在第一代农民工眼中，进入城市代表“挣钱”，即便劳动的工作再苦再累，因为城市生计渠道的多元化可以使他们获得一定的劳动收入，生存不再“渺茫”，作为主干家庭的“顶梁柱”可以支撑家庭生活，更可以给孩子一定的生活保障。

在不同的生命历程中，人们所扮演的社会角色不一样。[①] 结婚后第一代农民工所处的生命历程阶段不同以往，所要承担的社会角色为核心家庭的“顶梁柱”角色，我们从该社会角色的叙事中可以洞察第一代农民外出务工的缘由。

---

① 张灵敏：《生活世界中的疾痛声音：基于贵州、重庆两地返乡工伤者的田野调查》，《上海交通大学学报(哲学社会科学版)》2018 年第 26 卷第 6 期。

（三）关系建构中的工具理性策略

“生活理性”是第一代农民工务工生命历程中的选择策略，是指农民工在面对困境时可以自主选择能够面对干扰而依然能保持其基本的生活能力。

第一代农民工第一次外出务工，基本是依靠乡土社会的关系网络才走出乡村，在乡村社会中他们依靠亲缘和地缘关系的熟悉性，跟着亲属或可以信任的熟人外出。

案例 15：周先生，56 岁，工地

我 18 岁就出去打工，去的东北，跟着我哥去的，在那里待了 1 整年，盖房子、搬砖。后来在济南干的包水管，也是我哥介绍过去的，他在那里炒菜很多年了，一开始出去找工作，你外面一个人不认识的，你到哪里去找工作？不得跟着人家出去啊，跟着村里面的熟人出去，好歹有个照应的人呢。遇见什么事，也有人帮一下。

案例 32：王先生，49 岁，工地务工

俺庄里有联系的，原先跟着孩子他舅干，人家接到外边的活，我就跟着出去了。都是一些亲戚朋友，有招工咱就出来。没人带，咱也不认识什么人啊，你到外面往哪里跑？就是邻居亲戚这些。就这么说吧，一开始出去打工的，哪个不是有亲戚关系的才跟得出去，不是好的关系，人家还不带你出去。有时候想跟村子里早出去人去打工，还要给人家送点礼，表表心意，人家才愿意带你出去，出去就是有亲戚关系的，靠着他们出去的，没有亲戚关系不敢出去，外面骗人多啊。跟不熟悉人出去了干了一年半年的，拿不到钱太多了哦。在炼钢厂里面，不给钱的，人家来讨债，我亲眼看见的，跟着亲戚走放心点。

进入到城市完全陌生的社会情景中,其社会关系网络呈现出重构的现实问题。这种社会关系网络结构变化在第一代农民工身上呈现出两个维度:其一是和以前家里的亲人和朋友之间联系及其关系维持;其二是第一代农民工进城之后围绕其业缘关系而建构的新的社会关系网络。通过本研究的定量和定性数据分析,第一代农民工的社会关系网络同质性强,异质性弱。在前面已有论述,农民工刚进城时候与家人朋友保持较高的联系频率和强度有很大原因在于其刚进入城市缺乏安全感和融入感,需要亲属朋友的感情支持。在第一代农民工进城务工之后,他们开始建构新的社会关系网络,新建的社会关系网络用"生计网"更加贴切。第一代农民工建构的生计网核心在于寻求找工作、介绍工作机会。在日常交往中,农民工以己为中心建构了一个社会网络以获取务工信息,日常生活联系越紧密,关系网络越紧密,日常生活联系的范围越广泛,掌握的"结构洞"数量越多,务工的选择性越具有主导性。"生计网"不同于乡土网络中的"自来熟",其建立首先要取决于相互间的认识,认识时间长短也就决定了相互间"互动的频率",第一步到第二步是从认识到不认识的跨越,也是信息得以流通的起点。信息流通的两端分别是信息传递者和信息接收者,多数散布信息的人要么是工头,要么是与工头有紧密关系的个体,对信息接受者而言这是利己的经济活动。这是一个关系与经济活动相互塑造的过程,即"互惠性服务"。"生计网"的构建来源于两部分,一是建立在"乡土网"的基础上,也就是原有乡土关系的复制,比如与自己建立地缘关系的个体是"生计网"的成员;二是在长期的务工过程中相互关照形成的以业缘关系为基础的"生计网"。"生计网"是在传统乡土社会网络基础之上的原有"乡土网"的复制和发展,关系网络与行为活动是一个体系中的两个面向。"生计网"的建构受到物理空间上的地域限制,第一代农民工所建立的"生计网"仅限于务工空间,随着第一代农民工的不断流动,"生计网"始终在建构—解构—建构中变化发展,这显示了关系网络建立的动态化过程,无论在哪一环节都是紧密嵌入在第一代农民工日常务工生活中的。通过务工而建立的业缘关系便是“弱连带”关系，该关系同时解决了提供劳力供应信息的市场与求职者寻求职位之间的匹配程度。①

案例 53：刘先生，57 岁，工地厨师

我在淄博联通公司干完 3 年后，没有活了。当时和保安队的一个队长待的时间长，就问有没有活，他就把我介绍给了他跟着干的老板，陈老板，就去寿光在钢厂做了两年。后来还是跟着这个陈老板去的青岛干绿化，去济南给人家盖俱乐部，跟着他有七八年吧，记不清了。在济南认识的另一个老板张老板，他是做外包的，他钱开得高，我就跟着他干，在江西修火车站台，有 1 年多吧。和我们一起干的有个人姓崔，我和他聊得来，他有个表哥有头，我就跟着去了海南，不到 1 年就完活了。在那里认识的他表哥的大舅子，姓石，石老板，跟着他去的福建、河南，差不多两年。后来原先那个陈老板给我打电话去刷墙，干了 1 年多，当时在日照认识的外包队的毕老板，又跟着他干了 1 年多。后来陈老板打电话问去不去做饭，我想着年龄也大了，钱少点也少不了多少，就去的江西在那里给他们打工的做饭做了两年多。

案例 63：李先生，62 岁，四川人

我在外打工这么多年，省内，省外，我去的地方太多了，自己都数不清。都是自己问的，和人家在一起干活，问问那里要人吧，就去了。不是头咱也问问，也去咯，去干活得相信人家。打工就是人家问咱，咱问人家，这些都是打工认识的，都在一个地方干活，时间长了就都知道了，也认识一点，就是吃饭的空，大家坐在那里说说话。你说说

① 廖文伟、王丽云：《寻找工作与寻找员工　将雇主引入劳动力供求市场的分析》，《社会》2005 年第 2 期。

你哪里，我说说我哪里，十里不同乡，百里不同俗，大家说说，也解解闷，一来二去的就认识了，碰上投脾气的就多说几句。熟悉一些才敢跟着他干，不熟悉不能干，我干的都是熟人，不然跑掉了，找谁呢。

定性资料分析中，发现第一代农民工在城市工作稳定下来后，其生活目的明确，即挣钱，开始寻求工作机会。伴随着其城市融入的逐渐提升，或是对城市生活方式的熟悉，他们开始有意识地与当地人群或是雇主建立一点的社会关系网络，这种社会关系网络往往以业缘为基础的弱关系，是一种典型性的工具性关系网络，也是他们在工具性行动中才会动用的关系网络。

（四）过好日子是生活理性的核心

生命历程理论中相互关联的生活原理强调个体生活镶嵌在特定的关系结构中，在此关系网络中个体受其他网络成员生命事件的影响，说明个体并非是独立的存在，而是生活在由各关系成员构建的关系网络中。第一代农民工外出就业是由生存理性选择到家庭理性选择的跃进过程，在随着家庭生命周期动态变迁过程的理性选择支持下，农民工外出就业的动因侧重点也不尽相同。从家庭赋予个体的身份角色看，第一代农民工一生经历角色的时间顺序大致呈现出“子代—丈夫—父代”的变化，子代与父代为纵向的家庭关系，妻子与丈夫为横向轴的家庭关系。在父代这一家庭抑或社会角色中，第一代农民工要实现家庭再生产，即父代家庭向子代家庭绵延、子代家庭逐渐成为独立自主家庭的代际更替过程，突出了“纵向家庭结构”对“横向家庭结构”的主导性和引领性①。结婚是第一代农民工从原生家庭纵向关系向新生家庭横向关系转变的转折点，而孩子是第一代农民工由横向关系向纵向关系转变的转折点，就此，从时间顺序而言，父代是第一代农民工生命历程之家庭角色的最终结点，他们也将一直围绕子代进行日常生活实践。其子代家庭角色的生命历程路径

① 李永萍：《功能性家庭：农民家庭现代性适应的实践形态》，《华南农业大学学报（社会科学版）》2018年第66卷第2期。

则包含出生—上学—结婚—生孩子，在每一个节点上第一代农民工都必须付出足够的打工所获经济收入，可以说父代对子代不遗余力地付出且不要求子代的回报。随着子代的出生，家庭以子代生命历程轨迹为"圆心"，向外扩展层层不同的关于日常生活实践的"圆环"，推动"圆环"形成与完整的以农民工外出务工为核心的整个家庭的合力实践。子代每一个生命历程节点都需父代—农民工倾尽全力地进行财富的代际转移，转移力度最大的在于子代的婚姻要价，一定程度上可以说婚姻要价是子代与父代之间形成的代际剥削，体现在高额彩礼的支付、刚性的住房要求、隔代抚育以及其他资助项目上。

案例 35：张先生，56 岁，山东新泰

三个孩子在跟前转，就是要挣钱。还得给儿子攒钱结婚，打工这么些年，根本就攒不下尤其是儿子定下结婚的时候，房子钱、彩礼钱、酒席钱这些到处都要花钱，家里没有拿出来，和亲戚借钱了，给儿子结婚后也得还钱啊，还能指望儿子还钱？干那种来钱快的，在自己把握内的，危险点也行，这个时候还管什么伤身体啊？你想象不到，根本就顾不上这些，首要任务就是给儿子娶媳妇，还谈那个？不给儿子结婚，我心里也不好受，不能让他打光棍啊，早结婚早完事，俺老两口也不用天天惦记着。早完事的也少花钱了，搁在现在那些钱是没法结婚了，光是去城里买房就要花很多，一般家庭买不起的。我儿子那个时候结婚花的钱都是东拼西凑起来后来又慢慢还的。花钱多能怎么办啊，不管花多少钱都得给儿子把事儿办完啊。他成家，咱也放心啊，他不成家，自己心里一直不得劲，像个石头压在心里，睡觉都睡不好，儿子成了家，可算完成一个大事了，吃饭也香了。过得好不好咱就管不着了，那是他的本事，咱把自己的事干好就行了。

"过日子"就是"过孩子"强调了孩子对于现实生活的意义，孩子构成日常生活的核心内容，父母正是从孩子身上不断看到生活的意义、价值和希望，农民经常用“上有老、下有小”来描述自己生活负担的沉重，相比较来说，来自孩子的任务才是关键，而在孩子任务中，最大问题就是成家。① 第一代农民工通过支付高额彩礼、建造（购买）房屋等形式向子代转移自己打工所积累的财富，以帮助子代顺利完成“成家”的任务，这是父代应当也是必须承担的义务与责任。为完成此任务家庭要经过长期的积累，为儿子结婚积攒足够的财富，父代甚至为此不惜进行极大程度的自我剥削，若是没能为子代娶上媳妇，那么，父代的任务便没有完成，会抱有强大的心理压力从而造成惶恐不安的生活状态。② 子代成家所需要的财富一般来说是第一代农民工家庭经济中最大的消费项目，这笔财富亦是农民工倾尽半生或一生积少成多式的积攒。为“摆渡”子代，第一代农民工必须坚持打工、赚足够的钱，在经济收入有限的情况下，父代为筹足子代婚姻所需财富，必须节衣缩食，节省每一笔开支以最大程度为子代的婚姻积累财富。而且，父代在完成此任务的过程中无论有多大的困难，如通过社会网络扩展生存渠道的途径，使自己的劳动力商品化，在城—乡或城—城间的频繁流动，都愿意承受并将其作为自己进城务工的原动力。面对如此巨大的动力之源，第一代农民工在压力之下主观能动地调整生存方式，用身体作为谋生的最重要资本，在垂直的家庭结构中更倾向于向下的资源输入而欠缺向上的赡养，更是以性别为基础形成不同的家庭生计模式。

生活理性是农民工的一种生活中的选择策略，是指农民工在面对困境时候可以自主选择、能够面对干扰而依然能保持其基本的生活能力。在本研究中作者试图说明在生活环境、生活资源或者是政策变迁等外在背景下，生活理性是以家庭代际分工为基础的最大可能以维持和改善他们的生计机会和福祉

---

① 陈辉：《过日子：农民的生活伦理——关中黄炎村日常生活叙事》，社会科学文献出版社2005年版，第13—133页。

② 张建雷、曹锦清：《无正义的家庭政治：理解当前农村养老危机的一个框架——基于关中农村的调查》，《南京农业大学学报（社会科学版）》2016年第16卷第1期。

的抉择过程。故而,家庭生计方法也是生活理性的一部分,它通过承认人们的环境、文化、价值观以及认知从而影响了他们的生计适应能力。生活理性也是家庭成员或个人在面临压力时使用的应对策略。这些应对策略可以是自发的,但经常涉及计划和准备一定的冲击。应对策略是一种特定的反应或活动为了适应不断变化的条件,无论是短期的还是长期的。"主观"指标都是基于定性访谈和之前使用半结构化的调查研究来获得第一代农民工关于生计策略的选择过程,生活理性的主观资料分析超越了自上而下的客观度量,从而找到建设干预措施的方法。

生活理性强调了人的作用、生计行动和资产获取方面的综合关系和家庭如何建立生计可持续的策略过程。

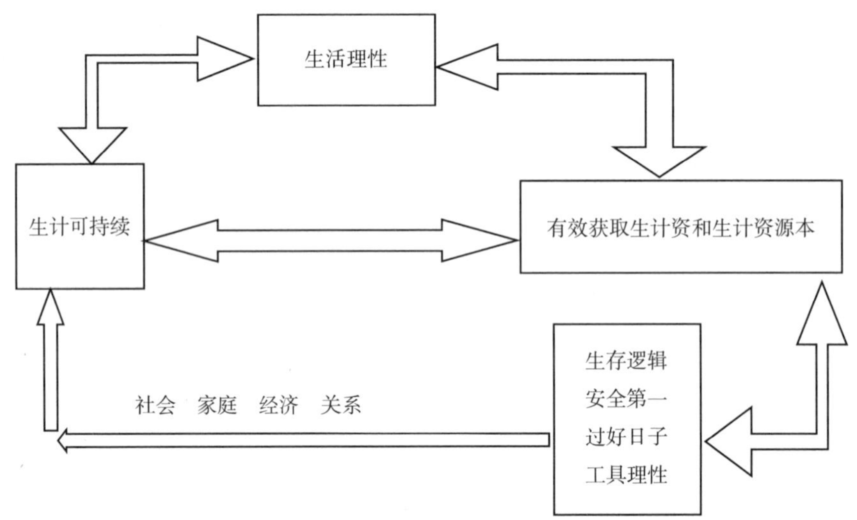

图 8-4　第一代农民工生计策略中的生活理性指导原则

第三节　本章小结

在对第一代农民工生计系统中的生计资本、生计策略和生计能力的相关性分析中，我们可以看出第一代农民工的生计脆弱性中关键因素在于其社会脆弱性，社会脆弱性核心理念在于处于社会中的群体在面对的风险及其恢复力都取决于其所处的社会阶层和社会环境的结构模式。社会脆弱性是特定群体所处的社会结构的再生产过程，在实质上，社会脆弱性体现了社会的不平等过程，故而也是风险分配的不平等和社会分化的结果。社会脆弱性对于第一代农民工的生计系统而言，主要体现在生计资本的社会扰动性、生计策略选择的社会局限性和生计能力的社会性弱势三个方面。第一代农民工的生计系统的社会脆弱性特征核心表现在其遭遇的社会排斥、资本匮乏和福利状态的缺失，这些都使得他们成为高风险群体。在社会—生计脆弱性的分析框架中可以看出第一代农民工社会脆弱性是影响第一代农民工生计可持续的关键因素。

同时在对第一代农民工生计策略的考察中，本研究同样发现，指导第一代农民工生计策略选择过程的原则是生活理性原则，生活理性原则在第一代农民工生计实践过程表现尤为明显。第一代农民工外出务工生命历程中经历了由生存理性到生活理性的转变，第一代农民工外出务工初始目标在于满足自己及家庭生存目标，当生存目标实现后，他们开始寻求更多的发展性目标，以期改变代际的生活方式甚而实现阶层的跨越。具体而言，第一代农民工的生活理性体现在以下维度：其一是生存逻辑，第一代农民工务工目标是满足生存逻辑，他们务工阶段所有的抉择都围绕生存逻辑展开；其二是安全稳定第一原则，对于第一代农民工而言，缺乏足够的社会关系网络寻求更好的岗位和工作机会，故而，对于每一份工作他们都尽可能地维持长久性，即使遭遇了不公，他们解决问题的思路依然是尽可能不影响当下的工作，维持工作的稳定性；其三是社会关系建构中的工具理性原则凸显，第一代农民工进城后社会关系网络由乡土熟人关系网络向生计网络转变，凸显了工具理性特质；其四过好日子是生活理性的核心，第一代农民工及其家庭无论选择什么样的生计策略，其核心在于实现过好日子的价值诉求。“过好日子”则是一个只可意会难以尽述的表达,第一代农民工务工的核心在于完成传统价值中家庭代际责任和家族的价值使命。

故而,生活理性是第一代农民工面对不确定性生计系统的主动性和自觉性选择。

第九章　冲出藩篱：第一代农民工可持续生计建构

第一节　第一代农民工可持续生计建构机制和原则

在中国农村社会研究及农村社会发展历程中一直伴随着对中国农民生计系统可持续性的探索和实践。从历史发展历程来看，农民的生计系统主要有两种模式：其一，立足于乡村社会建设，从发展农业和加强乡村建设，完善农民的农业支持体系，实现他们生计可持续；其二，从城市化和工业化着手，推动农民走出乡村，即“发展都市救农村”，在工业化过程中建造农民的生计系统，以实现农民生计可持续。但是从已有的现实看，这两种道路都没有实现农民生计可持续的理想目标，第一代农民工就是最为典型的两种生计模式即城—乡道路都没有实现生计可持续的群体。他们是在乡村生计不可持续的情况下入城寻求生计机会，但是在城镇工作几十年之后依然没有实现生计的稳定和可持续发展。故而以第一代农民工为代表的农民生计可持续的构建必须跳出既有的二元化思路，其生计系统既要有根，又要有叶，方能实现枝繁叶茂。

一、第一代农民工可持续生计系统动力机制

在 OStrom.E.看来，持续创造并且能够有效维持以及具有较强的适应能力

是衡量个体或者群体可持续的关键,发展则意味着创造、维护机会的过程与结果,故而可持续发展可以增加个体或群体的适应能力,并创造机会过程的延续性以得到预期的目标①。纳列什和乔纳森认为建构一个系统化、社会性及外部支持的可持续生计系统是一个长期目标,在此长期目标的指引下,在短期内解决其生计可持续性是关键。本章立足于前面研究分析基础,侧重于建构第一代农民工及其家庭的可持续生计系统,立足于第一代农民工的自身特点,运用其已有的生计资本,充分发挥其生计策略主动性,着眼于增强其生计能力三个关键环节,激发其生计系统内部的动力,在寻求第一代农民工内在自组织和内在驱动的基础上,强化第一代农民工有强烈的自我改变动机,并非单纯的等待者角色。

在前文分析中可以看出,第一代农民工的生计系统稳定性关键在于强化外部社会支持系统,外部社会支持系统中核心在于构建第一代农民工的外在福利体系,作为外在福利体系的构建以期弱化其社会脆弱性典型特征。在外在支持系统上,为其赋能增权减压是关键。诚如前文所述,第一代农民工生计系统最大不同在于社会性因素对其的扰动最强,其生计系统稳定性与外在社会政策息息相关。

通过建立个体、家庭、社会、国家四个维度构建第一代农民工可持续生存保障动态支持,通过“四维三层”方法来建构第一代农民工的经济生计资本、健康生计支持、社会生计资本等,完善第一代农民工的立体保障网络。四个维度分别是:在分配基础上,坚持新型农村社会养老保险基本制度不变;在福利形式上,以老年福利形式为第一代农民工提供福利支持;在服务输送上,国家补偿性资源以第一代农民工为重要对象;在筹资方式上,以国家为核心,国家政策的底层化视角取向,加强对零支柱、普惠型的老年保障资金支持以解决第一代农民工的具体生存需求。

---

① O Strom E., “A General Framework for Analyzing Sustainability of Social-Ecological Systems”, *Science*, Vol.325, No.5939, 2009, pp.419-422.

建立内外运行机制完善、充分发挥内外要素合力机制是构建第一代农民工可持续生计的关键。图 9-1 显示了构建第一代农民工可持续生计运行机制。

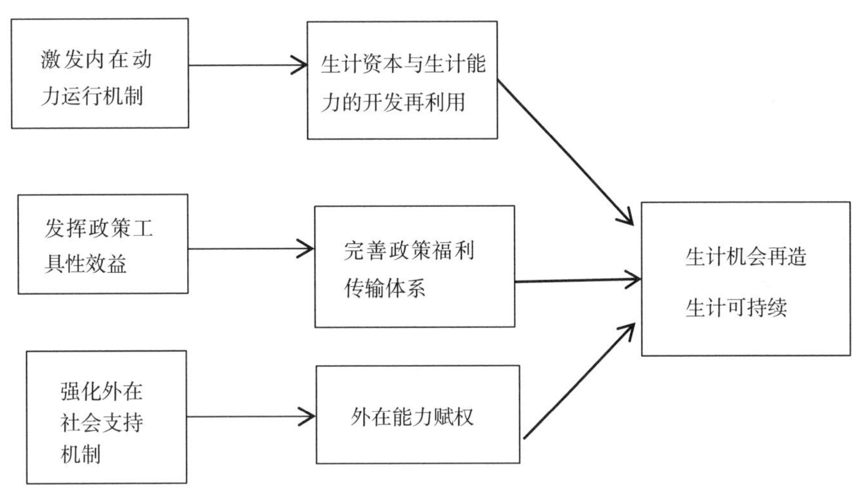

图 9-1　第一代农民工可持续生计建构机制

二、第一代农民工可持续生计建构原则

由于第一代农民工作为中国改革开放后农村社会群体中最早享受到了改革开放红利的群体,到成为生计困难群体,其中的社会性因素是核心,没有为其构建相应的替代性保障机制,社会与市场是两条体系运行,是重市场效率轻社会保护的典型表现。故而,在当下,面对已经逐步失去劳动力和生计机会萎缩的现状,在其可持续生计的构建中必须遵循以下原则。

(一)坚持福利体系供给的去市场化原则

第一代农民工在乡城之间的务工流动,务工收入已经成为其家庭收入核心来源,即其现有的福利体系全部依附于市场。而当其失去市场交换能力,例如一旦其失去劳动能力或是因为政策变化而致使其在城市务工生计机会减少，则意味其收入来源中断，生活来源匮乏。此时国家和社会应起到福利支持兜底角色，支持其建立完善的社会福利体系，社会福利体系的建构应坚持去市场化原则，整合现有的社会福利政策与支持体系，强化发展型的社会福利支持体系建设，坚持政府主导、社会支持的多元化福利体系建构。

（二）坚持乡村社会生计机会再造原则

由于第一代农民工的非永久性迁移特征，他们最终会有很多群体返回家乡，返回农村社会中，对于部分低龄第一代农民工在退出城市劳动力市场之后，回归农村成为他们必然的选择，依托乡村，完善其生存体系支持是从根本上解决第一代农民工的生计可持续的关键。创造就业机会，扶持有创业能力的第一代农民工，链接乡土社会关系网络增强其乡土社会适应性。

（三）坚持社会承认和制度接纳原则

第一代农民工务工经历事实上是在城市工作的过程，是为中国现代化过程做出巨大成绩的过程，他们的历史贡献应该在现有的社会和制度框架内获得承认。今天广大的农民群体为中国社会作出的巨大贡献已经获得了社会承认和制度接纳，这种体现是以新型农村社会养老保险基础金的形式呈现，年满60周岁的农村户口居民都可以免费领取基础养老金，这是中国对特定人群补偿性社会政策建设的里程碑式进程，值得为历史所铭记，同样作为为城市建设奉献了大半生的第一代农民工而言，其作出的历史贡献也应该以制度接纳的形式来体现，而不能仅仅以农村基础养老金作为对其历史贡献的体现。在其生计支持体系中应予以体现，这种体现可以通过补偿性社会政策体现。

（四）坚持分层赋能增强市场参与能力原则

第一代农民工正处于由中年向老年的过渡期，在其生计可持续的建构中，政策是兜底保障，但是第一代农民工生计系统内部蕴含的积极因素则是进一步完善其生计可持续的关键要素,其生计资本的再开发再整合,为其增权赋能是加强其市场参与能力的关键。第一代农民工内部也存在群体差异,比如年龄层差异和教育等人力资本差异,针对这些差异化,对于部分有工作意愿和工作能力的第一代农民工要做好其返乡再就业的支持,对于继续留城工作的第一代农民工对其加强技术培育和职业转行引领教育。

第二节　第一代农民工多元福利供给体系建构

一、福利多元主义视角下的生计需要阐释

社会福利中的需要理论兴起于20世纪70年代,是当代社会福利理论的重要组成部分。美国《社会工作辞典》对需要定义是:"为了生存、福祉和自我实现的生理、心理、经济、文化和社会要求"①。它指出需要包括生理、心理、经济、文化与社会等范畴。学术界关于需要的界定有许多。社会福利中的需要与以货币为度量的市场交换中的欲望、欲求、需求化不同。社会福利视角下的需要一般表述为人类为了生存和福祉的生理、心理、经济、文化和社会要求。②具有普遍意义,是客观性的、长期性的,而需求则是主观的、短期的、个人的。佛莱认为社会需要可以在与需求的比较中进行界定:社会福利视角下的社会需要是社会中生活的人在其生命过程中的一种缺乏状态。人的基本需要如果得不到有效回应,这样的福利匮乏将对个体的生命意义造成较大伤害。社会福利需要理论从社会个体的需要出发,为社会福利制度、体系的研究提供了一个切入点。不论如何定义、如何分类,社会需要的内涵都是具有多样性的。社会福利视角下的需要理论从公民权利、需要分类、需要层次理论、与福利多元

① Beaker,R.L.,*The Social Work Dictionary*,Washington,DC:NASW Press,1991,pp.21-25.

② Macarov.David:*Social Welfare Structure and Practice*.Thousand Oaks,CA:Sage Publications,1995,p.18.

主义的关系等概念均为本研究提供理论支撑。如果社会福利政策的目标定位是以需要为本,则需要从福利接收者、需要满足者、需要满足的程度等具体内容来考量社会福利政策的供给,由此形成一个需要为本的社会福利目标体系。①

需要不仅仅是福利供给的核心,同时也是社会公民权的体现。T. H. Marshall 认为福利国家的成长史就是一部公民权利的发展史。他认为,随着工业社会的发展,人们同他们所在社区之间的关系也在发生变化。在传统社会,人们之间的关系根基于被认定的社会地位,个人的社会地位取决于他/她的出身而且无法改变。然而,现代社会中的社会流动和快速变迁需要不同形式的社会团结,而公民权提供了一种"由法律赋予权利和保障的自由公民根据忠诚度所形成的社区意识"。有趣的是,Marshall 并不认为公民权利的出现就可以完全消除不平等。事实上,他认为公民权利的存在是为了保障社会体系的稳定。19 世纪 70 年代和 80 年代,俾斯麦给了德国劳工社会权利,然而他的真正意图很明显是希望减少社会主义者对完整公民权和政治权利要求的呼声。

在关于福利需要的声音中,经济导向理论认为福利国家的产生是源于现代工业经济的基本属性,以及对劳工和效能、市场等需求的结果。也有其他的理论体系认为,社会福利的扩张符合"技术决定论"(Technological Determinism)。该理论将政府的行为看作对经济现代化的反应和责任履行。T.H.Marshall 认为社会权利是公民在市场之外从国家获得一定资源和服务的权利,具有典型的"去商品化"性质。②

需要具有典型的异质性特征,故而满足需要的途径也呈现出多元化取向。在需要满足途径上可被归纳为价值取向、生产劳动取向、资源取向、权利取向

① 彭华民:《中国组合式普惠型社会福利制度的构建》,《学术月刊》2011 年第 10 期。

② 彭华民:《西方社会福利》,中国社会出版社 2009 年版。

和能力取向等多个路径①。20 世纪 80 年代兴起的福利多元主义特别强调国家在满足社会需要的同时应有多元的制度安排,要去除国家福利供给单一主体的价值取向,坚持多元化的社会福利供给作为满足社会成员需要的多途径。② 故而中国社会福利治理,应在需要理论指导下,组建多元福利类型、福利项目和福利提供主体和水平。在事实上,中国的社会福利在一些关键需要的满足上超越了很多同等经济条件下的资本主义国家,具有较为优越的需要满足水平。③ 对于第一代农民工群体而言,其需要具有高同质性特征,生计需要特点显著。故而,在现有的社会福利政策下如何满足第一代农民工的生计需要是建构第一代农民工可持续生计的重要途径。

二、补偿性社会福利政策取向

第一代农民工社会脆弱性的重要因素之一便是其所处环境中的社会政策反排斥作用弱化或失效,从而导致其与社会政策有效保障范围之间存在时空观差异。处于社会排斥之下而无相应的保障措施。社会政策是特定社会价值取向的结果,也是社会思想观念的产物,社会政策具有多重性。现实针对性是社会政策的重要维度,一项社会政策的出台总是与当时的社会问题和社会矛盾相关联,同时也是调节社会群体利益的工具。很多学者认为社会政策在某种程度上是社会福利和社会保障的同义词,社会政策与社会福利高度相关,社会政策的价值取向也伴随社会发展的变迁而不断变迁。在社会政策的具体内容和构成要素上,社会政策也包含福利、权利、社会关系等多个层次④,社会政

---

① 姚进忠:《福利治理中的需要理论:内涵、类型与满足路径》,《学习与实践》2019 年第 2 期。

② 彭华民:《中国组合式普惠型社会福利制度的构建》,《学术月刊》2011 年第 10 期。

③ Cereseto, S.and Waitzkin, H, "Capitalism, socialism and the physical quality of life", *International Journal of Health Services*, Vol.16, No.4, 1986.

④ 转引自潘泽泉:《国家调整农民工社会政策研究》,中国人民大学出版社 2013 年版,第 23 页。

策与社会排斥作为一对分析范畴成为弱势群体分析中最为经典的分析范式。社会排斥理论把社会成员在福利资源分配中的不平等遭遇视为部分社会成员遭遇了社会排斥现象。故而,反排斥和促进社会融合应该成为社会政策的重要价值取向,故而,社会政策的意义在于去排斥化。中国农民工社会政策的发展经历了不同的阶段,农民工社会政策的制定和调整也是一个动态和历史变迁的过程。而且在农民工的社会政策的发展过程中呈现出时间与空间的不同步。在不同社会发展阶段,农民工社会政策的主要议题和模式选择呈现出鲜明的时代特征,社会政策的议程、调整和制度也是对当下中国社会面临的日益突出的各种社会问题的积极回应。① 王思斌认为在中国城乡鸿沟日渐严重的现实下,长期以来我国社会政策呈现弱势化状态,农民工的社会政策处于相对边缘、无力状态中,社会政策在国家政策体系中处于附属性地位。故而,中国农民工社会政策的发展应该逐步实现从城乡二元化的社会政策体系走向城乡一体化的社会政策体系,以弥补城乡差距。同时在此过程中,社会政策应该祛除其弱势性、依附性与边缘性特质,构建发展型社会政策②。故而,中国农民工社会政策应该分为几个阶段逐步进行,逐步实现从城乡二元化的社会政策体系走向城乡一体化的社会政策体系模型③。维护人民的福祉,建设幸福中国是党和政府一以贯之的政策追求和价值目标。在党的二十大报告中,习近平总书记说江山就是人民,人民就是江山。中国共产党领导人民打江山、守江山,守的是人民的心。治国有常,利民为本。为民造福是立党为公、执政为民的本质要求。必须坚持在发展中保障和改善民生,鼓励共同奋斗创造美好生活,不断实现人民对美好生活的向往。我们要实现好、维护好、发展好最广大人民根本利益,紧紧抓住人民最关心最直接最现实的利益问题,坚持尽力

① 洪大用:《机遇与风险当前中国的社会政策的议程》,《学术界》2004 年第 2 期。

② 王思斌:《我国社会政策的弱势性及其转变》,《学海》2006 年第 6 期;王思斌:《走向发展型社会政策与社会组织建设》,《学术评论》2007 年第 2 期。

③ 关信平:《现阶段我国农村劳动力转移就业背景下社会政策的主要议题及模式选择》,《江苏社会科学》2005 年第 6 期。

而为、量力而行,深入群众、深入基层,采取更多惠民生、暖民心举措,着力解决好人民群众急难愁盼问题,健全基本公共服务体系,提高公共服务水平,增强均衡性和可及性,扎实推进共同富裕。

大部分第一代农民工参加的养老保险都是新型农村社会养老保险,且都按照最低标准缴费,按照其已有的缴费数额算,现有的新农保无法满足其晚年生活需求。郑功成认为建设当下养老保险的当务之急是“将一亿多产业工人(特别是农民工)纳入职工基本养老保险,同时对各种原因导致的漏保或脱保现象采取切实有效的补救性措施,确保适龄人口人人参保,年老后人人享有能够保障自己基本生活的养老金”①。对已经年满60周岁以上且返乡养老的第一代农民工而言,其面临最大的困境是未来的养老困境,受制于其较低的文化水平和收入水平以及相关的社会政策,他们很少参加城市职工养老保险。当他们年老之后,逐步退出劳动力市场,其经济收入渠道狭窄,生计机会不能满足其未来的老年生活。针对这一群体的特殊情况,健全其保障性社会政策,并构建完善的补偿性社会福利政策是从政策上增强其福利来源的关键措施。

建立第一代农民工专属零支柱模型养老保险支持体系,第一代农民工外出务工为国家作出了巨大的贡献,其养老保险实行由国家兜底的零支柱模型解决。对于55周岁以上的农民工通过财政兜底措施直接将其纳入城乡居民养老保险的范畴,以户籍所在地最低生活保障标准作为第一代农民工养老金发放标准,要高于国家基础养老金。按照外出务工15年以上工作经历作为兜底标准。对于55岁以下的农民工群体鼓励其以自身缴费能力选择合适的缴费标准,对于缴费能力较低的人员可以纳入城乡基本养老保险中②。

在构建第一代农民工零支柱模型的同时,增强农民工养老政策的便携性、

① 郑功成:《全面理解党的十九大报告与中国特色社会保障体系建设》,《国家行政学院学报》2017年第6期。

② 付璐:《高龄农民工的养老困境及缓解对策》,武汉大学硕士论文,2017年。

衔接性以及年龄限制的灵活性等政策核心在于落实农民工养老保险的跨省转移政策，城镇职工养老保险与城乡居民养老保险的衔接。参照2014年颁布施行《城乡养老保险制度衔接暂行办法》，但在实际操作中，由于我国的养老保险基金实行省级统筹，各省养老保险水平不一致，且跨省效率不足。因此，需要探索出全国范围性质的养老保险统筹机制，建立起全国范围内统一的社会保障系统，保证中央与地方、省级系统间网络平台的数据实时交换，保障养老保险跨省衔接时的效率，形成标准统一、操作系统统一，使得社会保障资金在地区间的转移接续更加便捷。

三、社会养老政策年龄差异化选择

60岁以上的第一代农民工，在新农保政策施行上应该准许他们一次性或者是部分购买养老保险。虽然现有的政策允许超过一定年龄的农村居民一次性补缴新农保，但实际上，很少有60岁以上的老年农民能够负担得起如此大的一次性付款。数额较小、5年或10年分期支付将是对参加退休保险年龄限制的更灵活和现实的调整。参保年龄的灵活性一方面可以提高参保率，降低国家对于老年人口基本生计支出压力；另一方面，在个人和家庭层面，他们可以促使老年人有更多的财务灵活性和经济独立性，减少其对于子代的依赖。参照城市职工养老保险模式建立的农民工社会养老保险政策没有考虑农民工流动和发展的特殊性，在实际执行中出现“制度的福利”“实际的负担”的现象，导致农民工参加职工社会养老保险参保率极低，没有起到应有的保障作用。事实上，农民工的特殊性不仅体现在其工作地点的高流动和代际差异，我们的定性和定量研究结果都表明在第一代农民工内部中存在年龄层次差异。理解这些年龄层次差异有助于促进农民工退休政策制定年龄差异化考量，即基于农民工的年龄层差异而制定差异化的退休政策。例如，针对年轻的农民工（50岁以下）除了鼓励他们积极参加新农保之外，还可以设立退休账户来鼓励他们尽可能增加自己的退休储蓄，这种退休储蓄账户可以通过减税福利①或者是规定达到一定数额时政府提供一定比例给予配额来提升农民工养老储蓄的意识和积极性。针对50岁以上的群体,相应增加养老储蓄减税配额可以更好地迎合此年龄层主观上养老存钱的意愿,并更有力地促进和加快临近退休的农民工养老存钱的进度。在文化滞后的现实生活中,虽然子代赡养的孝文化在变,父代的慈文化却依然盛行,子代的教育成长依然是父代责任,故而为了兼顾传统与现实,既能促进农民工养老储蓄的积极性,又能满足家庭正常生活的需求,设计相对灵活且具备借出功能的养老储蓄账户模式是当下解决农民工养老储蓄不足的可行措施。农民工们可以选择从他们自己的养老账户里面借钱作为孩子们的教育或者是家庭生活的紧急大项支出。支出时也必须与子代的身份证挂钩;这样可以促进子代对长辈养老的义务感。他们可以自己设定5年或者10年还款期限,就可以保障他们的晚年生存,也可以保障家庭消费的灵活性。这样对于农民工而言,他们就有动力为自己的养老储蓄和投资;同时还能保障日常生活的灵活支出。

四、医疗保障制度衔接与完善

诚如前文所分析的,第一代农民工由于劳动时间长,其多从事重体力工作,导致其健康损耗大。由于他们健康维护能力差,故而其健康状况不容乐观。当其步入老年之后,其健康需求尤为突出,尤其是日常健康维护性需求更为显著。在社会福利政策的传递体系中,满足第一代农民工的健康需求应该是主要选择。但是现有的新型农村社会合作医疗保险中有关农民工医疗保险实行的是"大病报销"原则,该制度仅仅保障农民工在罹患重大疾病之后能获得相应的住院服务和医疗费用报销。应该说虽然这种政策设计消除了参保农民工罹患大病就医的顾虑,但是由于医疗保险的非便携问题,致使第一代农民工的医疗诉求不能得到及时满足。同时异地报销比例的限制也影响了农民工

① 这种账户可以参照美国社会中401K计划政策设计模式,结合中国的特色以提升农民工的自我养老意识和积极性。

的就医行为，其面临较大的健康风险。由于日常高强度劳动中累积的职业病导致第一代农民工不能及时就医，第一代农民工的处理办法是自己忍受或是等待时间返回农村老家治疗，有的引起疾病恶化，造成严重的健康问题。由此而造成农民工健康的弱势累积，在其晚年中健康问题凸显。因此，在建构第一代农民工医疗保险政策体系中要对第一代农民工的医疗诉求和健康需给予充分回应，把"保小病、保职业病"纳入农民工医疗保险制度设计中。尤其针对第一代农民工的实际健康状况，帮助他们进行系统性健康检查，尽可能地消除健康风险，在其生计模式中，健全医疗保障政策是社会福利体系传递的优先级别。在具体政策设计过程中，坚持保基本、可持续的思路推进第一代农民工医疗保障体系建构。在现有的医疗体系内，通过国家专项扶持政策，满足第一代农民工的健康需求。

同时，在国家专项资金支持下，引入市场机制，建立第一代农民工的健康险种，支持 50 周岁以上的农民工购买商业保险，作为新型农村合作医疗保险的有效补充，全方位构建第一代农民工健康维护体系。在费用方面建议实行三方共担机制，即国家承担 60%的费用，企业承担 20%的费用，个人承担 20%的费用。具体的金额以国家一揽子方案与商业保险公司谈判，以降低保费，减轻国家和个人的负担。第一代农民工的工作环境相对恶劣，职业病、慢性病更普遍，对于长期护理需求更大，商业保险能够为第一代农民工提供优质的市场化服务，能够满足失能失智农民工的更高层次需求。老年人群体对养老保险的需求更多样化，商业保险可以在此基础上积极进行探索，不断创新，在政府与商业保险公司的合作中，不断延伸至社会保险触及不到的"狭缝地带"。通过政府购买等形式，开发新的保险产品，政府参与，市场提供的方式，通过市场的竞争力推动商业保险的不断进步，也有利于促进社会保险体系的不断完善[①]。

① 郑秉文：《改革开放 40 年：商业保险对我国多层次养老保障体系的贡献与展望》，《保险研究》2018 年第 12 期。

五、权益保护法律体系建设

现有社会救助制度无论是临时性救助还是经常性救助都对农民工有一定排斥作用,农民工成为社会救助的边缘群体,农民工出现经济困难或者大病、重病无力承担高额救治费用时,则需要社会救助支持。因此在现有的城市救助制度上,适当扩大社会救助的范围,将农民工纳入城市社会救助范围中来,为处于困境中的农民工筑起最后一道防线,这是输入地政府关注民生的重要体现。农民工社会救助制度不仅需要稳定的财政渠道、规范的操作流程,还需要配套的管理方式和运行机制,当下完善社会救助最重要的方面是逐步提高农民工社会救助的覆盖率,将符合条件的农民工纳入社会救助的范围①。对于第一代农民工而言,最主要的就是通过劳动力的输出地和输入地的相互配合,共同为农民工在医疗救助和司法援助保驾护航。农民工面临重大医疗风险时,需要社会救助帮助其渡过难关,重新维持日常生活,司法援助则体现在维权讨薪等事宜上,法院与社会组织均可根据处理社会救助案件的经验,积极进言献策,共同促进农民工司法救助制度的完善。提高农民工维权意识不仅需要从农民工群体自身方面入手,也需要政府和社会共同努力才行,政府提供良好的维权平台,同时对雇用企业进行约束,社会则要通过宣传等形式,强化农民工的权利意识,敢于维权,降低第一代农民工维权成本。

健全农民工权益法律体系,首先,完善农民工基本权益保障的法律法规,我国农民工一直以来都属于弱势群体,但却没有专门针对保障农民工基本权益的法律法规,因此,需要加紧制定相应的配套措施,保障农民工工作环境和工作报酬的及时获得。2008 年实施的《劳动合同法》对农民工报酬等方面进行了规定,但就实际操作而言,“有规定,无标准”的问题依然明显,恶意拖欠、克扣工资的现象依然常见,因此需要强化对企业的处罚力度,从制度上维护农

① 张太宇:《中国农民工社会保障制度研究》,辽宁大学博士论文,2014 年。

民工的正当权益。加强农民工的司法保护，对农民工群体来说，“迟到的正义非正义”，漫长的诉讼时间和诉讼中产生的时间成本、经济成本往往令农民工望而却步，因此需要简化农民工的诉讼时间，可在人民法院中设立独立的劳动法庭处理农民工的诉讼事件，改变传统诉讼事件的时间，同时就诉讼事件中的当事人强弱不均的情况，简化诉讼流程，由“或裁或审”代替“先仲裁后诉讼”，减少诉讼过程中产生的时间、经济成本。政府应逐步建立起相关部门与法律援助机构的分工协作，不同政府部门之间应紧密合作，整合不同部门之间的部门优势，形成维护农民工权益的合力，为农民工维权开辟绿色通道，减少处理时间，同时对工伤、欠薪等案件的诉讼进行适当减免诉讼费用，让农民工群体认识到“维权不费时间不费钱”，勇于维权。一旦农民工出现维权无门的情况下极易走向极端，对社会造成危害。为避免农民工的极端行为，应当协同不同的政府部门和社会群体进行合作，扩大农民工权益维护的宣传范围，提高农民工的法律意识和维权意识，同时联系法律援助机构，农民工在需要维权时，低费用或无偿帮助维权，举办法律意识和维权意识的竞赛，巩固农民工的法律意识。加深农民工群体间的联系，形成维权的共同体，以群体形式的方式进行集体维权，加速维权的快速处理。在开展宣传会的同时，地方的媒体也应积极树立维权典型，对维权流程和维权成功的案例进行重点宣传，使农民工从不同渠道了解党和政府对农民工的关怀，从不同层面上了解党和政府在法律法规和法律援助机构做的努力，鼓励农民工勇于拿起法律武器进行维权。

第三节　第一代农民工生计机会再造

随着中国社会发展变化，新就业形态层出不穷，党的二十大报告聚焦民生。大力推进就业形态多样化，保障民生，这些举措和思路为第一代农民工可持续建构思路及建构方向指出了路径和方向。故而，第一代农民工可持续生计能力塑造关键在于构建生存资源空间，输送生计服务，加强对第一代农民工职业转型配套措施落实和提供技术支持,加强其自身生计能力,优化生计策略,提升生计实践效果。

一、再造乡村生计机会,第一代农民工可持续生计构建核心

党的二十大报告描绘了乡村振兴的路径和建设方向,指出全面推进乡村振兴,要坚持农业农村优先发展,坚持城乡融合发展,畅通城乡要素流动。扎实推动乡村产业、人才、文化、生态、组织振兴。可见,乡村振兴关键在于人才振兴,而作为从乡村社会——城镇生活摆渡者的第一代农民工因为其特有的乡村生活和劳动经验可以与乡村有机融为一体,兼有城市工作生活经历,能够引入城市文化和生产方式,更新乡村社会生产方式,他们是乡村振兴关键人选,同时乡村振兴也是他们生计机会再造的过程。

(一)第一代农民工返乡的双重内涵

在中国农村社会研究及农村社会发展历程中一直伴随着对中国农民生计系统可持续性的探索和实践。从历史发展历程来看,农民的生计系统主要有两种模式,一种是立足于乡村社会建设,发展农业和加强乡村建设,完善农民的农业支持体系,实现他们生计可持续;另一种是从城市化和工业化着手,推动农民走出乡村,即“发展都市救农村”,在工业化过程中建造农民的生计系统,以实现农民生计可持续。但是从已有的现实经验看,这两种道路都没有实现农民生计可持续的理想目标,第一代农民工就是最为典型的两种生计模式即城—乡道路都没有实现生计可持续的群体。他们是在乡村生计不理想情况下入城寻求更多的生计机会,但是在城镇工作的几十年之后依然没有实现生计的稳定和可持续发展。故而以第一代农民工为代表的农民生计可持续的构建必须跳出既有的二元化思路,其生计系统既要有根,又要有叶,方能实现枝繁叶茂。同时,第一代(超龄)农民工生计问题不仅事关农民工群体,更事关社会发展全局,事关社会公平问题,需全社会合力解决。习近平总书记强调,

带领人民创造幸福生活，是我们党始终不渝的奋斗目标。我们要顺应人民群众对美好生活的向往，坚持以人民为中心的发展思想，以保障和改善民生为重点，发展各项社会事业，加大收入分配调节力度，打赢脱贫攻坚战，保证人民平等参与、平等发展权利，使改革发展成果更多更公平惠及全体人民，朝着实现全体人民共同富裕的目标稳步迈进。党的十九大报告提出乡村振兴战略，是以构建民生保障体系、农村生活机会为核心，是集乡村政治、经济、文化、社会和生态建设于一体的系统工程。乡村振兴不仅是针对乡村空巢化、人际关系疏离化、乡村人口老龄化等问题的解决，也是乡村社会发展空间和生计机会的重塑过程，为农村社会生活主体——农民提供了巨大的发展机遇，第一代农民工作为农村社会的主体，其作为“城归”重要群体毫无疑问也应是乡村振兴的价值主体和重要力量，应将第一代农民工生计系统嵌入乡村振兴历史进程。乡村振兴应该与第一代农民工的可持续生计建构相辅相成，互相促进，尤其是在人力资本的挖掘和使用上，第一代农民工都是乡村振兴历史过程的不二人选。

基于生计考量视角下的第一代农民工返乡问题已经成为乡村社会必须直面的现实问题，乡村社会如何对接这部分返乡群体，并在乡村振兴中发挥其主体性作用是乡村振兴应有命题。有学者认为，中国农民工流动正进入一个十分重要的代际转换时期，在新生代农民工日益成为农民工主体的同时，第一代农民工正逐步退出城市就业市场返回家乡。他们以“低收入、低诉求”为群体特征，为中国的快速工业化和城市化进程提供了丰厚的人口红利①。在城乡二元体制尚未根本突破的背景下，第一代农民工从生命历程上完成了“农民—农民工—农民”的人生大循环，长达20—30年打工生涯并没有使他们改变“农民”的身份。从第一代农民工返乡的现实情景来看，其返乡有双重内涵。

---

① 蔡昉：《中国人口与劳动问题报告》，社会科学文献出版社2011年版，第37页。

其一，文化传统的视角下的乡土情结返乡。费孝通（2007）从中国传统解释了乡村对于农民的意义和价值“我们的民族确是和泥土分不开的了。从土里长出来光荣的历史，自然也会受到土的束缚，现在很有些飞不上天的样子。”①，老农是因为半个身子插在土里，土是不能移动的，故而老农也是不能移动的。故而作为已经熟悉了土地的第一代农民工，乡村、土地才是他们最终的归属，他们的根依然留在乡村社会中，从这个意义上说，第一代农民工返乡是叶落归根传统文化的拉动作用。同时第一代农民工外出务工与其家庭的性别分工和代际分工使然，第一代农民工外出务工模式以家庭的性别分工作为支撑基础。第一代农民工的根在乡村是因为其家庭依然留在乡村，家庭是他们根的核心所在。作为典型乡城“两栖人”的第一代农民工对于土地的依恋和乡村生活生产、生活方式从未放弃。乡村社会的归属感在家庭和生产生活中得以延续。在学术界，认为城乡农民工两栖人是指已经从事了“契约性”社会劳动而仍保留着原有制度性身份并徘徊于城乡之间的社会群体②。

其二，在城市的推力作用下，第一代农民工的城镇的弱生计体系的推力使然。从总体上看，第一代农民工自我储蓄能力不足，而且其再就业能力也较弱，因此，他们最终不得不返回家乡、回归农民。作为具有相关理性选择的农民，其对于自身及生活机会的把握要远比外界观察清晰得多，正如舒尔茨提出的经济理性小农一样，他们对于市场的敏感接受较快，能够较为迅速地转移自己的生活方式③。事实上，在城镇推力的过程中，不仅仅是第一代农民工劳动能力日渐弱化的内在因素，更多的外在因素是社会政策设置下的城市社会排斥下第一代农民工生计系统难以为继的现实情况。作为城乡双栖群体，第一代农民工保留了乡村的生存生活方式，但是在城市中，他们的契约仅限于生产

---

① 费孝通：《乡土中国　生育制度》，北京大学出版社 1999 年版，第 11 页。

② 陈娟：《“失范”与“规范”：社会转型期中国“两栖人”现象及对策分析》，《云南社会科学》2008 年第 6 期。

③ 刘祖云、姜姝：《“城归”：乡村振兴中“人的回归”》，《农业经济问题（月刊）》2019 年第 2 期。

劳动契约，而却没有任何生计保障系统契约，即城镇只需要他们的劳动力，而无须对他们的疾病、老年等问题负责，故而，作为失去了人力资本的第一代农民工，回归乡村也是被动回归的过程。从经济理性角度而言，大部分第一代农民工更愿意在城镇从事非农业生产，以获取更多的经济报酬，有学者坦言，第一代农民工在城市中能以低收入、低保证和低待遇的环境中一直坚持源于他们对比的是乡村的农业生产更低的报酬。

（二）发挥第一代农民工乡村生活主体价值

在中国城市化和工业化现代化发展中，城乡社会发展的不平衡性和不充分性凸显，“乡村病”和外部输入性危机引发乡村内生动力不足困境①，针对这种结构性矛盾，乡村振兴作为内外因素综合作用的上层建筑产物，具有化解不平衡不充分发展矛盾，以及满足亿万农民美好生活需要的现实功能，具有广泛的政策向心力和群体基础。作为新时代中国特色社会主义体系的有机组成部分，乡村振兴不仅被提升为国家战略，而且因其兼具政治性和持久性成为影响中国城乡社会结构和中国特色社会主义现代化走向的“革命性时刻”。乡村振兴既是乡村生产、生活方式的全面振兴，也是乡村生活重回乡村生活主体的过程。乡村振兴关键在于最大程度上激活乡村生活主体——农民的建设热情和其发展的内生动力，乡村振兴的关键所在，即乡村振兴必须以农民作为振兴主体，否则乡村振兴无从谈起。有学者分析了当下乡村生活的五种主体②，第一种是老年农民，第一代农民工父母，普遍年龄在75岁以上，由于高龄，失去劳动能力，是有心无力的人群；第二种是短期外来的农业雇工人员，他们是伴随下乡的商业资本而游走于乡村社会生活之中，是在乡村无根的人群；第三种是半工半耕的人群，这部分人群以第二代农民工种年龄在30岁以上的人群和第一代农民工种的低龄农民工为主，这部分人群核心在城镇，乡村生活和生产

---

① 张丙宣、华逸婕：《激励结构、内生能力与乡村振兴》，《浙江社会科学》2018年第5期。

② 曹宗：《平乡村振兴背景下农民工返乡问题的多维审视》，《中州学刊》2021年第8期。

成为城镇生活上的副业,目的仅仅是维持农村生产;第四种是专职乡村社会的生活和生产者,这部分群体因为缺乏相关技能而无力外出,只能在乡村中做守望者,这部分人群以留守女性和低龄没有外出经验的群体为主;第五种是返乡农民工群体,这部分群体以第一代农民工为主兼有部分第二代农民工的中年群体,在城镇生产中由于生产技能更替而返乡的群体。

对于乡村生活中的这五类群体的分析中可以看出,乡村振兴的核心主体中兼具能力和意愿的只有返乡农民工群体。他们兼具了城市和乡村社会生活方式,是理想中的乡村—城市摆渡者的角色。其中作为已经开始离开城市返乡的第一代农民工,充分挖掘其人力资本,发挥乡村建设主体作用既是乡村振兴的主要抓手也是解决第一代农民工生计问题的核心抓手。第一代(超龄)农民工生计问题不仅事关农民工群体,更事关社会发展全局,事关社会公平问题,需全社会合力解决。习近平总书记强调,带领人民创造幸福生活,是我们党始终不渝的奋斗目标。我们要顺应人民群众对美好生活的向往,坚持以人民为中心的发展思想,以保障和改善民生为重点,发展各项社会事业,加大收入分配调节力度,打赢脱贫攻坚战,保证人民平等参与、平等发展权利,使改革发展成果更多更公平惠及全体人民,朝着实现全体人民共同富裕的目标稳步迈进。基于安全原因,作为容纳第一代农民工主要工作场所的第二产业如建筑工地、制造业等行业纷纷出台相关文件措施,禁止 60 岁以上男性、50 周岁以上女性从事相关工作,这些规定进一步压缩了第一代农民工的生计空间,几乎断绝了收入来源渠道。同时由于历史欠账、政策发展滞后以及他们自身经济弱势等因素,第一代农民工养老保障资源薄弱,生计资源渠道单一,该群体当下面临着严峻的生计困境问题。故而,解决第一代农民工生计困境的逻辑和维度也应该是多层次、多维度的,提供其多元生计机会要远比国家福利视角下的福利单方面供给更具有现实意义和针对性。

第一代农民工由于其自身技能、年龄以及教育背景等处于社会和市场中的弱势群体,在城市务工生涯中,由于自身技能低下,知识储备不足,他们中大部分人在次级市场就业,以劳动力作为主要交换资源从事重体力劳动,收入相对低下,其自身面临着严重的生计机会稀缺困境。尤其在政策空间收紧和经济发展转型之际,其原本就不多的低端劳动力就业空间进一步受到挤压。而今,当他们日渐老去,生计机会逐渐减少,生计前景堪忧。在此情况下,第一代农民工面临两个重要的选择:其一,选择回乡,在乡村或是家乡里面寻求生计机会;其二,继续留在城市,寻求所剩不多的生计机会。从本研究的调查来看,第一代农民工落户城镇意愿不足,他们几乎都会选择返回家乡养老,同时在关于何时退休的问题上,大部分第一代农民工都坦言农民没有退休一说,干活干到不能动为止。究其原因,还是为了子代或是自己尽可能地多积攒经济资源,以期获得晚年生活保障。不论农民工留城继续务工或是返乡以期获得其他生计机会,核心目的都是获得更好的生计机会和经济报酬。故而,为农民工提供相应的资源供给和生计机会应该是建构第一代农民工可持续生计的核心和关键举措。正如前文所述,第一代农民工返乡成为其主流意识和大多数人的选择,乡村社会的发展空间和生计机会是第一代农民工返乡后获得可持续生计关键。乡村振兴应该与第一代农民工的可持续生计建构相辅相成,互相促进,尤其是在人力资本的挖掘和使用上,第一代农民工都是乡村振兴历史过程的不二人选。

重塑乡村生计机会,促使第一代农民工返乡落地扎根。第一代农民工在生产形式上兼具农民和现代工人两种特质,他们熟悉乡村社会规则,也熟悉耕种文明,也没有完全脱离土地,在某种程度上,也都是乡村社会中的能人,他们具备在乡村生活和生产的能力。从第一代农民工自身情况和城市发展现实来看,第一代农民工最终无法在城市落脚,要回归乡村,故而,拓展乡村社会的空间发展机会和个体生计机会对满足第一代农民工返乡生计尤显必要,让第一代农民工返乡后既能落地,又能扎根。依托农村现有产业空间结构调整,开拓农村现有产业链,发挥第一代农民工对外部环境的熟悉能力,他们可以充当农业产品链条的延长者,充当产业发展链条的带动者。同时,他们也是农村社会乡镇建设的重要力量，他们可以积极投身到乡村服务站建设，政府购买服务形式既能解决农村社会服务短板，又满足第一代农民工的生计需求，实现他们又工又农，兼顾家庭照顾，充当家庭发展的代际支持者角色。增强其乡村生计的机会还在于加强农村社会建设，为第一代农民工返回农村、回馈乡村创造更多的就业机会，使得第一代农民工留得下来，扎得下根，有生计有发展有价值。

积极老龄化理论提倡鼓励老年人积极参与社会文化活动，鼓励其在年老时继续发挥其潜在价值和能力①。这对于第一代农民工而言，既可以增加自身的收入，改善生活水平，又可以让自己摆脱“老而无用”的身份论，将自身从边缘化的社会环境中挣脱出来。从他们自身角度而言，他们自己本身没有城市化的意图和能力，他们的价值使命在于摆渡子女，为子女发展提供经济支持，在经济上，他们外出务工所得全部用于家庭代际再生产，故而他们无力在城市定居。从城市角度而言，城市也无法容纳如此庞大的第一代农民工落户以及相应的福利支持，在此情形下，当农民工返回乡村时，他们是巨大的人力资本财富，如何开发和运用这笔巨大的人力资本财富不仅关乎他们的生计，也关乎乡村振兴的后续发展，乡村振兴当下面临最大困境是人力资本匮乏，这些有经验、有能力的第一代农民工返乡之后，必然会成为乡村振兴的中坚力量。

二、城市就业市场再拓展，第一代农民工劳有所得

降低第一代农民工就业门槛是解决第一代农民工劳动力相对过剩的重要途径，在建筑工地等高强度重体力劳动场所中，第一代农民工由于年龄等因素使其对于危险性事件的反应速度下降，确实会成为高风险群体。面对这些困境，不是一裁了之，而是要充分考虑第一代农民工的生计困境、缺乏足够养老资源、具备一定劳动能力的现实情况，把这部分富余劳动力转移到城市的低风险和服务型产业建设中，他们将会是新的产业体系中的活力供给和巨大劳动

① 同春芬、刘嘉同：《积极老龄化研究进程及展望》，《老龄科学研究》2017 年第 9 期。

力的供给者。在政策空间上予以引导,鼓励相关企业雇用第一代农民工作为工人,第一代农民工的生计不仅仅是市场行为,更是社会性问题。作为没有退休金的群体,他们依靠自己劳动获得养老储蓄既减轻了国家福利体系负担,又为子代进城务工提供多元支持,实质上他们是为国家现代化和城市化发展继续贡献自己力量,故而在政策上予以倾斜以现实社会政策的公平价值取向。

加快技能培育,第一代农民工夕阳再起航,相对于城镇退休人群而言,第一代农民工劳动时间延长对其个体更有经济价值,依靠其劳动获取经济报酬比国家提供的微薄福利供给更有价值和意义。当他们不再适宜从事像建筑业和需要重体力的加工制造业等风险较高的职业时,城镇里服务业和其他风险相对较低的职业就业空间应该比较大。在一些低风险、劳动密集型的产业中,第一代农民工可能是比较好的劳动力供给者。虽然第一代农民工缺乏相应的职业技能,但是由于其具有相对充足的务工经验,故而其就业转型也具有现实可行性。第一代农民工的技能培训就尤为重要,政府对第一代农民工开展相关职业培训,帮助他们转行,以实现其自身价值。在城镇园林养护、市政基础维护等领域,第一代农民工只要具备基本的素养完全可以胜任。

鼓励企业承担相应的社会责任,同时通过政策和财政手段引导和鼓励工厂企业等用人单位雇用高龄农民工。在人口老龄化的背景下,增加就业机会,维持生计水平,不仅仅是第一代农民工群体面临的诉求,也会是社会灵活就业群体和其他人员的共同诉求,因而在面对人口老龄化和就业需求扩大的现实情况下,扩大就业空间将是未来应对庞大人群需求的主要任务,将反年龄歧视和反性别歧视落到实处。

三、探索专项建设项目,多维保障其可持续生计

我国已然迈入老龄化社会,在老龄化压力下,延迟退休已成为全社会共识,相应的社会保障等政策以 60 岁作为保险年龄限制的改革必然需要提上议

事日程,针对建筑工地等制造业行业 60 岁年龄一刀切的政策已然不符合中国当今老龄化的现实情况,限制第一代农民工就业,显然不是应对中国老龄化的正确措施。保障第一代农民工生计机会如果在政策制度源头上没有突破,缺乏社会保障覆盖的第一代农民工的高风险问题转嫁到用工部门,从而影响他们用工积极性。在政策设计上,针对第一代农民工工伤保险等保障性政策亦予以放宽,降低第一代农民工就业门槛,保障其在具备劳动力前提下生计来源渠道。故而,针对第一代农民工一刀切式清退政策既不符合当下中国社会老龄化现实压力下的劳动力匮乏现实,也无益于解决缺乏基本生存保障的农民工群体。超过 7500 万的第一代农民工群体生计维持既是当下乡村振兴主题的应有之义,也是国家民生建设的重要方面。故而,城乡合力,空间互构应是解决第一代农民工生计问题的重要抓手。

构建第一代农民工可持续生计核心在于社会福利体系的多元传送,在政策层面稳定持续支持是核心,同时在资产可持续累积视角下,资产经营也是重要途径,一方面充分发挥第一代农民工的人力资本也是当下乡村振兴的重要力量,或者是核心力量。在乡村振兴中开发专门面向农村老人的特色扶贫项目,如借鉴上海“幸福老人村”为实现增加老人收入的需求而开展海洋剪纸、画画等义卖活动的做法,可以在农村开展和扶持一些手工项目,让闲置在家的农村老年人既能提高自身和家庭的收入,又能够实现自身的价值,从而提升农村老人的幸福感。另一方面,对排斥高龄农民工的企业等劳动部门进行行政处罚,在英国,政府于 2000 年设立一项国家项目,雇主每雇用 50 岁以上且失业时间长达 6 个月以上的高龄劳动者一人,将获得 600 英镑的培训补贴。在德国,雇主每向 50 岁以上的高龄劳动者提供一个工作岗位,能够获得高达 50%的工资补贴。而对高龄农民工进行排斥的企业等劳动部门进行处罚可以增加他们侵权的成本,同时使即将终止劳动关系的高龄农民工获得合理的补偿。

第四节 本章小结

构建第一代农民工可持续生计关键在于构建起健全的福利供给体系和拓展生计机会，福利多元化和需要多元化是当下社会应对老龄化和特殊群体的首要思路。需要既具有主观性又具有客观性特征，需要的满足是社会公民权和社会发展不同阶段的体现。需要虽然伴随着主体的不同而有所差异，但需要的客观性特征强调了需要具有最为核心的关键在于生存性需要和发展性需要，故而需要的满足程度也被视为衡量一个社会福利供给程度的指标。对于第一代农民工群体而言建构福利多元性传递体系满足其生存性诉求是底线，构建可持续性的生计机会是满足其发展性诉求关键。

在中国农村老人福利供给的历史发展历程中经历了福利供给主体由集体到家庭再到社会的多层次、多元化变迁，农村老人福利供给理念也经历了由特殊（残补）到普惠的渐变。总体而言，当下农村老人的福利来源日渐多元，国家也差别化地承担了一定的责任和义务，虽然这些福利对大多数农村老人的生活状况的改善而言是杯水车薪，但是对于部分无收入或是低收入的老人而言，基础养老金依然具有很好的保障作用。这也是农村社会老年社会福利建设的巨大的进步，是国家对于农村老人作出巨大历史贡献的肯定和认可，也是中国普惠性社会福利供给的起点。故而，遵循国家对于60岁以上农村老人无差别的普惠性福利供给的基础之上，关于第一代农民工的福利供给也应该遵循普惠性、多元化的福利供给思路，以此来肯定第一代农民工的巨大历史贡献，针对已经年满60岁以上人群在农村基础养老金的基础之上继续给予养老资源支持，保障他们能依靠农民工专项补助资金和基础养老金维持基本的生存需求。对于60岁之下的农民工国家则可以通过多元手段，提升第一代农民工的福利支出，包括建立年龄差异化的养老金支持等福利体系，充分发挥其自身积极性共同建构满足其老年生计所需的福利体系。在多元福利供给之外，可持续生计机会的建构也是满足第一代农民工生计的核心路径。鉴于其家庭代际责任和其生活习惯的长期塑造,退休对于第一代农民工而言既不现实,也不时髦。故而很多学者呼吁让第一代农民工 60 岁就停止工作,让其退休是缺乏对这一个群体的深度认知。缺乏养老保险和沉重的代际压力是第一代农民工无法退出劳动领域的核心原因。故而,在解决第一代农民工生计问题上,我们便应该遵循其生存现状,给予其生计机会和塑造生计能力是对第一代农民工最大的生计支持。在政策性的福利传递之外,在城乡构建其生计空间和生计机会是对于第一代农民工持续务工诉求的有效回应。诚如前文所言,大部分第一代农民工最后的归宿是落脚于乡村,回到生于斯、长于斯的乡土社会,如果在乡村社会生活中构建出有利于发挥其优势的生计机会,则是对第一代农民工的最大的福利支持,他们省去在外奔波劳累之苦,省去风餐露宿之困,回到家乡,亲人团聚,不仅仅是第一代农民工的福利支持,也大大增加了其家庭福利。尤其是在当下乡村振兴视角下的社会建设中,空间多元,人力资本匮乏成为乡村振兴的巨大掣肘,故而激发第一代农民工内蕴的人力资本既是乡村振兴破局的重要思路,也是破解第一代农民工生计困境的重要途径。在此过程中,社会与政府应是第一代农民工生计机会再造的引领者和主导者,开发公益性岗位,建设去市场化和去商业化的兜底保障民生工程。

第十章　结论与探讨

第一节　研究结论

一、第一代农民工生计能力低下

在现有农民工研究视角多元化的情形下，探讨农民工发展性需求及其满足程度是当下讨论农民工话题的主要视角，但是对于农民工群体内部已然出现清晰的代际分野给予的关注却缺乏应有的热度，在此情形下，对于第一代农民工关注远不及对新生代农民工的关注，甚而在某种程度上而言，第一代农民工是被当作研究的剩余而被悬置，这似乎是一种实用主义价值取向，新生代农民工无论从生产价值还是其社会价值上显然要高于第一代农民工，相比之下，第一代农民工则没有这么重要。然而与之相对的是，媒体的关注却日甚一日，此中因素概源于第一代农民工面临的生计困境较为显著，或是第一代农民工特殊的社会地位和年龄问题成为媒体重点。本研究在相关理论分析基础上，构建了中国第一代农民工可持续生计的研究框架，并在此基础上，具体分析了第一代农民工的生计资本、生计策略、生计能力三个核心维度，并在社会脆弱性视角下分析了第一代农民工的生计可持续性及其影响因素，并在此基础上提炼了第一代农民工外出务工生计策略中的生活理性指导原则。主要结论如下：

第一代农民工的可持续生计能力无法支持他们后续生活，其现有的生计资本呈现衰减特征，第一代农民工中低收入群体对于社会保障的依赖明显，构建完善的社会福利体系对于加强第一代农民工可持续生计有显著的正向促进作用，也是解决部分第一代农民工的生计困境的核心举措。在关于第一代农民工可持续生计能力的研究方面，本研究把其具体化为风险控制能力、环境适应能力以及自我发展能力。第一代农民工风险控制能力低下，很少有能力应对家庭多种突发风险，同时第一代农民工面临最大风险则来自其健康风险，作为重体力劳动者，由于新型农村合作医疗保险的非便携性，导致第一代农民工的健康维护能力较差，从而使自己暴露在健康高风险下。在环境适应能力方面，第一代农民工很难融入城市，他们终究是城市的过客和边缘群体，无法融入城市也昭示他们自我发展能力不足，同时第一代农民工的社会关系网络具有单一、同质化特征，其在外出务工生命历程中，构建异质性社会关系网络能力不强，且其社会关网络也没有对自己的可持续生计的建构起到应有的支撑作用。

二、第一代农民工“生活理性”的二元属性

第一代农民工外出务工坚持“安全第一”的生计原则，指导其生计策略的原则是“生活理性”的实践原则。基于生存视角下的第一代农民工外出务工过程实质是生计资源向外拓展的过程，在此过程中，无论其在家庭代际或是性别分工上，抑或在外务工过程中社会关系建构的实用性原则，都遵循生活理性原则指导。生活理性作为中国农民工所特有的生活实践指导原则其具有以下特征。

（一）追求实用主义原则

在其日常生活实践中遵循实用和工具理性，以期尽可能地扩大自己的生

存资源和生计方式。第一代农民工日常实践中的实用主义原则主要体现在其社会关系网络的建构中以及其面对自己无力处理的侵权行为的应对上。在社会关系网络建构中,他们在建构自己社会关系网络中以对自己进行帮助和未来生计可及性作为主要的行动选择,这种实用主义的建构策略确实为部分农民工的未来生计提供了相应的支持,也起到了相应的效果。在关于第一代农民工面临自己合法权益被侵害的应对策略上,他们遵循的是弱者的反抗策略,即如果权益被侵害没有涉及伤害或是其他严重问题,他们一般采取私下解决,与老板或是相关人员多次沟通,而不涉及其他的司法或暴力解决。他们的原则是人情留一线,日后好见面。尤其是在涉及相对熟悉的人之间,他们更会仔细考虑,能忍下则忍下,这样就说明对方欠下他的一个人情债,作为日后交往的基础。

(二)传统伦理价值取向

这种传统价值取向是以家庭发展最大化作为自己的价值取向和实践方向,改善家庭生活子代发展成为第一代农民工外出务工核心原因,而在此过程中,第一代农民工却鲜少有涉及自身发展的实践行为或是生活安排,这种理性是基于中国传统孝—慈文化的价值要求,故而在这些文化和价值传承中,第一代农民工作为传统价值取向的传承者,这些无疑会成为他们在日常实践的默会性认知和指导原则。

三、社会脆弱性是第一代农民工生计脆弱核心要素

从以上分析中可以看出,第一代农民工可持续生计困境中一个非常重要的因素是其社会脆弱性问题。社会脆弱性使得第一代农民工在其生计实践中面临社会排斥、经济排斥、保障虚化、社会支持力度不足等现实问题。从农民工社会政策的发展历程来看,农民工的社会政策经历了排斥性和社会结构不平等的再生产过程。虽然现有的社会政策设置立足于改善农民工的经济状

况，而对其社会地位的改变却没有太大帮助，这种经济与社会地位的不一致性反映了制度化安排的惯性，现有的农民工社会政策几乎把农民工定位于城镇社会结构系统中最低的社会位置上，个体流动无法突破现有的政策制约，导致农民工进入城市后存在功能互相依赖、制度整合薄弱、认同性整合畸形状态①②。故而，中国农民工社会政策的调整体现了国家以城市空间保护为策略的理性秩序的建构过程，通过城乡二元结构或者户籍分割制度，把农民工排除在作为体制的合法性身份之外，虽然我国各级政府在农民工政策选择转向中发挥了较大作用，但中央政府责任承担过少，对于地方政府的激励、约束措施不足，导致政策实施效果差强人意。因此，今后农民工社会政策的实践效果与社会权利的平等获得，在很大程度上取决于中央政府的责任承担，包括在中央层面的组织机构、制度创新以及资源供给上作出适当安排③。即使今天在我们看来已经是规范管理和服务阶段的社会政策也缺乏系统性和长远性，而且政策之间缺乏匹配，一些政策成为文本政策。同时由于农民工工作不稳定，基本生活刚性支出，农民工传统家庭式保障难以应对现代社会风险。特别是因为缺乏社会保险的抵御机制，在遭遇困难的情形下往往难以维持基本生活。因此，农民工在城市生活过程中，具有强烈的失业、医疗、住房和教育等方面的社会救助需要，农民工社会救助存在政策不足，农民工被政策排除在体制之外，在救助过程中很少被纳入救助对象范畴之内。同时由于现有的户籍属地选举政治权利的政策规定，致使农民工政治权利匮乏，使得他们的合法利益表达受限、经济权利脆弱等现实困境，这些都使得第一代农民工被城市的优质市场所排斥，不得不流向次属劳动力市场。由此可见，影响第一代农民工的可持续生计中最为本质的因素在于社会脆弱性因素，虽然有其自身特质的关系，但

① 王春光：《社会流动和社会重构京城“浙江村”研究》，浙江人民出版社 1995 年版，第 231 页。

② 李培林：《流动民工的社会网络和社会地位》，《社会学研究》1996 年第 6 期。

③ 李莹、周永新：《我国农民工社会政策的变迁：一个分析框架及其应用》，《中国人民大学学报》2012 年第 5 期。

是作为依附于户籍之上的相关政策性排斥和社会支持匮乏是造就他们其受到制度性排斥、社会政策的忽视和滞后，是他们陷入生计困境的重要因素。

四、构建第一代农民工的生计核心在于多元福利传递和生计机会再造

第一代农民工可持续生计构造核心在于弱化其社会脆弱性，增强其生计能力，在本研究中通过定量分析和定性探讨，作者认为增强第一代农民工福利供给体系是弱化其社会脆弱性核心举措，在弱化其社会脆弱性同时增强其自身生计能力，助其再造生计机会是解决第一代农民工可持续生计的根本措施。

在社会福利供给体系方面，增加现有社会政策的伦理体系和道德定位是弱化第一代农民工社会脆弱性的关键。诚如前文所述，在国家农民工社会政策的发展历程中，农民工经历了从排斥走向承认的过程，农民工社会政策虽然实现了形式正义，但是并没有改变农民工经济和社会地位低下的本质问题。在此情形下，社会政策调整过程的价值取向尤显必要。发展正义理念应该成为第一代农民工社会政策建构的基石和基本立足点，建立补偿性社会政策是加强第一代农民工社会支持和弱化其社会脆弱性核心。在增加社会政策道德和伦理取向的同时增强第一代农民工生计能力则是解决其可持续生计问题的根本。

鉴于第一代农民工的实际情况，构建其生计机会应坚持多元共进、城乡协同原则，在乡村健全公共服务体系，开发公益性和公共服务岗位，实现公共服务的乡村化和就地化，把返乡的第一代农民工纳入公共服务体系的用工计划中，既有效满足其生存需求，增加其就业机会，又可满足乡村振兴公共服务体系不健全的短板。同时，在生计机会增加上，增强第一代农民工的生计技能，转换和开拓就业机会，增加社会政策的友好度都是增加第一代农民工生计机会的重要支持。

第二节　未来研究展望

一、第一代农民工可持续生计研究的进一步深入推进

本研究是可持续生计第一次完整的运用到第一代农民工研究中，虽然在以往的研究中也有诸多学者讨论可持续生计对于农民工群体研究的恰适性，但是很多研究仅限于指出一个方向或是理论的探讨，部分学者也开始用可持续生计思路研究农民工的生计问题及其城市的适应性问题，但现有的研究也同样仅限于农民工群体生活的某一个维度或是针对某一个生计问题的探讨。同样，国内关于可持续生计研究多集中在失地农民或失海渔民的探讨上，即聚焦于失去生计资源尤其是自然资源的讨论上，相关研究并没有针对社会性因素做出过多的讨论。本研究虽然尝试用可持续生计框架，并且把可持续生计划分生计资本、生计策略和生计能力并进行相关性分析，可以看出其生计资本和生计策略及生计能力之间的相互影响和支持变化。但是由于现有资料以及研究者的思路局限，第一代农民工可持续生计的构建核心在于弱化其社会脆弱性方面，关于社会脆弱性的论述较为聚焦在现有社会政策的分析上，实质上社会脆弱性还涉及诸多方面，期冀下一步的研究能针对第一代农民工的社会脆弱性问题开展相关深入的讨论和研究。

二、第一代农民工社会化养老支持进一步拓展

第一代农民工的生计困境核心在于其未来的养老资源弱化，虽然本研究在可持续生计方面从社会福利传递和生计机会再造诸方面建议加强第一代农民工可持续生计的支持。本研究主要聚焦于第一代农民工在具备劳动力的前提下，尽可能多地储备养老资源，但是当下的现实困境是农村社会养老体系的缺位，家庭养老能力的消解，包括第一代农民工在内的农村老人的养老支持都

缺乏显著的社会支持体系。对于第一代农民工而言,其最大的优势可能在于具备了为自己储备养老经济资源的能力,但是在其面临失能和高龄之后,其生存状况依然不容乐观。故而,作为本研究的延伸,构建适合中国国情和农村社会实际的社会化养老支持体系应该是下一步研究的方向,即在这个社会化的养老支持体系中如何积极动员农村社会现有劳动力资源嵌入农村社会化养老体系中以实现社会化养老的居家化或社区化。

三、第一代农民工补偿性社会支持政策进一步优化

在关于农民工政策研究中应该说是汗牛充栋,硕果累累,本研究认为,现有的关于农民工社会政策的研究多基于较为宏观视角讨论农民工作为一个整体,社会政策的价值取向和福利取向远远没有体现出社会政策的福利本质特征。现有学术视角关于第一代农民工的支持性社会政策成果较少,而且在政策的研究视角上偏向新生代农民工的社会权利视角。事实上,作为第一代农民工社会权利的缺失要比第一代农民工的权利更为显著,影响也更为深远。第一代农民工因为年龄和健康原因很少能够融入城市化进程中,故而关于第一代农民工的支持性社会政策需要进一步聚焦,更加贴合他们的生计实际需求,而不是把他们当作已经走入历史的群体而有意无意地去屏障这个群体的现实困境或是诉求。潘泽泉认为,“以城市为中心的现代化叙事和与发展主义实践是一种风险型的发展模式,表现在流动农民工的所寄寓的生存空间,已经结构性地被城市发展和规划所隔离和碎片化,并脱离了其发展的内在逻辑和现代化的道德诉求”。[①] 这种叙事和发展视角是以相关的社会政策作为外在形式予以强化,故而第一代农民工的支持性社会政策反排斥和促进第一代农民工的生计可持续应该是关于这个群体进一步研究的视角和聚焦。

① 潘泽泉:《国家调整农民工社会政策研究》,中国人民大学出版社 2017 年版,第 548—549 页。

参考文献

著作类目录

常建华:《中国日常生活史读本》,北京大学出版社 2017 年版。

陈柏峰:《半熟人社会——转型期乡村社会性质深描》,社会科学文献出版社 2019 年版。

陈东有:《农民工就业波动分析及对策研究》,人民出版社 2015 年版。

陈功:《社会变迁中的养老和孝观念研究》,中国社会出版社 2009 年版。

程立涛:《陌生人社会的伦理问题研究》,中国人民大学出版社 2019 年版。

丛春霞、刘晓梅:《社会保障概论》,东北财经大学出版社 2008 年版。

党静萍、欧宁、徐春英:《城镇化进程中农民工媒介素养与利益表达研究》,中国社会科学出版社 2015 年版。

翟学伟:《人情、权利与面子的再生产》,北京大学出版社 2013 年版。

翟学伟:《中国人的关系原理》,北京大学出版社 2011 年版。

丁立群、周来顺:《现代化与日常生活批判理论研究》,社会科学文献出版社 2019 年版。

樊晓燕:《农民工社会保障制度的困境与破解》,中国社会科学出版社 2015 年版。

方青:《解组与重构——二元社会结构下的农村社会保障制度》,安徽人民出版社 2006 年版。

方向新:《农民工城市融入问题研究》,人民出版社 2019 年版。

费孝通:《乡土中国生育制度》,北京大学出版社 1998 年版。

龚长宇:《陌生人社会:价值基础与社会治理》,中国人民大学出版社 2021 年版。

关凤利、孟宪生:《农民工就业转型研究》,人民出版社 2016 年版。

郭士征:《社会保障——基本理论与国际比较》,上海财经大学出版社 2004 年版。

贺雪峰:《南北中国:中国农村区域差异研究》,社会科学文献出版社 2017 年版。

贺雪峰:《什么农村,什么问题》,法律出版社 2008 年版。

贺雪峰:《乡村社会关键词》,山东人民出版社 2010 年版。

贺雪峰:《在野之学》,北京大学出版社 2020 年版。

户晓辉:《日常生活的苦难与希望——实践民俗学田野笔记》,中国社会科学出版社 2017 年版。

黄光国、胡先缙:《人情与面子中国人的权利游戏》,中国人民大学出版社 2010 年版。

黄宗智:《过去和现在》,法律出版社 2008 年版。

黄宗智:《华北的小农经济与社会变迁》,中华书局 2004(重印)年版。

江立华:《农民工的转型与政府政策选择:基于城乡一体化背景的考察》,中国社会科学出版社 2014 年版。

靳小怡:《农民工社会网络与观念行为变迁》,社会科学文献出版社 2014 年版。

康红梅:《农民工城市认同与市民化意愿研究:以贵州省为例》,社会科学文献出版社 2018 年版。

孔祥利:《农民工城市资本积累与融入城市能力研究》,人民出版社 2021 年版。

李璐璐、石磊等:《当代中国社会:基本制度和日常生活》,中国人民大学出版社 2019 年版。

李培林:《大变革:农民工和中产阶层》,中国社会科学出版社 2019 年版。

李强、洪大用:《社会运行论及其发展——郑杭生学术思想研究(郑杭生教授纪念文集)》,中国人民大学出版社 2020 年版。

李卫东、李树茁:《农民工心理失范的现状及影响因素研究——基于性别和婚姻的视角》,社会科学文献出版社 2017 年版。

李勇刚:《农民工住房保障制度研究》,中国社会科学出版社 2019 年版。

梁漱溟:《中国文化要义》,上海人民出版社 2005 年版。

梁义成、李树拙:《中国农村可持续生计和发展研究》,社会科学文献出版社 2014 年版。

林嘉:《社会保障法的理念、实践与创新》,中国人民大学出版社 2002 年版。

刘斌:《农民工市民化的住房问题研究》,中国社会科学出版社 2022 年版。

刘博:《中国新生代农民工生存状况调查》,上海人民出版社 2018 年版。

刘成斌:《农民工的终结》,社会科学文献出版社 2017 年版。

刘新争:《农民工代际差异及其经济效应研究》,中国社会科学出版社 2019 年版。

卢伟:《农民工随迁子女教育公平的制度设计》,中国社会科学出版社 2015 年版。

罗小锋:《农民工家庭的性别政治》,社会科学文献出版社 2018 年版。

吕世辰:《农民工农地流转与城镇化》,社会科学文献出版社 2018 年版。

穆怀中:《社会保障国际比较》,中国劳动社会保障出版社 2007 年版。

潘旦:《农民工自组织的组织增权研究》,中国社会科学出版社 2021 年版。

彭华民:《福利三角中的社会排斥》,世纪高教出版社 2007 年版。

乔金霞:《农民工随迁子女的社会融合》,社会科学文献出版社 2018 年版。

盛明富:《中国农民工 40 年(1978—2018)》,工人出版社 2018 年版。

石彤:《中国社会转型时期的社会排挤——以国企下岗女工为视角》,北京大学出版社 2004 年版。

石向实:《新生代农民工社会心态调研报告》,浙江大学出版社 2015 年版。

史柏年:《社会保障概论》,高等教育出版社 2004 年版。

史秋霞:《农民工子女教育过程与分层功能研究》,社会科学文献出版社 2017 年版。

宋国恺:《农民工体制改革——以自雇佣的个体农民工城市社会融合为视角》,社会科学文献出版社 2014 年版。

孙光德、董克用:《社会保障概论》,中国人民大学出版社 2004 年版。

孙健:《政府购买农民工公共服务及其治理效能研究》,中国社会科学出版社 2021 年版。

唐丽霞、姜亚勤、赵文杰:《暮年有养——农村贫困老人扶持政策评估及重建》,社会科学文献出版社 2015 年版。

童星:《社会保障与管理》,南京大学出版社 2002 年版。

童星:《世纪末的挑战——当代中国社会问题研究》,南京大学出版社 1995 年版。

王本刚:《实践社群与默会知识转移和转化》,新世纪图书馆 2013 年版。

王成程:《农村社会养老保险制度的变迁——基于主体互动的视角》,社会科学文献出版社 2019 年版。

王维平:《乡村调研——宋家沟》,商务印书馆 2019 年版。

王彦斌、张瑞:《农民工职业健康服务管理》,社会科学文献出版社 2020 年版。

王益英:《社会保障法》,中国人民大学出版社 2000 年版。

王张明:《农民工消费的城乡二元性研究》,中国社会科学出版社 2017 年版。

韦璞:《农村老年人社会资本对生活质量的影响》,经济科学出版社 2009 年版。

温馨、王晓峰:《农民工市民化研究——基于农民工内部分化的视角》,中国社会科学出版社 2020 年版。

吴亮、高云:《日常中国》,江苏美术出版社 1999 年版。

吴毅:《小镇喧嚣:一个乡镇政治运作的演绎与阐释》,生活·读书·新知三联书店 2018 年版。

吴增基等主编:《现代社会调查方法》,上海人民出版社 2003 年版。

武娜:《农民工培训的就业效应和收入效应》,人民出版社 2020 年版。

夏历:《农民工语言城市化研究》,中国社会科学出版社 2017 年版。

肖庆华:《农民工家庭的教育选择》,人民出版社 2019 年版。

肖庆华:《农民工子女关爱服务体系建设的探索》,中国社会科学出版社 2017 年版。

肖群忠:《日常生活行为伦理学》,中国人民大学出版社 2018 年版。

谢立中:《日常生活的现象学社会学分析》,社会科学文献出版社 2010 年版。

辛宝英:《农民工市民化研究》,中国社会科学出版社 2019 年版。

徐勇:《中国农村研究》,中国社会科学出版社 2018 年版。

薛晨:《日常生活意义世界:一个符号学路径》,四川大学出版社 2019 年版。

薛亚利:《村庄里面的闲话意义、功能和权力》,上海世纪出版集团 2009 年版。

阎云翔:《礼物的流动》,李放春、刘瑜译,上海人民出版社 2000 年版。

杨公卫:《村落终结与乡土重建》,民族出版社 2012 年版。

杨善华:《城乡日常生活一种社会学分析》,社会科学文献出版社 2008 年版。

杨婷:《农民工婚姻冲突:现状与影响因素》,社会科学文献出版社 2022 年版。

杨万泉:《塘村的纠纷》,中国社会科学出版社 2006 年版。

杨晓军:《农民工就业技能培训模式研究》,中国社会科学出版社 2011 年版。

叶敬中、贺聪志:《静默夕阳中国农村留守老人》,社会科学文献出版社 2008 年版。

应星:《大河移民上访的故事》,生活·读书·新知三联书店 2001 年版。

应星:《农户、集体与国家——国家与农民关系的六十年变迁》,中国社会科学出版社 2014 年版。

虞新胜:《农民工机会公平问题研究:基于制度正义的视域》,社会科学文献出版社 2018 年版。

张海东:《理解中国社会》,社会科学文献出版社 2018 年版。

张领:《流动的共同体:农民工与一个村庄的变迁》,中国社会科学出版社 2015

年版。

张仙桥、李德滨:《中国老年社会学》,社会科学文献出版社 2011 年版。

张兴杰等主编:《社会学视野下的新农村建设研究》,华南理工大学出版社 2008 年版。

张占平:《多元化养老方式下背景下家庭养老的衰退与承续》,中国社会科学出版社 2020 年版。

赵树凯:《农民的新命》,商务印书馆 2018 年版。

赵旭东:《权力与公正》,天津古籍出版社 2003 年版。

周正:《农民工随迁子女平等接受教育研究》,中国社会科学出版社 2022 年版。

朱晓阳:《罪过与惩罚》,天津古籍出版社 2002 年版。

庄明:《新生代农民工的就业分层与社会融入》,社会科学文献出版社 2021 年版。

论文类目录

编辑部特稿:《我国中西部农村老年人生活状况调查》,《中国三农》2005 年第 8 期。

蔡志海:《鄂东北农村老年人养老状况的调查与思考》,《社会》2002 年第 2 期。

曾富生、朱启臻、徐莉莉:《农村老年人养老应对能力的现状及其提升路径——基于行动应对视角的调查》,《湖北社会科学》2010 年第 11 期。

曾起艳、王宇婷、何志鹏:《随迁对农民工子女的认知能力提升效应及其差异》,《湖南农业大学学报(社会科学版)》2021 年第 6 期。

曾旭晖、李奕丰:《变迁与延续:中国家庭代际关系的类型学研究》,《社会》2020 年第 5 期。

曾之明、余长龙、张琦、汪晨菊:《数字普惠金融支持农民工创业机制的实证研究》,《云南财经大学学报》2018 年第 12 期。

陈柏峰:《"气"与村庄生活的互动——皖北李圩村调查》,《开放时代》2007 年第 6 期。

陈成文:《农村老年人的生活状况及其社会支持——对湖南省 1000 名农村老年人的调查》,《社会科学研究》1998 年第 6 期。

陈国生、肖瑜君、李海波、张琨、张红艳:《返乡农民工创业选择的影响因素分析——基于 5 省 465 户返乡农民工家庭的调查数据》,《经济地》2022 年第 1 期。

陈辉:《"过日子"与农民家庭经济模式——基于关中 Z 村调查》,《西北人口》2012 年第 4 期。

陈靖、刘明:《上楼之后:"涉农社区"的生活秩序及其治理探索》,《中国行政管理》2020 年第 11 期。

陈军亚:《韧性小农:历史延续与现代转换——中国小农户的生命力及自主责任机制》,《中国社会科学》2019 年第 12 期。

陈天祥、应优优:《甄别性吸纳:中国国家与社会关系的新常态》,《中山大学学报(社会科学版)》2018 年第 2 期。

陈文江、杨延娜:《西部农村地区贫困代际传递的社会学研究——以甘肃 M 县四个村为例》,《甘肃社会科学》2010 年第 4 期。

陈心想、段丹天:《养老模式的转型:以黑龙江省 A 县为例》,《社会发展研究》2020 年第 4 期。

陈瑶、彭开丽、李崇光:《职业流动对受雇农民工就业质量的影响——基于中国劳动力动态调查数据的分析》,《农业现代化研究》2022 年第 2 期。

陈乙酉、张邦辉:《社会保障对农民工流动决策的影响研究——基于"推拉"理论的实证》,《农业经济问题》2018 年第 10 期。

程郁、赵俊超、殷浩栋、伍振军、孙成龙、揭梦吟:《分层次推进农民工市民化——破解"愿落不能落、能落不愿落"的两难困境》,《管理世界》2022 年第 4 期。

慈勤英、宁雯雯:《家庭养老弱化下的贫困老年人口社会支持研究》,《中国人口科学》2018 年第 4 期。

戴卫东:《构建"三类型区"城乡低保统筹模式——以安徽省为例》,《华东经济管理》2010 年第 5 期。

戴卫东:《构建农村"低保",成本有多大?》,《调研世界》2007 年第 6 期。

戴卫东:《农村最低生活保障制度的财政支出分析——基于负所得税法和差额补助法的比较》,《河南社会科学》2010 年第 5 期。

戴卫东:《统筹城乡基本养老保险制度的十个关键问题》,《现代经济探讨》2009 年第 7 期。

戴卫东:《中国农村社会养老保险制度研究述评》,《中国农村观察》2007 年第 1 期。

邓睿:《卫生服务可及性如何影响农民工主观生活质量?——基于流动人口健康重点领域专题调查的证据》,《中国农村观察》2022 年第 2 期。

狄金华、郑丹丹:《伦理沦丧抑或是伦理转向现代化视域下中国农村家庭资源的代际分配研究》,《社会》2016 年第 1 期。

东波:《农村老年弱势群体共享社会发展成果的路径探析》,《学术交流》2008 年第

4 期。

董才生、王远:《论吉登斯结构化理论的内在逻辑》,《长白学刊》2008 年第 3 期。

董金权、赵宏斌:《生活世界的遗忘与回归:一个社会学的考察》,《人文杂志》2006 年第 4 期。

董磊明、陈柏峰、聂良波:《结构混乱与迎法下乡——河南宋村法律实践的解读》,《中国社会科学》2008 年第 5 期。

董磊明、李建民:《颓败的“农二代”》,《文化纵横》2022 年第 2 期。

董磊明:《村将不村——湖北尚武村调查》,载《中国乡村研究(第五辑)》,福建教育出版社 2007 年版。

董磊明:《村庄纠纷调解机制的研究路径》,《学习与探索》2006 年第 1 期。

董磊明:《农村调解机制的语境化理解与区域比较研究》,《社会科学辑》2006 年第 1 期。

董运生:《演变与重塑:中国农民生活空间的变迁》,《江苏社会科学》2018 年第 6 期。

窦存芳:《以礼抗争:触摸乡土中国人真正意义上的“过日子”——读〈浮生取义:对华北某县自杀现象的文化解读〉》,《西北民族研究》2010 年第 3 期。

杜海峰、王薇然、李石花:《代际视角下农民工社会融合现状及影响因素研究》,《北京工业大学学报(社会科学版)》2022 年第 2 期。

杜鹏、武超:《中国老年人的生活自理能力状况与变化》,《人口研究》2006 年第 1 期。

杜鹏:《情之礼化:农民闲暇生活的文化逻辑与心态秩序》,《社会科学研究》2019 年第 5 期。

杜巍、车蕾、郭玉:《就地就近城镇化背景下农民工生计恢复力测量及现状》,《甘肃行政学院学报》2019 年第 4 期。

樊茜、金晓彤、徐尉:《教育培训对新生代农民工就业质量的影响研究——基于全国 11 个省(直辖市)4030 个样本的实证分析》,《经济纵横》2018 年第 3 期。

范会芳:《现象学社会学:社会学理论研究的另一种范式》,《广西大学学报(哲学社会科学版)》2010 年第 1 期。

方菲:《农村老年人生活状况调查与思考》,《理论月刊》2003 年第 7 期。

方青:《从集体保障到社会保障——中国农村社会保障 1949—2000》,《当代中国史研究》2002 年第 1 期。

方青:《农村社会保障:回顾与前瞻》,《中国农村观察》2001 年第 3 期。

甘宇:《可持续生计分析框架下的返乡农民工创业业态选择研究》,《四川师范大学学报(社会科学版)》2019 年第 4 期。

淦未宇:《身份认同、情感承诺与新生代农民工离职意愿——基于组织支持视角的实证研究》,《管理学刊》2018 年第 2 期。

高瑞琴、叶敬忠:《生命价值视角下农村留守老人的供养制度》,《人口研究》2017 年第 2 期。

高文、任友群:《知识的生产与习得的社会学分析》,《山东师范大学学报(教育科学版)》2004 年第 2 期。

高兴民、郭芹:《就业质量视角下农民工市民化的路径探索》,《贵州师范大学学报(社会科学版)》2021 年第 6 期。

葛延风、王列军、冯文猛、张冰子、刘胜兰、柯洋华:《我国健康老龄化的挑战与策略选择》,《管理世界》2020 年第 4 期。

龚冬生、李树茁、李艳:《男女农民工的生计资本对其城市发展意愿的影响》,《城市问题》2019 年第 2 期。

郭凤鸣、张世伟:《签订劳动合同有助于缓解农民工过度劳动吗?》,《世界经济文汇》2021 年第 6 期。

郭凤鸣、张世伟:《最低工资提升对低收入农民工过度劳动的影响》,《中国人口科学》2018 年第 5 期。

郭君平、谭清香、曲颂:《进城农民工家庭贫困的测量与分析——基于"收入—消费—多维"视角》,《中国农村经济》2018 年第 9 期。

郭强:《知识与行动:结构化凝视》,《社会》2005 年第 5 期。

郭晴、孟世超、毛宇飞:《数字普惠金融发展能促进就业质量提升吗?》,《上海财经大学学报》2022 年第 1 期。

郭秋菊、谢娅婷、李树茁:《家庭代际关系类型及其城乡差异分析》,《华中农业大学学报(社会科学版)》2020 年第 6 期。

郭未、鲁佳莹、刘林平:《流动时代的健康中国:社会经济地位、健康素养与健康结果》,《人口学刊》2022 年第 2 期。

郭于华:《不适应的老人》,《读书》1998 年第 6 期。

郭于华:《代际关系中的公平逻辑及其变迁——对河北农村养老事件的分析》,《中国学术》2001 年第 4 期。

郭于华:《农村现代化过程中的传统亲缘关系》,《社会学研究》1994 年第 6 期。

郭于华:《"弱者的武器"与"隐藏的文本"——研究农民反抗的底层视角》,《读书》

2002年第7期。

郭于华:《再读斯科特:关于农民反抗的日常形式》,《中国图书评论》2007年第8期。

郭志刚、陈功:《老年人与子女之间的代际经济流量的分析》,《人口研究》1998年第1期。

郭志刚、刘金塘、宋健:《现行生育政策与未来家庭结构》,《中国人口科学》2002年第1期。

何兰萍:《从公共空间看农村社会控制的弱化》,《理论与现代化》2008年第2期。

何巧云:《农民工参与失业保险的可行性与可操作性研究》,《农业经济》2021年第12期。

贺培育、黄海:《"人情面子"下的权力寻租及其矫治》,《湖南师范大学学报》2009年第3期。

贺雪峰、刘锐:《熟人社会的治理——以贵州湄潭县聚合村调查为例》,《中国农业大学学报(社会科学版)》2009年第2期。

贺雪峰:《村庄熟人社会的养老》,《决策》2019年第6期。

贺雪峰:《论半熟人社会——理解村委会选举的一个视角》,《政治学研究》2000年第3期。

贺雪峰:《论农民理性化的表现与原因——以河南省汝南县宋庄村的调查为例》,《湛江师范学院学报》2008年第2期。

贺雪峰:《南方农村与北方农村差异简论——以河南省汝南县宋庄村的调查为基础》,《学习论坛》2008年第3期。

贺雪峰:《农村代际关系论:兼论代际关系的价值基础》,《社会科学研究》2009年第5期。

贺雪峰:《农村家庭代际关系的变迁——从"操心"说起》,《古今农业》2007年第4期。

贺雪峰:《农村留守老年人的"多元福利"观——"低消费、高福利"何以可能》,《学习与实践》2019年第11期。

贺雪峰:《农村留守老人的三种类型与养老问题》,《决策》2020年第11期。

贺雪峰:《农民价值观的类型及相互关系——对当前中国农村严重伦理危机的讨论》,《开放时代》2008年第3期。

贺雪峰:《中国农村社会转型及其困境》,《东岳论坛》2006年第2期。

贺雪峰:《中国农民价值观的变迁及对对乡村治理的影响——以辽宁大古村调查

为例》,《学习与探索》2007 年第 5 期。

胡宜挺、王天然、常伟:《身份认同感、社会互动与农民工市民化——基于代际差异视角》,《农村经济》2021 年第 11 期。

黄斌欢、严航:《何以为家:新生代农民工的婚恋与家庭组建困境——基于成年转型困境的视角》,《中国青年研究》2021 年第 12 期。

黄佳豪:《我国农村养老保险制度的历史演进及其探索》,《重庆社会科学》2009 年第 10 期。

黄盈盈、潘绥铭:《论方法:定性调查中“共述”、“共景”、“共情”的递进》,《江淮论坛》2011 年第 1 期。

黄宗智:《认识中国——走向从实践出发的社会科学》,《中国社会科学》2005 年第 1 期。

黄祖辉、宋文豪、叶春辉、胡伟斌:《政府支持农民工返乡创业的县域经济增长效应——基于返乡创业试点政策的考察》,《中国农村经济》2022 年第 1 期。

纪竞垚:《中国居家老年人家庭——社会照料模型》,《人口研究》2020 年第 3 期。

纪明、肖维泽:《共享经济下提高农民工收入水平的对策分析》,《华侨大学学报(哲学社会科学版)》2021 年第 6 期。

冀云、孙鹃娟:《中国老年人受虐待的影响因素——健康人力资本与社会资本的中介作用》,《人口研究》2021 年第 2 期。

贾海龙:《对我国中西部农村老年人生活状况的调查及分析》,《黑河学刊》2005 年第 5 期。

贾玉娇、范家绪:《从断裂到弥合:时空视角下家庭养老保障功能的变迁与重塑》,《社会科学战线》2019 年第 7 期。

蒋南平、郑万军:《中国农民工多维返贫测度问题》,《中国农村经济》2017 年第 6 期。

靳永翥:《关系资本:贫困乡村公共服务提供机制研究的新视阈》,《东南学术》2009 年第 5 期。

景军、王健、冷安丽:《生命代价之重与优逝善终之难——一项有关晚期癌症患者调查研究的启示》,《社会学评论》2020 年第 4 期。

景军:《我们如何安宁地“老去”》,《廉政瞭望》2020 年第 9 期。

匡远凤:《人力资本、乡村要素流动与农民工回乡创业意愿——基于熊彼特创新视角的研究》,《经济管理》2018 年第 1 期。

冷波、贺雪峰:《生活本位:深度贫困地区农民生活逻辑研究——基于贵州 B 村的实证调查》,《湖北行政学院学报》2018 年第 6 期。

李超、万海远、田志磊:《为教育而流动——随迁子女教育政策改革对农民工流动的影响》,《财贸经济》2018 年第 1 期。

李春萱、李其容、杨艳宇:《农民工抑郁症状的潜在转变分析》,《中国心理卫生杂志》2022 年第 3 期。

李国庆:《关于中国村落共同体的论战——以“戒能—平野论战”为核心》,《社会学研究》2005 年第 6 期。

李晖:《农村养老的制度演绎与惯性生存》,《首届湖湘三农论坛论文集(中)》2008 年第 10 期。

李培林:《村落终结的社会逻辑——羊城村的故事》,《江苏社会科学》2004 年第 1 期。

李强、张震:《老年人独立生活能力变化轨迹的个体和总体差异研究》,《人口研究》2018 年第 2 期。

李全棉:《我国农村老年人的生存状态—基于 2000 年城乡一次性抽样调查数据的分析》,《南京人口管理干部学院学报》2004 年第 4 期。

李荣荣:《乡土社会的日常道德与社会底蕴——以大理“乡评”的演变与积淀为例》,《社会发展研究》2019 年第 2 期。

李荣山:《现代性的变奏与个体化社会的兴起——乌尔里希·贝克“制度化的个体主义”理论述评》,《学海》2012 年第 5 期。

李树茁、徐洁、左冬梅、曾卫红:《农村老年人的生计、福祉与家庭支持政策——一个可持续生计分析框架》,《当代经济科学》2017 年第 4 期。

李天成、孟繁邨、李世杰、高健:《技术进步影响农民工就业和收入了吗——来自劳动力异质性视角下的微观证据》,《农业技术经济》2022 年第 3 期。

李旭东:《代耕生计与合理性行动逻辑——京郊代耕菜农的文化实践过程》,《北京社会科学》2020 年第 9 期。

李洋:《从社会排斥到家庭排斥——转型社会的老龄群体分析》,《求索》2007 年第 8 期。

李翌萱:《中国老年人对子女家庭代际支持差异性研究》,《浙江社会科学》2020 年第 7 期。

李银河、陈俊杰:《个人本位、家本位与生育观念》,《社会学研究》1993 年第 2 期。

李泽媛、郑军、张务伟:《新生代农民工就业质量的区域差异》,《当代青年研究》2021 年第 6 期。

李中建、袁璐璐:《务工距离对农民工就业质量的影响分析》,《中国农村经济》2017 年第 6 期。

梁丽、王战、朱韦明、周密:《女性农民工就业质量的政策因素研究进展分析》,《农业经济》2022 年第 2 期。

林辉煌:《人情的运作机制及其社会基础——基于浙东 J 村的调查》,《中共宁波市委党校学报》2010 年第 6 期。

林建成:《从"生活决定意识"到"境况决定思想"——马克思与知识社会学的关系》,《深圳大学学报(人文社会科学版)》2011 年第 6 期。

凌文豪:《从一元到多元:中国农村养老模式的变迁逻辑——以生产社会化为分析视角》,《社会主义研究》2011 年第 6 期。

刘继同、冯喜良:《转型期多元福利实践与整体性福利理论框架》,《北京大学学报(哲学社)》2005 年第 3 期。

刘金凤、魏后凯:《方言距离如何影响农民工的永久迁移意愿——基于社会融入的视角》,《中国农村观察》2022 年第 1 期。

刘军奎:《流动的代价:村庄问题呈现及治理反思——一个村庄个案的微观透视》,《中国农业大学学报(社会科学版)》2019 年第 4 期。

刘威:《"朝向底层"与"深度在场"——转型社会的社会学立场及其底层关怀》,《福建论坛(人文社科版)》2011 年第 3 期。

刘燕舞:《从核心家庭本位迈向个体本位——关于农村夫妻关系与家庭结构变动的研究》,《中共青岛市委党校青岛行政学院学报》2009 年第 6 期。

刘志阳、李斌:《乡村振兴视野下的农民工返乡创业模式研究》,《福建论坛(人文社会科学版)》2017 年第 12 期。

卢海阳、李祖娴:《农民工人力资本现状分析与政策建议——基于福建省 1476 个农民工的调查》,《中国农村观察》2018 年第 1 期。

鲁可荣、金菁:《农村居家养老何以可行及可持续——基于浙江"金东模式"的实证分析》,《中国农业大学学报(社会科学版)》2015 年第 6 期。

鲁可荣:《农村老年人生活状况及其养老方式探析》,《乡镇经济》2002 年第 11 期。

陆杰华:《快速的中国人口老龄化进程:挑战和与对策》,《甘肃社会科学》2007 年第 6 期。

陆益龙:《超越直觉经验:农村社会学理论创新之路》,《天津社会科学》2010 年第 3 期。

陆益龙:《后乡土性:理解乡村社会变迁的一个理论框架》,《人文杂志》2016 年第

11期。

陆益龙:《后乡土中国的自力养老及其限度——皖东T村经验引发的思考》,《南京农业大学学报(社会科学版)》2017年第1期。

吕炳强、刘保禧:《现象学在社会学里的百年沧桑》,《社会学研究》2008年第1期。

吕炳强:《凝视与社会行动》,《社会学研究》2000年第3期。

吕德文:《闽粤赣客家边区的兼业与地方社会——以龙川县长洲村、寻乌县高头村为个案》,《古农业》2008年第2期。

麻国庆:《分家:分中有继也有合——中国分家制度研究》,《中国社会科学》1999年第1期。

麻国庆:《拟制的家与社会结合—中国传统社会的宗族、行会与秘密结社》,《广西民族学院学报(哲学社会科学版)》1999年第2期。

马超、曲兆鹏:《机会平等哲学下对我国农民工"健康移民效应"的再考察》,《产业经济评论》2022年第2期。

马红玉、王转弟:《社会资本、心理资本对农民工创业绩效影响研究——基于陕西省889份农户调研数据》,《农林经济管理学报》2018年第6期。

马莲、付文忠:《青年价值观引导的日常生活向度探析——以马克思主义日常生活理论为视角》,《中国特色社会主义研究》2017年第3期。

孟宪范:《家庭:百年来的三次冲击及我们的选择》,《清华大学学报(哲社版)》2008年第3期。

宁满秀、罗叶、燕菲儿:《城乡居民医保整合对农民工城镇定居意愿的影响研究》,《统计与信息论坛》2022年第3期。

牛永辉:《乡村振兴视阈下农民工返乡创业的动因、困境及对策探究》,《内蒙古农业大学学报(社会科学版)》2018年第1期。

潘璐:《"小农"思潮回顾及其当代论辩》,《中国农业大学学报(社会科学版)》2012年第2期。

庞学铨:《重建日常生活经验世界——新现象学的生活世界理论管窥》,《学术月刊》2021年第1期。

彭华民:《福利三角:一个社会政策分析的范式》,《社会学研究》2006年第4期。

彭英、周雨濛、耿茂林:《乡村振兴背景下江苏返乡农民工创业现状、典型模式及对策建议》,《江苏农业科学》2022年第1期。

彭友明、邱明、徐红霞、刘秀平:《农村老年人生活质量状况调查》,《医学与社会》2000年第5期。

戚迪明、刘玉侠:《人力资本、政策获取与返乡农民工创业绩效——基于浙江的调查》,《浙江学刊》2018 年第 2 期。

齐学红:《研究者的立场问题——一个知识社会学的视角》,《集美大学学报》2003 年第 3 期。

钱泽森、朱嘉晔:《农民工的城市融入:现状、变化趋势与影响因素——基于 2011—2015 年 29 省农民工家庭调查数据的研究》,《农业经济问题》2018 年第 6 期。

秦晖:《"大共同体本位"与中国传统社会(上、中)》,《社会学研究》1998 年第 5 期、1999 年第 3 期。

渠敬东、周飞舟、应星:《从总体支配到技术治理——基于中国 30 年改革经验的社会学分析》,《中国社会科学》2009 年第 6 期。

任荣荣、贺志浩:《多途径解决农业转移人口住房问题——基于 2020 年农民工问卷调查的分析》,《宏观经济管理》2022 年第 4 期。

芮正云、史清华:《中国农民工创业绩效提升机制:理论模型与实证检验——基于"能力—资源—认知"综合范式观》,《农业经济问题》2018 年第 4 期。

邵敏、武鹏:《出口贸易、人力资本与农民工的就业稳定性——兼议我国产业和贸易的升级》,《管理世界》2019 年第 3 期。

申端锋:《中国农村出现伦理性危机》,《中国老区建设》2007 年第 7 期。

申喜连、张云:《农村精神养老的困境及对策》,《中国行政管理》2017 年第 1 期。

沈东:《农民工返乡与中国式逆城镇化实践智慧》,《学术界》2022 年第 3 期。

盛洪:《论家庭主义》,《新政治经济学评论》2008 年第 2 期。

石金群:《转型期家庭代际关系流变:机制、逻辑与张力》,《社会学研究》2016 年第 6 期。

石智雷、刘思辰、赵颖:《不稳定就业与农民工市民化悖论:基于劳动过程的视角》,《社会》2022 年第 1 期。

舒敏华:《"家国同构"观念的形成、实质及其影响》,《北华大学学报(社会科学版)》2003 年第 2 期。

宋嘉豪、郑家喜、汪为:《养儿能否防老:代际互动对农村老年人的减贫研究——基于多维贫困视角》,《人口与发展》2019 年第 6 期。

宋靖野:《"公共空间"的社会诗学——茶馆与川南的乡村生活》,《社会学研究》2019 年第 3 期。

宋丽娜:《农民分家行为再认识——湖北省 J 县梭村调查》,《中共宁波市委党校学报》2009 年第 4 期。

宋梅:《现代性与个体化》,《山西青年管理干部学院》2011 年第 4 期。

宋士云:《1956—1983 年集体经济时代农村五保供养制度初探》,《贵州社会科学》2007 年第 9 期。

苏保忠、张正河、林万龙:《中国古代养老制度及其对农村养老的启示》,《当代经济》2008 年第 11 期。

苏国勋:《社会学与社会建构论》,《国外社会科学》2002 年第 1 期。

孙飞宇:《对苦难的社会学解读:开始,而不是终结——读埃恩·威尔金森〈苦难:一种社会学的引介〉》,《社会学研究》2007 年第 4 期。

孙婧芳:《城市劳动力市场中户籍歧视的变化:农民工的就业与工资》,《经济研究》2017 年第 8 期。

孙立平、王汉生、王思斌、林彬、杨善华:《改革以来中国社会结构的变迁》,《中国社会科学》1994 年第 3 期。

孙立平:《"过程—事件分析"与当代中国国家—农民关系的实践形态》,《清华社会学评论》2001 年第 1 期。

孙薇薇、景军:《乡村共同体重构与老年心理健康——农村老年心理干预的中国方案》,《社会学研究》2020 年第 5 期。

孙薇薇、石丹妮:《社会支持的影响机制与农村老年心理健康》,《社会学评论》2020 年第 4 期。

唐娟莉、倪永良:《农村社会养老服务需求:意愿与影响》,《农业现代化研究》2020 年第 4 期。

唐钧:《社会政策的基本目标:从克服贫困到消除社会排斥》,《江苏社会科学》2002 年第 3 期。

唐伟:《代价承担者还是参与获得者?——国家现代化进程中的农民角色再审视》,《北京社会科学》2019 年第 5 期。

唐有财、符平:《获得感、政治信任与农民工的权益表达倾向》,《社会科学》2017 年第 11 期。

陶自祥:《代内剥削:农村光棍现象的一个分析框架——基于渝北 S 村长子打光棍的调查》,《青年研究》2011 年第 5 期。

田丰:《逆成长:农民工社会经济地位的十年变化(2006—2015)》,《社会学研究》2017 年第 3 期。

田耕:《社会学知识中的社会意象——Doxa 概念与布迪厄的社会学知识论》,《社会学研究》2005 年第 1 期。

田霞:《20 世纪上半期农村家庭亲子关系》,《西南民族学院学报(哲学社会科学版)》2002 年第 9 期。

田毅鹏、张红阳:《村落转型再生进程中“乡村性”的发现与重写——以浙西 M 村为中心》,《学术界》2020 年第 7 期。

田毅鹏:《转型期中国城市社会管理之痛——以社会原子化为分析视角》,《探索与争鸣》2010 年第 12 期。

佟大建、金玉婷、宋亮:《农民工市民化:测度、现状与提升路径——基本公共服务均等化视角》,《经济学家》2022 年第 4 期。

汪超:《基于可行能力的农民工家庭离散生成逻辑与政策调适研究》,《南京农业大学学报(社会科学版)》2022 年第 2 期。

汪超:《可持续生计理论对农民工资产贫困的理解与公共政策启迪》,《理论月刊》2019 年第 6 期。

汪沛、贝淡宁:《以年龄为基础的家庭正序:辩护及其限定》,《中山大学学报(社会科学版)》2021 年第 3 期。

王洪伟:《当代中国底层社会“以身抗争”的效度和限度分析一个“艾滋村民”抗争维权的启示》,《社会》2010 年 2 期。

王辉、朱健:《农民工返乡创业意愿影响因素及其作用机制研究》,《贵州师范大学学报(社会科学版)》2021 年第 6 期。

王建华:《论“日子”的成词——兼谈顾炎武〈日知录〉中的一处失误》,《丽水学院学报》2007 年第 4 期。

王金水、许琪:《居住安排、代际支持与老年人的主观福祉》,《社会发展研究》2020 年第 3 期。

王崑、瞿学伟:《论周庄人的血缘观和地缘观——苏南农村现代化的一个前提》,《上海社会科学院学术季刊》1996 年第 4 期。

王宁、庄亚儿:《中国农村老年贫困与养老保障》,《西北人口》2004 年第 2 期。

王欧:《家庭化与新生代农民工生活方式转型》,《社会学研究》2022 年第 1 期。

王萍、李树茁、张文:《代际支持对中国农村老年人认知功能的影响研究》,《心理科学》2005 年第 6 期。

王萍、李树茁:《代际支持对农村老人生活自理能力的纵向影响》,《人口与经济》2011 年第 2 期。

王天夫、王欧:《“疏离型”代际关系与新生代农民工家庭结构转型——以新生代大龄单身男工为例》,《华东师范大学学报(哲学社会科学版)》2022 年第 1 期。

王向贤:《转型时期的父亲责任、权利与研究路径——国内父职社会学研究述评》,《青年研究》2019 年第 1 期。

王晓峰、孙碧竹:《农村留守老人健康管理模式构建》,《社会科学战线》2019 年第 4 期。

王肖芳:《农民工返乡创业集群驱动乡村振兴:机理与策略》,《南京农业大学学报(社会科学版)》2018 年第 6 期。

王兴周、庞嘉楠、李岩崇:《家庭责任伦理与新生代农民工返乡创业》,《青年探索》2022 年第 4 期。

王跃生:《农村老年人口生存方式分析——一个"宏观"与"微观"相结合的视角》,《中国人口科学》2009 年第 1 期。

王跃生:《十八世纪中后期的中国家庭结构》,《中国社会科学》2000 年第 2 期。

王跃生:《直系组家庭:当代家庭形态和代际关系分析的视角》,《中国社会科学》2020 年第 1 期。

王跃生:《中国农村家庭的核心化分析》,《中国人口科学》2007 年第 5 期。

魏红珊、邓莉:《论新世纪小说中"农民工认同"的差异化叙事》,《中华文化论坛》2022 年第 2 期。

文军、陈蕾:《资源、制度与情境:现代社会中时间意涵的理论流变》,《社会学评论》2019 年第 5 期。

文军:《从生存理性到社会理性选择:当代中国农民外出就业动因的社会学分析》,《社会学研究》2001 年第 6 期。

文军:《范式的抗争:非主流社会学理论的形成及其影响》,《社会学评论》2013 年第 2 期。

文军:《个体化社会的来临与包容性社会政策的建构》,《社会科学》2012 年第 1 期。

吴飞:《"空间实践"与诗意的抵抗——解读米歇尔·德赛图的日常生活实践理论》,《社会学研究》2009 年第 2 期。

吴飞:《从丧服制度看"差序格局"——对一个经典概念的再反思》,《开放时代》2011 年第 1 期。

吴飞:《梁漱溟的"新礼俗"——读梁漱溟的〈乡村建设理论〉》,《社会学研究》2005 年第 5 期。

吴飞:《论"过日子"》,《社会学研究》2007 年第 6 期。

吴理财:《村民自治与国家政权建设》,《学习与探索》2002 年第 1 期。

吴柳财:《日常生活的结构与意义“礼记·曲礼”的社会学研究》,《社会》2018 年第 1 期。

吴滔:《清代嘉定宝山地区的乡镇赈济与社区发展模式》,《中国社会经济史研究》1998 年第 4 期。

吴长青:《从“策略”到“伦理”对“依法抗争”的批评性讨论》,《社会》2010 年第 2 期。

夏柱智:《以地养老:应对农村人口老龄化的现实选择》,《南方人口》2018 年第 5 期。

肖索未、关聪:《情感缓冲、中间人调节与形式民主化:跨代同住家庭的代际关系协调机制》,《社会学评论》2018 年第 5 期。

肖小勇、黄静、郭慧颖:《教育能够提高农民工就业质量吗?——基于 CHIP 外来务工住户调查数据的实证分析》,《华中农业大学学报(社会科学版)》2019 年第 2 期。

肖星:《事件、行动与访谈:国家—社会关系的微观投影——实践社会学的一项个案考察》,《求索》2006 年第 9 期。

肖瑛:《风险社会与中国》,《探索与争鸣》2012 年第 4 期。

谢志岿:《村落如何终结?——中国农村城市化的制度研究》,《城市发展研究》2005 年第 5 期。

徐超、吴玲萍、孙文平:《外出务工经历、社会资本与返乡农民工创业——来自 CHIPS 数据的证据》,《财经研究》2017 年第 12 期。

徐茂明:《同光之际江南士绅与江南社会秩序的重建》,《江海学刊》2003 年第 5 期。

徐美银:《人力资本、社会资本与农民工市民化意愿》,《华南农业大学学报(社会科学版)》2018 年第 4 期。

徐清华、张广胜:《居住隔离与农民工市民化》,《华南农业大学学报(社会科学版)》2022 年第 1 期。

徐勇:《“再识农户”与社会化小农的建构》,《华中师范大学学报(社会科学版)》2006 年第 3 期。

徐勇:《农民理性的扩张:“中国奇迹”的创造主体分析——对既有理论的挑战及新的分析进路的提出》,《中国社会科学》2010 年第 1 期。

许惠娇、贺聪志:《“孝而难养”:重思农村留守老人的养老困境》,《中国农业大学学报(社会科学版)》2020 年第 4 期。

许琪:《居住安排对中国老年人精神抑郁程度的影响——基于 CHARLS 追踪调查

数据的实证研究》,《社会学评论》2018 年第 4 期。

许晓青:《从上海南汇县家庭结构的变迁看农村城市化的演进》,《社会》2001 年第 5 期。

薛红:《在个体化浪潮之中的性别身份和婚姻家庭——贝克的〈风险社会〉中的性别和婚姻家庭分析》,《国外社会科学》2003 年第 3 期。

杨华:《传统村落生活中的伦理——基于湘南宗族性村落的研究》,《湛江师范学院学报》2008 年第 2 期。

杨建华:《日常生活:中国村落研究的一个新视角》,《浙江学刊》2002 年第 4 期。

杨晋涛:《西方人类学关于衰老和老年问题研究述评》,《厦门大学学报(哲学社会科学)》2003 年第 5 期。

杨静慧:《空心化背景下农村养老的困境与破解》,《社会科学辑刊》2019 年第 5 期。

杨军昌、余显亚:《论我国农村老年贫困人口与“温饱型老龄化”问题》,《西北人口》2007 年第 1 期。

杨君:《第二现代性下的风险社会与个体化》,《内蒙古社会科学(汉文版)》2013 年第 1 期。

杨璐、王桃林:《30 年社会转型中的乡村伦理困境——基于农村老人家庭结构变迁史的研究》,《现代商业》2010 年第 9 期。

杨璐:《日常生活的自然意涵:休谟精神哲学的方法论意义》,《社会》2020 年第 6 期。

杨巧、李鹏举:《新生代农民工家庭发展能力与城市居留意愿——基于 2014 年“流动人口动态监测调查”数据的实证研究》,《中国青年研究》2017 年第 10 期。

杨善华:《改革以来中国农村家庭三十年——一个社会学的视角》,《江苏社会科学》2009 年第 2 期。

杨善华:《关注家庭日常生活中的“恒常”——一个家庭制度变迁的视角》,《中华女子学院学报》2021 年第 2 期。

杨善华:《田野调查中被访人叙述的意义诠释之前提》,《社会科学》2010 年第 1 期

杨术、黄怡丹、赵昕东:《保险享有能缓解农民工过度劳动吗?》,《浙江学刊》2022 年第 3 期。

杨曦:《城市规模与城镇化、农民工市民化的经济效应——基于城市生产率与宜居度差异的定量分析》,《经济学(季刊)》2017 年第 4 期。

杨欣、胡曼曼、于学文:《社交网络对沈阳市农民工社区归属感的影响研究》,《农业经济》2022 年第 4 期。

杨颖:《经济欠发达农村老年人生活状况的调查与改善对策》,《甘肃社会科学》2003 年第 5 期。

姚引妹:《长江三角洲地区农村老年人居住方式与生活质量研究》,《浙江大学学报》2002 年第 6 期。

姚峥嵘、王希泉:《最低工资标准对农民工健康教育与行为的影响研究》,《现代经济探讨》2021 年第 12 期。

叶敬忠、贺聪志、许惠娇:《生计框架视角的农政问题与农政变迁》,《华中农业大学学报(社会科学版)》2019 年第 1 期。

叶敬忠:《农村留守人口研究:基本立场、认识误区与理论转向》,《人口研究》2019 年第 2 期。

易晓明:《日常生活的文化马克思主义——列斐伏尔的日常生活理论作为一种文化理论》,《浙江社会科学》2020 年第 4 期。

银平均:《社会排斥视角下的中国农村贫困》,《思想战线》2007 年第 1 期。

应星:《“气”与中国乡村集体行动的再生产》,《开放时代》2007 年第 6 期。

应星:《“气”与中国乡土本色的社会行动——一项基于民间谚语与传统戏曲的社会学探索》,《社会学研究》2010 年第 5 期。

应星:《“气场”与群体性事件的发生机制——两个个案的比较》,《社会学研究》2009 年第 6 期。

于兰华:《“共生”亦或“契洽”:我国代际资源循环的历史变迁与反思》,《浙江社会科学》2020 年第 4 期。

余向东:《渊源与价值:我国传统残疾人社会保障的历史反思》,《学术界》2011 年第 3 期。

张春娟、卢愿清:《社会流动对传统农村家庭养老模式的冲击》,《社会工作》2007 年第 7 期。

张弓:《籍异质性对农民工收入的影响——基于 CFPS 微观数据的分析》,《东岳论丛》2021 年第 12 期。

张江华:《工分制下的劳动激励与集体行动的效率》,《社会学研究》2007 年第 5 期。

张静:《浅谈我国农村社会养老保险》,《发展研究》2004 年第 7 期。

张立新、段慧昱、戚晓妮:《创业环境对返乡农民工创业意愿的影响》,《农业经济与管理》2019 年第 1 期。

张梁梁、李世强:《外出务工经历、邻里关系与返乡农民工创业》,《人口与经济》2022 年第 2 期。

张亮、李亚军:《就近就业、带动脱贫与农民工返乡创业的政策环境》,《改革》2017年第6期。

张岭泉、邬沧萍、段世江:《解读农村老年人的“零消费”现象》,《甘肃社会科学》2008年第1期。

张娜:《农村老年人日常生活家庭照料与社会照料关系研究——基于多层回归模型的分析》,《中国农业大学学报(社会科学版)》2018年第6期。

张佩国:《近代江南的农家生计与家庭再生产》,《中国农史》2002年第3期。

张佩国:《整体生存伦理与民族志实践》,《广西民族大学学报》2010年第5期。

张若瑾:《创业补贴、小额创业贷款政策对回流农民工创业意愿激励实效比较研究——一个双边界询价的实证分析》,《农业技术经济》2018年第2期。

张太宇、蔡银平、邢永亮:《新生代农民工高质量职业培训的路径探析》,《职业技术教育》2022年第9期。

张小军:《象征地权与文化经济—福建阳村的历史地权个案研究》,《中国社会科》2004年第3期。

张学东:《“日常生活”的理论擅变及其对社会管理的“隐喻”——基于社会学理论的梳理与思考》,《广西社会科学》2014年第2期。

张一兵:《他者幸福:日常生活中的微观异化薄片——瓦内格姆〈日常生活的革命〉解读》,《社会科学战线》2021年第3期。

张卓君:《社会团结路径的转型——基于华西村的田野调查》,《社会发展研究》2021年第1期。

赵锋:《面子、羞耻与权威的运作》,《社会学研究》2016年第1期。

赵建国、王净净:《“逆向反哺”、子女结构与老年人口劳动参与》,《人口与发展》2021年第2期。

赵万里、李路彬:《日常知识与生活世界——知识社会学的现象学传统评析》,《广东社会科学》2011年第3期。

赵晓峰:《漫谈近代以来乡村基层组织的演变逻辑》,《调研世界学》2008年第11期。

赵旭东、裴霞:《农村老年女性社会福利研究》,《集体经济》2009年第10期。

赵旭东:《论纠纷的构成机理及其主要特征》,《法律科学(西北政法大学学报)》2009年第2期。

赵晔琴:《农民工日常生活中的身份建构与空间型构》,《社会》2007年第6期。

赵迎军:《从身份漂移到市民定位:农民工城市身份认同研究》,《浙江社会科学

2018 年第 4 期。

赵宇峰:《重构基础社会:日常生活、共同体与社区建设》,《社会科学》2017 年第 4 期。

郑晓冬、刘剑波、沈政、方向明:《儿童期留守经历对新生代农民工城市融入的影响》,《社会学评论》2022 年第 2 期。

郑作彧、胡珊:《生命历程的制度化:欧陆生命历程研究的范式与方法》,《社会学研究》2018 年第 2 期。

周春芳、苏群:《我国农民工与城镇职工就业质量差异及其分解——基于 RIF 无条件分位数回归的分解法》,《农业技术经济》2018 年第 6 期。

周飞舟:《慈孝一体:论差序格局的"核心层"》,《学海》2019 年第 2 期。

周飞舟:《分家和反馈模式》,《中华女子学院学报》2021 年第 2 期。

周佳璇、赵少锋:《医疗保险可以提升农民工消费水平吗?——基于市民化意愿视角》,《消费经济》2022 年第 2 期。

周敏:《"快手":新生代农民工亚文化资本的生产场域》,《中国青年研究》2019 年第 3 期。

周迎楠、王俊秀:《新生代农民工城市适应对生活满意度的影响——工作倦怠、工作意义和工作满意度的中介作用》,《青年探索》2022 年第 2 期。

周战强、李彬、易成栋:《外群歧视与农民工城市创业》,《武汉大学学报(哲学社会科学版)》2022 年第 1 期。

朱德全、吴虑、朱成晨:《职业教育精准扶贫的逻辑框架——基于农民工城镇化的视角》,《西南大学学报(社会科学版)》2018 年第 1 期。

朱静辉、朱巧燕:《温和的理性——当代浙江农村家庭代际关系研究》,《浙江社会科学》2013 年第 10 期。

祝仲坤、冷晨昕:《住房状况、社会地位与农民工的城市身份认同——基于社会融合调查数据的实证分析》,《中国农村观察》2018 年第 1 期。

祝仲坤:《住房公积金与新生代农民工留城意愿——基于流动人口动态监测调查的实证分析》,《中国农村经济》2017 年第 12 期。

学位论文

陈柏峰:《乡村混混与农村社会灰色化》,博士学位论文,华中科技大学社会学,2008 年。

陈浩天:《交往社会化:农民交往世界的变迁与秩序重构》,博士学位论文,华中师范大学社会学,2012年。

陈辉:《“过日子”:农民的生活哲学》,博士学位论文,华东理工大学社会学,2013年。

陈宁:《嵌入日常生活的宗教皈信》,博士学位论文,吉林大学社会学,2013年。

范宏雅:《话语的社会建构:常人方法论谈话分析的理论和方法研究》,博士学位论文,南开大学社会学,2012年。

马德军:《国家视阈下的藏区农牧民行为研究》,博士学位论文,华中师范大学,2013年。

乔超:《农村代际冲突中老人行动方式变迁研究》,博士学位论文,上海大学社会学,2011年。

邱梦华:《社会变迁中的农民合作与村庄秩序》,博士学位论文,上海大学社会学,2008年。

宋娟:《制度弹性空间与秩序重构》,博士学位论文,上海大学社会学,2008年。

宋丽娜:《人情的社会基础研究》,博士学位论文,华中科技大学社会学,2012年。

谭咏风:《老年人日常活动对成功老龄化的影响》,博士学位论文,华东师范大学社会学,2011年。

唐爱军:《论韦伯的现代性理论及其意义》,博士学位论文,复旦大学哲学,2012年。

陶自祥:《分裂与继替:农村家庭延续机制的研究》,博士学位论文,华中科技大学社会学,2013年。

王善英:《理性化与人类生存境况》,博士学位论文,山东大学,2008年。

汶蓉:《反馈模式的延续与变迁》,硕士学位论文,上海大学博社会学,2012年。

肖学敏:《乡村邻里纠纷中农民的行动策略研究》,硕士学位论文,华东师范大学社会学,2011年。

徐晶:《村落不再,暮年何在》,博士学位论文,上海大学社会学,2013年。

鄢庆丰:《中国村庄社区转变的理论脉络与经验表达》,博士学位论文,华中科技大学社会学,2012年。

杨丹华:《工具理性与价值理性的冲突及其调适》,博士学位论文,武汉大学哲学,2009年。

张妮妮:《在耕耘中守望》,博士学位论文,东北师范大学教育学,2013年。

张兆署:《非常规行动与社会变迁》,博士学位论文,华中师范大学社会学,2006年。

章伟:《失去农民的村庄夏村叙事1976—2006》,博士学位论文,华中科技大学社会学,2008 年。

赵爽:《征地、撤村建居与农村人际关系变迁》,博士学位论文,复旦大学社会学,2011 年。

朱眉华:《困境与调试:乡城流动家庭的抗逆力研究》,博士学位论文,上海大学社会学,2013 年。

外文著作

[匈]阿格尼丝·赫勒:《日常生活》,黑龙江大学出版社 2010 年版。

[印]阿玛蒂亚·森:《贫困与饥荒》,王宇、王文玉译,商务印书馆 2001 年版。

[印]阿玛蒂亚·森:《以自由看待发展》,任赜、王真译,中国人民大学出版社 2002 年版。

[法]阿尔弗雷德·格罗塞:《身份认同的困境》,王坤译,社会科学文献出版社 2009 年版。

[法]埃萨米尔·阿明:《不平等的发展》,高铦译,商务印书馆 2000 年版。

[英]庇古:《福利经济学》,朱泱、张胜纪、无良键译,商务印书馆 2006 年版。

[德]达伦多夫:《现代社会冲突》,林荣远译,中国社会科学出版社 2000 年版。

[美]戴维·波普诺:《社会学》,李强等译,中国人民大学出版社 1999 年版。

[美]戴维·L.德克尔:《老年社会学》,沈健译,天津人民出版社 1986 年版。

[美]迪帕·纳拉扬等:《谁倾听我们的声音》,付岩梅译,中国人民大学出版社 2001 年版。

[奥地利]弗里德里希·A.哈耶克:《科学的反革命理性滥用之研究》,冯克利译,译林出版社 2012 年版。

[法]H.孟德拉斯:《农民的终结》李培林译,社会科学文献出版社 2010 年版。

[英]哈维弗格森:《现象学社会学》,刘聪慧等译,北京大学出版社 2010 年版。

[德]科塞:《社会冲突的功能》,孙立平等译,华夏出版社 1989 年版。

[美]克利福德、格尔茨:《文化的解释》,韩莉译,译林出版社 2008 年版。

[奥]露丝·沃达克:《话语、政治、日常生活》,黄敏译,浙江大学出版社 2019 年版。

[法]米歇尔·德·塞托、吕斯·贾尔、皮埃尔·梅约尔:《日常生活实践:居住与烹饪》,冷碧莹译,南京大学出版社 2014 年版。

[英]海默尔:《日常生活与文化理论导论》,王志宏译,商务印书馆 2008 年版。

[美]欧文·戈夫曼:《日常生活中的自我呈现》,冯钢译,京大学出版社 2008 年版。

[美]塔尔科特·帕森斯:《社会行动的结构》,张明德、夏遇南、彭刚译,译林出版

社2012年版。

[美]史蒂文·瓦戈:《社会变迁》,王晓黎等译,北京大学出版社2007年版。

[德]耶林:《为权利而斗争》,郑永流译,法律出版社2007年版。

[美]詹姆斯·斯科特:《农民的道义经济学:东南亚的反叛与生存》,程立显、刘建等译,译林出版社2013年版。

[美]朱迪丝·博斯:《独立思考——日常生活中的批判性思维》,岳盈盈、翟继强译,商务印书馆2016年版。

外文文献

Abella M.*Sending workers abroad*,Geneva:International Labour Office,1997.

Ahituv,Avner,"Be fruitful or multiply: On the interplay between fertility and economic development",*Journal of Population Economics*,Vol.14,No.1,2001.

Airio,Ilpo,Pasi Moisio,and Mikko Niemelä,"Intergenerational Transmission of Poverty in Finland in the 1990s",*European Journal of social security*,Vol.7,No.3,2005.

Alcock,Pete,and Jo Campling.*Understanding poverty*.London: Macmillan,1997.

Alexander,Jeffrey C."*Sociological theory since* 1945",Hutchinson,1987.

Amoss,Pamela T.,and Stevan Harrell,*Other ways of growing old: Anthropological perspectives*,Stanford University Press, 1981.

Awases,Magda,et al.,"Migration of health professionals in six countries",*A synthesis Report. WHO: Geneva*,2004.

Bach,Stephen,"*International migration of health workers: labour and social issues*",Geneva: International Labour Office,2003.

Barro,Robert J,*Determinants of Economic Growth: A Cross-country Empirical Study*,MIT Press,1998.

Beale,Calvin L,*The revival of population growth in nonmetropolitan America* (ERS-605).Washington,DC: US Department of Agriculture,Economic Research Service,1975.

Becker,Gary S,*The economic approach to human behavior*,Chicago: University of Chicago,1976.

Berry,EH,Comparative understanding of rural-urban migration and migrant integration: China and U.S.,Mexico migration in comparison,Proceedings of the 2009 Shanghai Forum,Fudan University,Shanghai.

Biesele,Megan,and Nancy Howell,"The old people give you life": Aging among! Kung hunter-gatherers, *Other ways of growing old*, 1981.

Blanden, Jo, and Paul Gregg, "Family income and educational attainment: a review of approaches and evidence for Britain", Vol.20, No.2, 2004.

Boeke, Julius Herman, "Economics and economic policy of dual societies, as exemplified by Indonesia", *American Anthropologist*, Vol.56, No.6, 1953.

Boulding, Kenneth E., "Love, fear and the economist", *Challenge*, Vol.16, No.3, 1973.

Brooks, Trevor, et al., "The effects of occupational aspirations and other factors on the out-migration of rural youth", *Journal of Rural and Community Development*, Vol.5, No.3, 2010.

Brown, David L., et al., "Rural retirement migration: past, present and future", *Rural Retirement Migration*.Springer, Dordrecht, 2008.

Buchan, James, and Julie Sochalski, "The migration of nurses: trends and policies", *Bulletin of the World Health Organization*, Vol.82, No.8, 2004.

Burchardt, Tania, Julian Le Grand, and David Piachaud, "Social exclusion in Britain 1991-1995", *Social policy & administration*, Vol.33, No.3, 1999.

Keating, Norah C., ed, *Rural ageing: A good place to grow old?*, Policy Press, 2008.

Detragiache, Ms Enrica, and Mr William Carrington, "How Big is the Brain Drain?", International Monetary Fund, 1998.

Cromartie, John, "Baby boom migration and its impact on rural America", *Dlane Publishing*, Vol.79, 2010.

Chang, H.Ye, "Criminology: towards a neo-rational choice approach", *Proceedings of the National Science Council, Part C: Humanities and Social Sciences*, Vol.3, No.2, 1993.

Coleman, James S, "Collective decisions", *Sociological Inquiry*, Vol.34, No.2, 1964.

Coleman, James S, *Foundations of social theory*, Harvard university press, 1994.

Connell, J, "*The migration of skilled health personnel in the Pacific Region: 2002 report of study commissioned by WHO Western Pacific Regional Office*", Manila: Western Pacific Regional Office, WHO, 2002.

Corcoran, Mary, and Terry Adams, "Race, sex, and the intergenerational transmission of poverty", *Consequences of growing up poor*, 1997.

Castel, Robert, "The roads to disaffiliation: Insecure work and vulnerable relationships", *International journal of urban and regional research*, Vol.24, No.3, 2000.

Cumming, E., and W.Henry, *Growing Old: The Process of Disengagement Basic Books*,

New York, 1961, *Google Scholar*, 1979.

Currie, Alison, Michael A. Shields, and Stephen Wheatley Price, "The child health/family income gradient: Evidence from England", *Journal of health economics*, Vol.26, No.2, 2007.

Diallo, Khassoum, "Data on the migration of health-care workers: sources, uses, and challenges", *Bulletin of the World Health Organization*, Vol.82, No.8, 2004.

Ebenstein, Avraham, and Steven Leung, "Son preference and access to social insurance: evidence from China's rural pension program", *Population and Development Review*, Vol.36, No.1, 2010.

Evers, Adalbert, "Balancing pluralism: new welfare mixes in care for the elderly", *Avebury*, No.13.1993.

Findlay, Allan, "From brain exchange to brain gain: policy implications for the UK of recent trends in skilled migration from developing countries", *International Migration Papers*, No.43, 2002.

Foner, Nancy, "7.Social Change: Age Inequality, Tensions, and Conflict", *Ages in Conflict. Columbia University Press*, 1984.

Friedman, Debra, and Michael Hechter, "Thecontribution of rational choice theory to macrosociological research", *Sociological theory*, Vol.6, No.2, 1988.

Garasky, Steven, "Where are they going? A comparison of urban and rural youths' locational choices after leaving the parental home", *Social Science Research*, Vol.31, No.3, 2002.

Geertz, Clifford, "Agricultural involution: The processes of ecological change in Indonesia", *University of California Press*, Vol.11, 1963.

Bach, Stephen, "International migration of health workers: labour and social issues", *Geneva: International Labour Office*, 2003.

Gamer, Robert E, Scott, "The Moral Economy of the Peasant: Rebellion and Subsistence in Southeast Asia" (Book Review), *Social Science Quarterly*, Vol.58, No.3, 1977.

Gugler, Josef, and William Flanagan, "Urbanization and social change in West Africa", *Current Anthropology*, Vol.8, N.4, 1967.

Gans, Herbert J, "The Uses of Poverty: The Poor Pay All", *Social policy*, Vol.2, No.2, 1971.

Hechter, Michael, and Satoshi Kanazawa, "Sociological rational choice theory", *Annual review of sociology*, Vol.23, 1997.

Homans, George C, "Social behavior: Its elementary forms", *American Anthropologist*, Vol.63, No.6, 1961.

Jackman, Mary R, "Violence in social life", *Annual review of sociology*. Vol.28, 2002.

Kalberg, Stephen, "Max Weber's types of rationality: Cornerstones for the analysis of rationalization processes in history", *American journal of sociology*, Vol.85, No.5, 1980.

Khadria, Binod, *Skilled labour migration from developing countries: Study on India*. ILO, 2002.

Madsen, Richard, and Richard W. Madsen, *Morality and power in a Chinese village*. University of California Press, 1984.

Mahroum, Sami, "Europe and the immigration of highly skilled labour", *International Migration*, Vol.39, No.5, 2001.

Selden, Mark, *The political economy of Chinese development*, Routledge, 1992.

Martineau, Tim, Karola Decker, and Peter Bundred, "Briefing note on international migration of health professionals: levelling the playing field for developing country health systems", *Liverpool: Liverpool School of Tropical Medicine*, 2002.

Mayer, Susan E, "The influence of parental income on children's outcomes. Wellington, New Zealand: Knowledge Management Group", *Ministry of Social Development*, 2002.

McDonald, Peter, and Rebecca Kippen, "Labor supply prospects in 16 developed countries, 2000-2050", *Population and Development Review*, Vol.27, No.1, 2001.

Mej'ia, Alfonso, Helena Pizurki, and Erica Royston, "Physician and nurse migration: Analysis and policy implications, report on a WHO study", *World Health Organization*, 1979.

Moll, Peter G, "Primary schooling, cognitive skills and wages in South Africa", *Economica*, Vol.65, No.258, 1998.

Musick, Kelly, and Robert D. Mare, "Recent trends in the inheritance of poverty and family structure", *Social Science Research*, Vol.35, No.2, 2006.

Oi, Jean C, *Rural China takes off: Institutional foundations of economic reform*, Univ of California Press, 1999.

Bongaarts, John, "Population aging and the rising cost of public pensions", *Population and Development Review*, Vol.30, No.1, 2004.

Lewis, Oscar, "Five families: Mexican case studies in the culture of poverty", *American Sociological Review*, Vol.24, No.6, 1959.

Popkins, *The Rational Peasant*, Berkeley: University of California Press, 1979.

Unit, Social Exclusion, and Great Britain. *Preventing social exclusion*. London: Cabinet Office, 2001.

Ritzer G. *Sociological Theory* NewYork: Mc Graw-Hill Companies, 1996.

Room, Graham, "Anti-poverty Action-research in Europe", *School for Advanced Urban Studies*, Vo.26, No.2, 1993.

Rowntree, Benjamin Seebohm, *Poverty: A study of town life*, *Macmillan*, 1902.

Sheldon Danziger and Robert H. Haveman, *Understanding poverty*, Harvard University Press, 2001.

Schultz, Theodore W, *Transforming Traditional Agriculture*, New Haven: Yale U, 1964.

Stalker, Peter., "Workers without frontiers: the impact of globalization on international migration", *International Labour Organization*, Vol.37, No.5, 2000.

Stilwell, Barbara, et al., "Developing evidence-based ethical policies on the migration of health workers: conceptual and practical challenges", *Human Resources for health*, Vol.1, No.1, 2003.

Stilwell B. *Health worker motivation in Zimbabwe. Geneva*: WHO; 2001 (Internal report for the Department of Organization of Health Care Delivery).

Thomas-Hope, "Elizabeth. Skilled labour migration from developing countries: study on the Caribbean region. Geneva: International Migration Programme", *International Labour Office*, 2002.

Wibulpolprasert, Suwit, "Inequitable distribution of doctors: can it be solved", *Human resources for health development journal*, Vol.3, No.1, 1999.

Wright, Erik Olin, and Bill Martin, "The transformation of the American class structure, 1960-1980", *American Journal of Sociology*, Vol.93, No.1, 1987.

Xaba, J., and G. Phillips, "Understanding nurse recruitment: final report", Pretoria: Democratic Nursing Organization of South Africa (DENOSA), 2001.

Zhao, Yaohui, "Labor migration and earnings differences: the case of rural China", *Economic Development and Cultural Change*, Vol.47, No.4, 1999.

附录一：中国改革开放以来的农民工社会政策主题及内容①

时间	主题	内容
1984 年	《中共中央关于一九八四年农村工作的通知》	允许并鼓励农民自理口粮进城务工经商
1984 年	《关于农民进入集镇落户问题的通知》	有经营能力、固定住所或在乡镇企业单位长期务工的，公安机关应准予其落常住户口
1987 年	《关于加强贫困地区劳动力资源开发工作的通知》	大力组织劳务输出
1990 年	《关于做好劳动就业工作的通知》	扩大对外劳务输出
1993 年	《关于建立社会主义市场经济体制若干问题的决定》	鼓励和引导农村剩余劳动力逐步向非农产业转移和地区间有序流动
1994 年	《农村劳动力跨省流动就业管理办法暂行规定》	引导农村劳动力跨地区有序流动
1995 年	《关于加强流动人口管理工作的意见》	加强流动人口管理工作
1997 年	《关于进一步做好组织民工有序流动工作的意见》	进一步做好组织民工有序流动工作

① 根据国务院等相关网站部分关于农民工的政策。

续表

时间	主题	内容
2000 年	《关于进一步开展农村劳动力开发就业试点工作的通知》	在试点地区范围内取消对农村劳动者流动就业的限制
2001 年	《中华人民共和国国民经济和社会发展第十个五年计划纲》	积极有序转移农村富余劳动力，引导农民更多地从事非农产业
2003 年	《关于做好农民进城务工就业管理办法和服务工作的通知》	为加强对农民进城务工就业的管理和服务工作
2004 年	“农村劳动力转移培训阳光工程”	提高农村劳动力素质和就业技能
2005 年	《国务院关于印发 2005 年工作重点的通知》	制定和完善涉及农民工各项政策
2006 年	《国务院关于解决农民问题的若干意见》	充分阐述了解决农民工问题的重大意义
2008 年	《关于切实做好当前农民工工作的通知》	促进农民工就业、加强培训等
2010 年	《关于进一步做好农民工培训工作的指导意见》	贯彻落实对农民工的培训工作
2014 年	《农民工职业技能提升计划——“春潮行动”实施方案》	针对不同类型农村转移就业劳动者的需求分类开展就业培训
2018 年	《关于实施乡村振兴战略的意见》	大规模开展职业技能培训，促进农民工多渠道转移就业，提高就业质量

与此同时，全国各地都依据地方经济发展情况，出台了具有地方性色彩的相关政策，这些政策与国家政策存在同频共振现象，即国家视角下的农民工政策中以排斥视角出现，则地方政策作为配套政策而出现，作为具体政策的落实和执行者，当国家政策以融合性视角出现，地方政策的配套性也就凸显，农民工的服务政策落地。农民工在社会政策的身影和形象在逐渐变迁。

后　记

第一代农民工作为中国最早外出吃螃蟹者，他们从熟悉的农村日常生活中走出来，为了生计走向未知的城市，带着家人的殷切期盼和乡土气息，也就是所谓的“土气”，走入城市，成为城市流动人口的一员。在他们近30年的务工生命历程中，他们的个体和家庭生活都深度镶嵌于中国社会发展历史进程中。他们的生命历程丰富多彩而又一言难尽！他们走出乡村，迈向城市，在此过程中他们经历了父辈们不曾经历过的多彩生活，也带给他们家庭成员对美好生活的期待，获得了相应的经济收益，也切实改变了部分家庭成员自身的命运，他们体验了城市的喧嚣和繁华，并一度成为城市生活体系中的一员，开阔了自己的视野，在一定程度上摆脱了土地的束缚，成为一个自由行走的人！这于他们的人生而言，是丰富多彩的！但是他们走入城市的过程却又是那么艰辛，让人喟叹，他们在市场中是底层者，在城市中是他者，是悬浮于都市的外乡人，在排斥中走向承认！贴在他们身上的标签——农村户口、农村人成为束缚他们走向城市的主要羁绊！而今他们已经步入老年，当社会在讨论他们何去何从问题的时候，大多是学界和社会的关注和关心，但也有少数观点显得那么高高在上。第一代农民工的价值使命是城市建设和发展的贡献者，但是我们的城市并没有提供给他们共享的空间位置和生计场所！不仅如此，反而以政策设计、制度安排等消解第一代农民工城市生计机会。第一代农民工就像橡皮泥一样被挤压，在城乡之间来回摇摆，生计机会断断续续。当下，暮年中的第一代农民工归途何处？他们似乎没有选择的空间和机会，可能回到他们久违了的乡村，才是他们能够作出的选择，那里才是他们最终的归宿。归去来兮，一切又回到原点！但这个原点也不是当初的那个原点，而是留下城市印记的原点。有鉴于此，本研究在国家社科基金的资助下，开展第一代农民工生计支持体系研究，以可持续生计作为分析框架，以期为他们构建可持续的生计体系，立足现实，着眼乡村，拓展乡村生计机会，既是对第一代农民工生计的有效支持，也是乡村振兴的关键所在。

在北上广深谈农民工，他们只是外来人口，流动人口。但在作为农民工大省的安徽省，作为农民工的子代谈农民工，他们是我的父辈、是我的兄弟姐妹、是我熟悉的邻里和朋友，对他们生计的现实关注实质上也是我作为有幸走出乡村的农民内心本我的共情！

本研究能够得以最终出版并与广大读者见面，是安徽师范大学法学院和芜湖市政法委全力支持的结晶！尤其感谢芜湖市政法委在本书出版过程中提供的大力支持，作为芜湖市社会治理研究院部分资助成果，希冀能为芜湖市社会治理和芜湖市乡村社会建设提供一个可能的学术视角，也希冀能为安徽省乡村振兴中农民主体性地位建设略尽绵薄之力。在这里谨对芜湖市政法委、芜湖市社会治理研究院表示诚挚的谢意！在安徽师范大学法学院周振杰院长的大力支持下，多方筹措确保本书顺利出版，在此也致以诚挚的谢意和敬意！

本书也是社会工作专业国家一流专业建设成果体现，在安徽师范大学法学院周振杰院长等领导的支持下，社会工作国家一流专业建设稳步前进，作为专业教师，我们前行的每一小步都是学院支持的结果，也是专业发展的积淀和继承！

感谢学界前辈和同仁的关爱，感谢在结项评审中学界前辈同仁们提出的非常有益的建议，进一步提升了本书的学术性！感谢美国佐治亚州立大学 Heying Jenny Zhan 教授和安徽财经大学刘婧博士的合作与研究分享。

感谢社会学和社会保障专业的张厚义、高慎香和张振宁等同学帮助收集资料与分析资料，感谢各位受访者毫无保留地分享自己务工的生命历程和内心的思虑！

本研究也是安徽省农民工研究中心重点项目“乡村振兴视域下农民乡村建设主体地位机制研究”和安徽社科规划项目“中国式现代化视域下农村老人生计福祉建构研究”的部分成果。

最后，感谢人民出版社法律编辑部洪琼主任对于本书的仔细编校，梳理了诸多文字表述不规范之处，才使得本书得以呈现在大家面前。

纸短情长，感恩和感激之情在此难以一一尽述，诸位领导、师长和学界同仁的关怀和支持将化作我继续前行的动力，以惠惠人，不负培育之情！

书中难免有疏漏和不足，敬请同仁指正！

仇凤仙

2023年5月19日于文津寓所

责任编辑：洪　琼
封面设计：石笑梦
版式设计：胡欣欣

图书在版编目(CIP)数据

第一代农民工可持续生计研究/仇凤仙 著. —北京:人民出版社,2023.5
ISBN 978-7-01-025721-1

Ⅰ.①第…　Ⅱ.①仇…　Ⅲ.①民工-可持续性发展-研究-中国
Ⅳ.①D669.2

中国国家版本馆 CIP 数据核字(2023)第 089128 号

第一代农民工可持续生计研究
DIYIDAI NONGMINGONG KECHIXU SHENGJI YANJIU

仇凤仙　著

人民出版社 出版发行
(100706　北京市东城区隆福寺街 99 号)

北京中科印刷有限公司印刷　新华书店经销

2023 年 5 月第 1 版　2023 年 5 月北京第 1 次印刷
开本:710 毫米×1000 毫米 1/16　印张:21.25
字数:290 千字

ISBN 978-7-01-025721-1　定价:79.00 元

邮购地址 100706　北京市东城区隆福寺街 99 号
人民东方图书销售中心　电话 (010)65250042　65289539